기독교문서선교회(Christian Literature Center: 약칭 CLC)는 1941년 영국 콜체스터에서 켄 아담스에 의해 시작되었으며 국제 본부는 미국 필라델피아에 있습니다. 국제 CLC는 59개 나라에서 180개의 본부를 두고, 약 650여 명의 선교사들이 이동 도서차량 40대를 이용하여 문서 보급에 힘쓰고 있으며 이메일 주문을 통해 130여 국으로 책을 공급하고 있습니다. 한국 CLC는 청교도적 복음주의 신학과 신앙 서적을 출판하는 문서선교기관으로서, 한 영혼이라도 구원되길 소망하면서 주님이 오시는 그날까지 최선을 다할 것입니다.

추천사 1

나는 이 세상에 없는 계절이다

김 경 주 극작가·시인

 저자와 함께 철학과를 다니던 시절, 인문대 교정에서 나누었던 수많은 이야기의 결에 대해 생각해 본다. 이 책은 결에 관한 이야기다. 저자가 찾아가는 결은 우리가 살아온 시간의 흐름이면서 우리가 미처 모르고 지나가는 사물과 인연의 갈피마다 출렁인다.
 저자는 방대한 인문학과 과학, 역사에 숨겨져 있는 결을 찾아가며 존재와 시간에 깊이를 부여한다. 그리하여 그것은 우리 삶의 일부를 차지하는 중요한 순간들을 새로운 방식으로 호명한다. 인간은 모두 부서져 있지만 그 사이로 빛이 들어온다는 어느 작가의 말처럼, 저자는 시간 속에 도도하게 흐르는 이 결을, 사람과 사람 사이에 흐르는 이 빛의 결을 붙들고 있다. 무구하고 아름답다.

추천사 2

김 선 규 목사
대한예수교장로회(합동) 101회 총회장

  목회하며 바쁜 시간 속에서 책을 쓴다는 것은 쉬운 일이 아니다. 설교집이나 논문을 책으로 만드는 것은 좀 나을 것이다. 이 책의 방대한 주제는 그 자체만으로 의미가 있고 동시대를 살아가는 기독인들에게 충분한 도전이 된다.

  현시대를 살면서 현재의 시간 속에 일어나는 일들은 느낄 수 있으나, 지나온 시간과 다가올 시간의 연결성을 찾아내고 미래를 예측하기는 쉬운 일이 아니다. 우리는 단편적인 과거의 시간과 역사에 친숙하기 때문이다. 역사와 철학 그리고 과학을 관통하고 있는 맥을 잡아내고, 미래의 시간과 역사를 예측하며, 성경으로 끝을 맺는 저자의 통찰은 경이롭다. 독자들은 이 책을 읽어 가며 세계사와 인문학 그뿐만 아니라 과학까지 성경 속에 모두 들어 있음을 이 책을 통해 발견하게 될 것이다.

  세상의 수많은 책은 자기 분야만 다루는 것을 보게 된다. 하지만 저자는 밤하늘의 천체를 보듯 과거, 현재, 미래를 폭넓은 시야로 관통하고 있으며, 인문학과 과학 그리고 역사를 가로지르고 있는 그리스도관을 간파한다. 세상의 역사를 성경을 가지고 접근하는 입체적 관점은 저자의 연구를 빛나게 한다. 이것이 바로 이 책을 추천하는 이유다.

정리해 보면 현대는 하나님에 대한 거부감이 점점 농후해지며, 성경 없는 인본주의, 이성주의 사회가 되다 보니 더더욱 시대 속에 역사 하시는 하나님에 대한 깨달음과 믿음이 필요한 시대라고 본다. 이러한 자극을 원하신다면 이 책을 적극 추천한다.

저자인 최중훈 목사님이 저와 동역할 때도 보고 말하는 모든 관점이 남달랐었는데 귀한 연구의 내용들이 이 시대의 경종이 되기를 기대한다.

연구하느라 수고 많으셨어요!

예수님을 향한 추천 호소

주님, 이 책을 추천해 주소서!
하나님께 쓰임 받는 도서가 되게 하소서!
사랑하며 찬양합니다.

그러므로 너희는 가서 모든 민족을 제자로 삼아
아버지와 아들과 성령의 이름으로 세례를 베풀고
내가 너희에게 분부한 모든 것을 가르쳐 지키게 하라
볼지어다 내가 세상 끝날까지
너희와 항상 함께 있으리라 하시니라
(마 28:19~20).

세상의 모든 것은 결맞음으로 존재한다

Everything in the world exists in coherence
Written by Joonghoon Choi
All rights reserved.
Korean Edition Copyright © 2023 by Christian Literature Center, Seoul, Korea.

세상의 모든 것은 결맞음으로 존재한다

2023년 10월 20일 초판 발행

지 은 이 | 최중훈

편　　집 | 도전욱
디 자 인 | 서민정
펴 낸 곳 | (사)기독교문서선교회
등　　록 | 제16-25호(1980.1.18.)
주　　소 | 서울특별시 동대문구 천호대로71길 39
전　　화 | 02-586-8761~3(본사) 031-942-8761(영업부)
팩　　스 | 02-523-0131(본사) 031-942-8763(영업부)
이 메 일 | clckor@gmail.com
홈페이지 | www.clcbook.com
송금계좌 | 기업은행 073-000308-04-020 (사)기독교문서선교회
일련번호 | 2023-90

ISBN 978-89-341-2606-5 (93230)

이 한국어판 출판권은 (사)기독교문서선교회가 소유합니다.
신저작권법에 의하여 한국 내에서 보호를 받는 저작물이므로 무단 전재와 무단 복제를 금합니다.

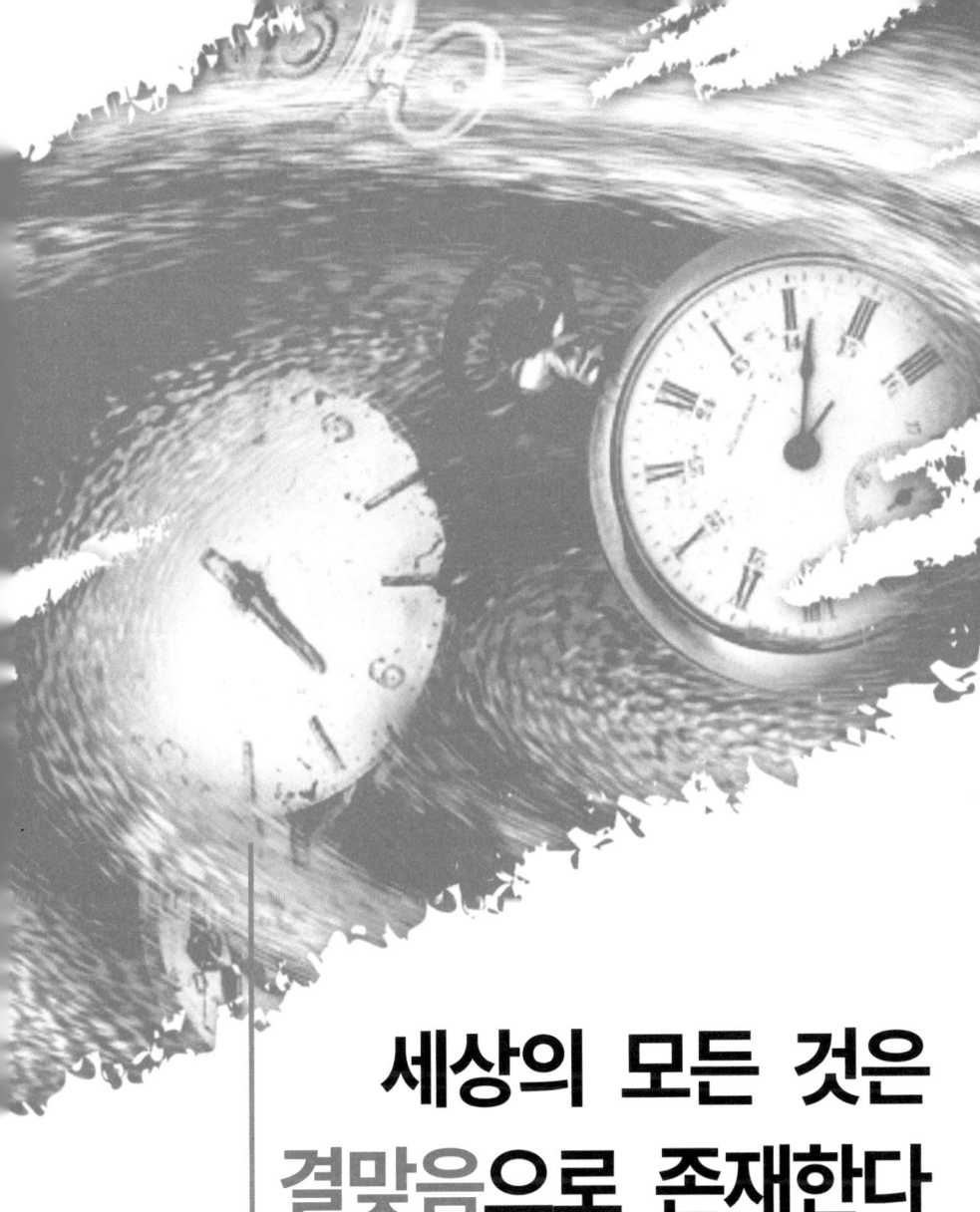

세상의 모든 것은
결맞음으로 존재한다

중훈 지음 　　시간, 역사, 자연, 말씀은 서로 결맞음 상태

예수와 헬라의 만남은 세상과 역사의 해석이다!

CLC

목차 >

추천사 1 김경주 | 극작가·시인   1

추천사 2 김선규 목사 | 대한예수교장로회(합동) 101회 총회장   2

서문   12

제1장 시간이란   13
1. 시간과 의식의 관계   13
2. 시간은 존재와 함께 간다!   19
3. 시간에 엮여 있는 의식! 존재는 이미 '시간적'이다   20
4. 빛-시간의 해부, 시간의 민낯을 보다   22
5. 빛과 유물론   27
6. 영원에 관해   35
7. 인간의 학명과 시간   40
8. 영원(시간)에 기대어   42
9. 이제 시간을 정리해 보자!   49

제2장 시간과 역사　　　　　　　　　　　　　54

  1. 역사는 우연일 수 없다!　　　　　　　　54
  2. 역사는 필연일 수 없다!　　　　　　　　76
    1) 인간의 존재 방식은 자유 선택　　　　78
    2) 존재가 아닌 생성과 동적으로서의 인간 정체성　　86
    3) 무화는 진리에 이르는 길　　　　　　93
    4) 인간의 본성은 존재가 아니라 의식이다　　102
    5) 자유 이외의 모든 것은 우연이다　　　108
    6) 생성의 원인은 자유에 있다　　　　　112
    7) 정리해 보자　　　　　　　　　　　124

제3장 역사란 무엇인가?　　　　　　　　　126

  1. 아리스토텔레스의 역사관　　　　　　　126
  2. 플라톤의 역사관　　　　　　　　　　131
  3. 헤겔의 역사관　　　　　　　　　　　134
  4. 마르크스의 역사관　　　　　　　　　136
  5. 라인홀드 니버의 역사관　　　　　　　139
  6. 콜링우드의 역사관　　　　　　　　　144
  7. 토인비의 역사관　　　　　　　　　　147
  8. 정리해 보자!　　　　　　　　　　　151

목차 >>

제4장 실제 역사 그림 그리기   155
  1. 헬라와 예수와의 만남   155
  2. 역사가 보여 주고 있는 큰 그림   168
    1) 예수 승천 직후   170
    2) 태양 탄생일이 성탄절 되다 (의미심장한 징후들)   172
    3) B.C.와 A.D.로 나뉘다   174
    4) 제우스와 주피터가 예수로 바뀌다!   175
    5) 세계가 둘로 나뉘다!   180
    6) 예수 공화국이 되다!   185
      (1) 예수 공화국의 기초가 형성되다!   187
      (2) 예수 공화국의 실재가 형성되다!   188
      (3) 예수 공화국의 국제적 확장   190
      (4) 관념의 공간에서의 예수 공화국   192
      (5) 교황권 전성시대 저물고 민주주의 서광이 보이기 시작하다   195
      (6) 르네상스 고전으로 돌아가자! 관념과 땅의 지형도가 바뀐다   197
      (7) 르네상스는 죽지 않았다   204
      (8) 르네상스가 낳은 21세기 아들   208
      (9) 1785년 토마스 제퍼슨 및 종교 자유법; 입헌 군주제   210
    7) 역사는 예수 공화국이었다!   212

제5장 성경과 공명하는 존재론과 세계사! 214
1. 입자 물리학과 성경의 창조 기사 214
2. 세계사와 공명하는 예수 존재론 (신구약 성전의 역사) 222
3. 요한계시록과의 공명 "이기고 이기려 하더라" 235
4. 요한계시록과의 공명 "두 증인" 247

제6장 일곱 머리 열 뿔 짐승 (성경대로 된 역사) 255
1. 일곱 머리 열 뿔 짐승이란? 255
2. 일곱 번째 머리와 그 역사 262
3. 여덟 번째와 그 역사 270
   1) 스콜라 철학의 발흥 273
   2) 르네상스의 발흥 276
   3) 종교개혁과 인문주의운동 280
   4) 독일(유럽)의 30년 전쟁 283
   5) 르네상스의 아들 미국의 건국 286
   6) 일곱 머리 열 뿔 짐승은 …! 295
   7) 네 바람과 입김 301

나가면서 307

서문

저는 이제부터 독자 여러분과 '시간과 역사'에 관한 소중한 지식과 정보를 나누려고 한다. 아마도 여러분은 시간에 관한 많은 단상을 접해 보았을 것이다. 이 중 대부분은 시간의 유무에 관한 논쟁들이 주를 이룬다. 하지만 시간이 있든 없든 그것이 나와 무슨 상관인지 피부로 잘 와닿지 않는다.

시간은 존재의 유무를 떠나 더 경이롭고 신비로우며 소중한 '결맞음'[1]이다. 이것을 입자 물리학, 철학, 역사, 성경을 토대로 살펴볼 것이다. 시간은 존재를 담은 그릇이 아니라 존재 자체다. 여러분은 시간 안에만 있는 것이 아니라 시간 그 자체다. 시간은 물질의 또 다른 표현이다. 시간은 존재론이다.

미시 세계에서 시간의 결맞음이 존재가 된다면 거시 세계에서는 역사가 존재론이 된다. 참으로 흥미로운 부분이 아닐 수 없다. 시간과 역사는 거대한 출렁이는 하나의 바다가 되어 수많은 우연의 파도를 가르며 필연의 항구에 이르게 된다. 전체 역사에 마치 의도된 것 같은 결맞음을 보는 것은 이 책의 묘미이기도 하다.

여러분과 저는 지금부터 너무나도 우연 같고, 너무나도 필연 같은 '시간과 역사'의 여행을 할 것이다. 시간과 역사는 존재론이었다. 부디, 행복하고 유익한 시간이 되기를 기원한다.

2023년 9월 30일 나그네

---

[1] 결맞음은 입자 물리학과 문학계의 떠오르는 화두다. 생소한 표현일 수 있으나, 걱정하지 마시기를 바란다. 마지막 페이지를 읽을 때쯤 이미 그 의미를 이해하고 있는 자기를 발견 하실 것이다.

제1장

시간이란

1. 시간과 의식의 관계

우리가 '살아간다'고 할 때 누가 사는 것일까?

내 몸인가 의식인가?

얼핏 보면 쉬운 질문 같지만 결코 쉬운 물음이 아니다. 몸과 의식은 '시공 역설'[1]로 함께 작용하기 때문이다. 만일 데카르트가 다시 살아 돌아온다면 "나는 생각한다 고로 존재한다"를 '나는 존재한다 고로 생각한다'로 수정할지 모르겠다.

다음의 실험은 몸과 의식이 어떻게 '시공 역설적'으로 작용하는지를 보여 주는데, 리베이트와 코른후버의 신경외과적 실험이다.

이 실험으로 이들은 크게 다음과 같은 두 가지 정보를 얻게 된다.

(1) 전기 화학 신호의 물리적 실제 속도와 그 속도와 사뭇 다른 의식의 시간차를 발견함
(2) 서로 다른 지점에 전기 자극을 주었을 때 오히려 동선이 긴 쪽이 더 빨리 감각함

---

[1] 시간과 공간은 다른 설계도를 갖고 있으면서 통합되기에 역설이 된다. 본 의미를 서술하기에 지면의 한계가 있다. 인내하시고 정독하다 보면 끝내 의미를 정복할 것이다. 정말 물질과 의식은 시간에 결맞아 있다.

실험 방법은 다음과 같았다. 총 두 곳에 전기 자극을 주는 실험이었는데, 한 곳은 왼쪽 대뇌피질, 즉 오른쪽 손의 감각을 담당하는 뇌의 영역에 전기 자극을 주어 실제로 손끝이 따끔거리도록 유도하는 방식이었고, 다른 한 곳은 왼손의 피부에 직접 전기자극을 주어 뇌가 그 자극을 감지하는 방식이었다.

이제, 실험을 통해 얻게 된 두 가지 정보를 차례대로 살펴보자.

첫 번째, 전기 화학 신호가 전달되는 물리적 실제 시간보다 의식하게 되는 시간이 0.5초 지연된다는 사실을 먼저 발견하였다.

물리적 속도는 10밀리초에 불과하였지만, 의식은 그보다 훨씬 후인 0.5초에 감지하였다. 정보가 도착한 한참 후에 의식한 셈이다.

왜 지연되었을까?

어쩌면 지연된 것이 아닐 수도 있다. 빛의 속도에 근접한 전기 화학 신호가 전달 과정에서 시간 틀어짐 현상이 일어났고, 의식은 이 모든 것을 간파한 후 다시 되돌려 놓았을 수 있다. 그 환원된 시간이 0.5초가 되는 셈이다. 실제 전기 자극을 받은 시점은 정말 0.5초 전이었는데, 자극 신호가 전달되는 과정에서 시간 틀어짐 현상이 일어나서 10밀리초 만에 도착하였다. 하지만 의식은 10밀리초에 감각했다고 보고하지 않고 0.5초에 감각한 것으로 의식에 보고했다. 의식은 시공간 굴절 현상이 있었는데도 시간 역방향 조회를 한 후 0.5초로 환원한 셈이다.

이 실험 결과는 다음과 같이 질문하게 만든다.

"의식의 시간은 선형 시간[2]인가, 비선형 시간[3]인가?"

최소한 의식은 직선적 시간 개념에 구애받지 않고 있었다.

---

[2] 24시간 즉 직선적 시간, 시간과 거리가 비례하는 시간(거시 세계, 뉴턴적 시간관)이다.
[3] "시간 워프, 양자 시간, 미시 세계의 시간 등을 지칭하며, 뉴턴적 측정 가능한 시간이 아닌 상대적이며 특수 상대적인 시간을 말한다. 시간과 거리는 비례하지 않는다."

두 번째, 두 곳에 동시에 전기 자극을 준 결과 어느 쪽이 더 빠르게 감각될지에 대한 기대였는데 이는 더 놀라운 결과였다.

예상되는 결과는 당연히 뇌를 직접 자극한쪽이었다. 왼쪽 대뇌피질에 가한 자극은 오른쪽 손끝의 감각을 담당하는 뇌를 직접 자극한 것이기에 오른쪽 손끝에서 뇌로 이어지는 거리가 생략된 셈이다. 상식적으로 거리가 짧은 쪽이 빠르다. 하지만 결과는 정반대였다. 왼손이 먼저 따끔거렸다. 거리가 먼 쪽의 전기 자극이 먼저 도착한 것이다.

실험자들이 놀랄 수밖에 없었던 이유를 공감해 보자!

영희와 철수가 생필품을 사러 직선거리에 있는 마트에 간다고 가정해 보자. 영희는 머그잔을 사러 직선거리 200m에 위치한 200 마트에 갔다. 철수는 커피를 사러 영희보다 먼 거리인 300m에 위치한 300 마트에 갔다. 이 둘의 이동 속도와 마트 체류 시간, 우회도로가 없는 단방향 직선 길, 노상 체류 시간이 없었던 점, 모든 조건이 동일하다고 가정해 보자.

누가 먼저 집에 도착하겠는가?

당연히 이동거리가 짧은 영희다. 거리와 시간은 비례하기 때문에 영희가 철수보다 집에 먼저 도착한다. 이것은 상식이며 자연스러운 결과다. 그런데 200m 영희가 아니라 300m 철수가 먼저 도착했다. 이런 일이 실험실에서 발생한 것이다.

리베이트와 코른후버는 당황할 수밖에 없었다. 왼손에서부터 뇌까지 이어지는 물리적 공간에서 어떤 사건이 일어나지 않고서는 설명할 길이 없다. 축지법을 사용하지 않는 한 물리법칙이 파괴된 결과였다. 빛의 속도에 근접한 전기 화학 신호와 매개물 역할을 한 몸 사이에서 상대성 이론과 특수 상대성 이론이 실제가 된 것으로 추론된다.

다시 말해, 속도와 중력값의 변화에 따른 시공간 굴절 현상이 신경 전달 과정에 발생한 것이다. 순서가 뒤죽박죽된 전달 과정이 의식이라는 종착역에 도착해 외부와의 비례 관계로 환원되는 것이 신비할 따름이다.

여기서 이런 질문을 하게 된다.

혹시 의식과 감각은 다른 것일까?
의식이란 무엇인가?
의식은 시공간을 역방향으로 조회한 흔적이 분명하게 보이기 때문이다.
의식과 시간의 관계는 무엇일까?

이 실험 결과를 면밀히 분석해 보면 신비한 내용을 발견하게 되는데 의식과 뇌의 관계가 그렇다. 전기 화학 신호가 실제로 뇌에 도착하기까지 10밀리 초에 불과했다. 뇌는 우리의 의식과 상관없이 이미 신호를 받은 셈이다. 뇌는 신호를 받고 그에 따른 준비 태세를 취한다. 다시 말해, 뇌세포가 발화하기 시작한다. 하지만 이때까지도 의식은 침묵 중이다. 엄밀히 말해 뇌는 의식과 상관없이 이미 작동하고 있다. 그리고 0.5초 후에 의식은 뇌의 결과를 인식하였다.

뇌와 의식 사이에 또 무엇인가 있어야 하는가?

의식하지 못하고 있는 것인지, 아니면 또 다른 의식(무의식)이 종합판단을 하여 '아직은 의식하지 못하게 하라'는 식으로 통제하고 있는 것인지 알 수 없지만, 지각하는 의식 이외의 어떤 의식이 있는 것은 분명해 보인다.

이 실험 결과는 대수롭지 않게 넘길 문제가 아니었다. 왜냐하면, 인간의 숭고한 가치라 할 수 있는 의지의 문제와 직결되기 때문이다. 의지는 의식의 결과이기도 한데, 의식하기 전에 뇌가 작용하고 있으니, 뇌가 의지보다 빠른 셈이다. 그리고 무의식의 공간이 엿보이는데 의식하지 못하는 의식이 우리의 의식에 작용한다는 것은 자유의 문제와도 연결되는데, 무의식은 의지의 권역 밖에 있기 때문이다. 우리의 의지는 뇌의 '미리 준비된 전위'에 일정 부분 지배를 받는 것 또한 사실이기 때문이다.

이 실험 결과로 인간의 자유의지는 신비에 놓이게 된다. 자유의지는 있을 수도, 없을 수도 있는 미궁의 존재가 되고 만다. 외부의 자극들과 그것을 반응하는 뇌가, 또는 의식이지만 내 것이 아닌 '무의식적 의식'이 의지와는 별개로 작용한다면, 최소한 우리의 의지는 외부나 무의식의 통제를 일정 부분 받고 있는 셈이다. 내 의지가 이것들로부터 자유로울 수 없게 된다.

처음 질문으로 돌아가 보자!
우리가 삶을 살아간다고 할 때 무엇이 사는 것일까?
내 몸인가?
의식인가?

관념에도 민무늬 근육(의지와 상관없이 작용하는 근육)이 존재하는 셈이다. 우리가 산다고 할 때는 그러므로 자유의지와 의식만을 그 중심으로 삼아서는 안 된다. 자유의지와 의식조차 무의식의 여러 공간의 도움에 의해 주어지는 것이다. 이것이 존재이고 삶이다. 따라서 무의식의 민무늬 영역 또한 주요한 생명의 원소로 무게를 둘 필요가 있는 것이다. 의식은 수동성과 능동성을 배태한 종합물이다. 그러므로 자유의지만이 나의 실존이라는 식의 본질 추구는 심장까지 나 스스로 1분에 최소한 60회 이상 박동하게 만들려는 것과 같다. 우리의 삶에는 무의식의 공간이 대단히 중요한 영역으로 상존하는 것이다.

이러한 의식과 무의식의 사이사이에 시간의 장이 자리하고 있었다. 우리는 우주적인 삶을 살고 있었던 것이다. 인생이 우주 공간에서 살아가는 한 우리의 삶은 몸과 마음 그리고 시간이라는 실체가 뒤섞여 의식화되는 영역이었다. 시간은 무의식과 의식을 실어 나르는 질량이었다. 질량은 지나칠 정도로 시간에 묶여 있고 사고는 신기할 정도로 질량과 시간을 활개 친다.

시간은 존재가 아닌 관념일 뿐이라 말하는 이들이 있지만 시간의 실체를 보면 그렇지 않다. 전자기력과 중력, 약력과 강력이 보이지 않지만 장과 장들의 변형들의 관계인 것처럼, 이러한 관계 변형의 또 다른 표현 방식이 시간이다. 시간을 양자 현상의 비유들과 그 언어로 본다면 시간은 없는 개념이 맞다. 하지만 시간은 양자 현상에 이름을 붙인 것이기에 비유의 원관념인 현상은 있는 것이다.

시간은 보이지 않지만, 분명히 존재하는 어떤 힘을 또 다른 장으로 설명한 것이다. 굳이 이야기한다면 시간의 장이 될 것이다. 따라서 이름을 바꾼다고 본질이 사라지지 않듯이 시간을 제거한다고 해서 그렇게 되게 하는 본질적 현상과 힘들이 사라지는 것은 아니다. 그러므로 시간은 존재하는 양자 현상이다. 그 힘과 현상들의 반응 결과가 유물의 상태들이고 우리 의식의 어떤 부분이다. 시간은 **의식의 어떤 것**이다. 의식과 뇌는 시간의 장에 네트워크로 연결되어 역학적 반응을 하는 어떤 것이다.

다시 자유의지와 관련하여 질문해 보자!
시간이 의식을 지배하는가?
의식이 시간을 활용하는가?
의식은 순방향, 역방향 조회를 하며 종합판단을 하였다!

의식은 시간의 역방향을 활개 하였지만, 사실 물리 세계에서는 불가능한 이야기다. 빛의 속도는 곧 시간의 한계이기도 하다. 질량을 가진 물체는 빛의 한계 속도인 30만 킬로미터를 넘을 수 없기 때문이다. 이것은 시간을 거슬러 올라갈 수 없다는 말이기도 하다.

그런데 의식은 역방향을 스캔하였다!
그런데 역방향 스캔을 한 의식은 **자유 의식이 아닌 무의식**이었다!

시간과 무의식의 공생인가?
나의 자유 의식과 무의식의 공생인가?
자유와 필연을 n 등분하며 시공 초월적 공생을 하는가?
최소한 무의식적 의식이 우리의 의지 너머에 있는 것이라면 나와 상관없는 타자성을 띠는 부분이 된다!
무엇이 무엇을 지배하고 있는 것일까?
지배 개념이 아닌 상호 작용하는 역설의 관계인가?

우리의 의식에는 참으로 신비로운 미지의 공간들이 존재하게 되는데, 무의식적 의식은 그야말로 시공간 초월적 의식이 된다. 그리고 그러한 무의식이 우리의 자유 의식을 지원한다.
영원이라 불러야 할까?
우리의 정신은 시간과 공간 안에 있는 어떤 것이 아니라 시간과 공간에 엮어 있는 어떤 것이다!
일정 부분 시간과 공간 그 자체다!

2. 시간은 존재와 함께 간다!

시간은 질량에서 모습을 드러낸다. 존재와 시간은 함께 있다. 질량은 시간을 품은 우주의 용기(容器)다.

3. 시간에 엮여 있는 의식! 존재는 이미 '시간적'이다

　시간에 엮여 있는 의식에서 시간을 '시간적'이란 관형사를 사용하였다. 시간을 표현하는데 이보다 좋은 단어는 없다. 모든 존재는 '시간적 존재'다. 관형사인 '시간적'은 체언인 '존재'를 꾸며준다. 모든 존재는 시간이기 때문이다. 존재는 시간의 현현이다. 시간이 물리(질량)의 옷을 입은 것이 유물론이다. 유물론은 무의식과 연계된다. 무의식은 시간의 일면을 설명해 주는데 시간은 영원에 기대어 있었다. 그러므로 존재는 영원과 긴밀성을 띠게 된다. 우리의 의식은 시간과 함께 가고 온다. 질량은 영원이란 시간을 물질이 감각할 수 있도록 만들어 준 매질이다.

　의식이 시공간에 엮여 있다는 것은 바로 그런 의미다. 의식은 내 것이지만 때로 내 의지의 벽을 넘어서기도 한다. 왜냐하면, 물질과 짝하고 있는 감각적 의식은 시간의 장인 영원에서 기인하였기 때문이고, 영원의 영역을 오가는 것은 무의식적 의식이기 때문이다. 이러한 무의식이 가담하고 있는 영원이 뉴턴적 선형의 시간으로 나타난 것이 물질과 몸이다. 게이지장이 무엇인지 보이지 않지만 이것의 결맞음 상태가 빛이 되듯이, 이러한 영원의 시간과 공간의 결맞음 상태가 우리의 몸과 의식이기 때문에 영원으로서의 무의식적 의식은 내 의지의 벽을 넘어선 영역이다.

　공간과 의식은 그러므로 찰나와 같은 영겁에 얽혀 있기에 의식한다는 것은 온 우주와 연결되어 있다고 해도 과언이 아니다. 여러분의 어떤 순간의 의식은 이미 우주 끝의 공간을 포위하여 품고 있는 영원에 관계되는지도 모른다. 영원의 시간에 엮여 있는 감각은 무시간의 공간에서 시간의 공간을 넘어서기 때문이다. 빛의 속도에 근접하기만 해도 시간은 무한대에 가깝게 된다. 빛의 속도인 30만 킬로미터에 이르면 무한대가 된다.

　무한대란 어떤 시간일까?

시간이 무한대가 되었다면 공간도 무한대가 된다. 우주 끝이 협소한 공간이 된다. 의식의 시공간이 그와 같았다. '시간적'의식은 그 영역을 질량에 축소할 때 영원의 공명으로 인해 그것을 벗어나고 싶어 한다.

그래서 사람들은 영원을 노래하나 보다!

의식은 어느 정도 시공간 수동성과 무의식적 의식의 수자동성(수동성, 자동성)을 갖는다. 무의식적 의식은 무방향이지만 선형 시간에 결맞은 상태가 되면서 직선의 방향을 갖는다. 무의식은 본래 방향에 구애받지 않아도 되었다. 자신은 시간의 역방향으로 진입하기도 하지만 **앞으로 흐르는 시간을 돕는다. 역방향은 자신만 알고 의식에는 허락하지 않는다.** 영원 그 자체는 역방향이 가능하겠으나 그의 하사품인 시간은 역방향을 허락하지 않는다. 이론상으로는 가능할지 모르지만, 현존하는 과학은 불가능에 머물고 있다.

이 분야 전문가들에 의하면 어쩌면 영원히 불가능한 상태로 남을 수 있다고 한다. 그것이 가능하려면 빛의 한계를 뛰어 넘어야 하는데, 그러한 존재는 입자 물리학에서 불가능하다. 빛의 속도에 이르게 되면 질량은 사라지고 우리 몸을 구성하는 물질은 존재를 상실하게 된다. 그쯤 되면 시간을 읽을 수 있는 질량이 사라진 터라 존재론 정의를 다시 내려야 한다.

'즉자의식'[4]이라 명명해야 할까?

역방향 조회를 위해서는 질량이 바뀌어야 한다. 새로운 입자로 구성된 몸이 필요하다. 질량이 없는 입자들이 몸의 원자가 된다면 가능하다. 그때야 비로소 시간의 역방향을 논할 수 있게 된다. 영원은 질량의 매질을 통해 선형 시간을 형성하고는 그 시간의 흐름을 타게 만든다. 존재는 시간의 지배를 받는 '시간적 존재'다.

---

4 시공간과 물질에 구애받지 않고, 사고할 필요도 없이 알고 있는 의식이며 스스로 있는 의식을 말한다.

빅뱅 초기에 모든 입자는 질량이 없었다. 시간과 공간 입자가 구분 없이 그냥 동일한 장이었다. 질량을 확보하고, 구분되고, 물질이 되었을 때 영원과 시간도 구분되어 시간은 역방향의 문을 닫았다. 물질은 영원의 흔적을 갖고 있는 셈이다. 입자들은 영원과 무극이 고향이다.

몸을 구성하고 있는 입자들이 그것을 느끼지 않을까?

존재는 '시간적 존재'다!

모든 존재는 이미 무의식적 의식과 같은 영원성과 시간의 소용돌이에 서로 얽혀 있다. 그러므로 의식은 그 범위를 넓히려 한다. 의식과 물질은 무시간과 시간의 깊이에 놓여 있다. 영원을 느끼고 싶어 한다.

4. 빛-시간의 해부, 시간의 민낯을 보다

빛은 질량 때문에 보이게 된 시간을 해부하며 그 시원을 보게 한다. 질량은 그 시간을 입은 옷이다. 모든 물질은 시간의 지배를 받는데 질량은 그 시간을 보게 한다. 그렇지 않으면 무의식적 의식의 영역이 제약 없이 드러날 텐데 말이다. 지배적인 시간을 보이게 만든 것이 물질이며 질량이다.

우주에 정지해 있는 물질은 없다.

설령 정지해 있다 하더라도 **시간 속에서 운동하고 있다!**

정지해 있는 것이 아니라 **시간이란 공간을 이동하고 있다.** 매우 신비롭다. 이것을 질량이라 한다. 그러니 질량을 무게와 에너지로만 이해하는 것은 질량의 본질을 일부분만 본 것이다. 여러분이 어떤 자리에 가만히 서 있다 하더라도 정지란 없는 셈이다. 시간을 통해 앞으로 나아가든, 실제 공간이 그러하든 물질(질량)은 운동한다.

그러나 시간은 속도의 한계를 두었는데 30만 킬로미터다!

30만 킬로미터는 질량이 결집할 수 있는 한계다. 질량이 사라지면 시간도 자취를 감추고 또 다른 인지 기관에서만 보이는 장이 된다. 30만 킬로미터는 질량 인식 기관의 특이점이다. 이 속도를 넘어가면 시간은 본연의 모습을 드러낼 것이다. 방향과 흐름이라는 '노화'(aging)이 아닌 시원적 시간, 다시 말해 운동일 수도 있고, 방향과 흐름을 유지한 채 그것을 끌어안은 영원한 현재로서의 시원적 시간일 것이다. 무의식적 의식이 작용하는 시공이기도 하다.

결국, 30만 킬로미터의 빛은 영원과 질량이 맞닿은 '태극'인지도 모른다. 30만 킬로미터의 빛은 영원에 연결되고 동시에 질량에도 연결된 태극에 비유될 수 있고, 영원 그 자체와 빛 그 자체는 '무극'에 비유될 수 있다. 빛은 영원의 또 다른 이름이다. 질량이 볼 수 없는 시간을 보이게 한 것처럼, 30만 킬로미터는 볼 수 없는 빛을 볼 수 있게 만들어 주었다.

그리고 30만 킬로미터는 질량을 허락하였다. 빛과 영원은 질량과 시간을 지배한다. 그리고 30만 킬로미터의 빛은 질량과 인지적 시간을 허락하였다. 빛은 영원과 시간의 또 다른 이름이기도 하다. 시간의 지배를 받는다는 말은 빛의 지배를 받는다는 말이기도 하다. 시간의 지배력이 30만 킬로미터라는 속도로 드러내며 그 아래에 질량과 물질을 두었다.

30만 킬로미터와 관련해 재미있는 이야기를 해보자!

여러분이 빛의 속도에 근접한 운송 수단을 타고 우주여행을 떠난다고 가정해 보자. 30만 킬로미터의 빛이 어떻게 질량과 시간을 지배하는지 보게 된다. 여러분은 지구의 준거틀로 계산하여 광속의 80퍼센트의 속도로 10년 거리에 위치한 A 별로 여행을 떠난다. 약속한 날짜가 되어 우주선에 승선한 후 카운트다운이 시작된다.

"10, 9, 8, … 발사!"

뛰어난 한국 우주 과학기술의 진보 덕분에 우주선은 빛의 속도에 근접한 24만 킬로미터의 등속 운동이 가능하다. 24만 킬로미터는 빛의 80퍼센트 속도다. 이 속도로 달려 드디어 목표한 별에 도착했다.

그런데 도착하기까지 이상한 점이 한둘이 아니다. 지구에서 계산했던 것보다 빠른 시간대에 각 거점을 통과했기 때문이다. 게다가 편도 예상 시간을 10년으로 계산하였지만, 목표한 별에 도착하기까지 6년밖에 소요되지 않았다. 4년이 단축된 셈이다. 지구에서 계산할 때 사용된 준거틀과 우주선이 이동할 때 적용된 준거틀이 완전히 달랐다. 우주에는 너무나 많은, 무한에 가까운 준거틀이 있다. 지구도 정지된 공간에서 보면 일정 속도로 우주 공간을 이동하고 있다.

우주의 각 준거틀은 무한에 가깝다. 그러나 어떤 공간에서건 30만 킬로미터라는 한계는 변하지 않는다.

이번에는 지구의 날짜를 망원경(빛보다 빠른 어떤 파동으로 볼 수 있는 제품을 전제할 경우)으로 살펴보았다. 놀라지 않을 수 없었다. 지구 출발을 기준으로 고작 2년이 지난 날짜를 보여 주고 있었다. 각자 자기가 속한 시간의 준거틀에 지배당하고 있다.

그럼, 지구에 있는 가족들은 여러분을 어떻게 보고 있을까?

여러분이 A 별 표면에 안착하여 여정을 풀고 있을 때, 지구에서는 이제 3분의 1지점을 통과하고 있는 우주선을 보게 된다. 실제로 지구의 준거틀에서 볼 때 여러분이 타고 있는 우주선은 바로 그 지점을 통과하고 있을 것이기 때문이다. 하지만 여러분의 준거틀에서는 그 지점을 무려 4년 전에 통과했다.

그럼, 언제쯤 여러분들이 도착하는 모습을 보게 될까?

예상했던 10년보다 긴 18년 후였다. 17년 동안 여러분이 여행하는 모습으로 보일 것이고, 18년 후에야 비로소 A 별에 착륙하는 우주선을 보게 된다.

여러분의 시간과 무려 3배 차이가 났다. $E=MC^2$, 30만 킬로미터 장벽이 없다면 각자의 준거틀로 나뉘지 않았을 것이다. 역시 빛(30만 킬로미터의 관용적 표현)의 지배를 받고 있다. 빛과 질량은 시간을 보게 하는 매질임과 동시에 영원을 선형 시간이 되게 하는 경계와 구분 선을 그어준다.

이번에는 여러분과 지구 가족의 시점을 동시에 교차해 가며 살펴보자!

시간이 뒤죽박죽되어 근심에 싸인 여러분은 다른 시간대에 살고 있을 가족 걱정에 더 이상 A 별에 머무를 수 없어 지구 귀향을 서두른다. 쉼 없이 24만 킬로미터 속도로 달려 드디어 지구에 도착하였다.

이번에도 도착하기까지 걸린 시간은 지구 준거틀에서 계산했던 10년이 아니라 6년이 소요되었다. 어떻게든 교신이 되어 여러분이 지구로 귀환한다는 소식을 접한 지구 가족이 우주선을 포착하였는데, 이번에는 엄청난 속도로 다가오고 있었다. 떠날 때와는 판이한 속도였다. 무려 2년 만에 도착한 것이다. 가는 모습은 18년이 걸리는 것으로 보였는데, 올 때는 2년밖에 소요되지 않는 것으로 보였다. 도합 20년이 소요되어 지구 준거틀로 계산했던 왕복 20년에 정확하게 일치하는 시간이었지만 각각의 편도 시간은 예상과 완전히 달랐다.

우주선에서 내려 드디어 기다리던 가족 상봉이 이루어졌는데, 두 가지 믿지 못할 상황으로 서로 놀라게 된다. 지구 가족이 모두 여러분보다 8년씩 더 늙어 있었던 것이다. 정신이 횡횡하던 차에 지구 가족이 묻기를 2년 동안의 귀향길에 힘든 것은 없었냐고 묻는다. 우주선은 6년을 달려왔는데 말이다. 더욱 놀라게 만든 것은 이 질문을 들은 후다.

> 그런데 말이야 A 별에 가는 동안 얼마나 힘들었니?
> 올 때보다 아홉 배나 긴 여행을 했더구나, 18년이나 걸렸어!
> 무슨 문제가 있었던 거니?

여러분이 탔던 우주선은 사실 갈 때도 6년밖에 걸리지 않았다!

각자 시간의 준거틀에 지배당하고 있었다. 같은 시계를 갖고 서로 다른 시간대를 살다 온 셈이다. 동일한 시계를 소지하고 서로 다른 시간대를 살았다는 것은 시간이 우리를 지배한 것이다.

 서로 다른 시간대를 살다 왔는데, 그렇다면 그 시간대로 침투하는 시간여행은 불가능한 것일까?

 빛보다 빠르면 가능하다. 하지만 질량은 30만 킬로미터의 한계를 넘지 못한다. 30만 킬로미터는 선형 시간이 영원의 영역에 침범하지 못하도록 그어 놓은 경계선이다. 물질은, 다시 말해 질량은 이 경계를 넘지 못한다.

 타키온[5]이 실존한다면 모를까!

 이것과 관련하여 민코스프키(Hermann Minkowski)는 각자의 준거틀에 해당하는 각자의 시간대만이 존재할 뿐이라 말한다. 시간대는 서로 섞이거나 교차할 수 없다. 종합해 보면 여러분은 12년이란 시간이 흘렀고, 지구 가족은 20년이 흘렀는데 둘 사이에 시간을 역방향으로 흐르게 한다든지, 시간대의 장벽을 뛰어넘을 방도는 없다. 빛과 시간은 지배력이 우리보다 강하다. 빛과 시간은 물질계를 지배하고 있는 셈이다.

 여행자와 지구 가족간의 이질적 상황이 뇌와 전기 화학 신호 간에도 동일하게 발생한다. 여행자는 전기 화학 신호가 될 것이고, 뇌는 지구 가족이 될 것이다. 의식은 둘이 상봉하여 깜짝 놀라고 있는 상황이다. 여행자인 전기 화학 신호가 지구 가족인 뇌에 도착하니 서로 놀라게 된다. 앞서 여행 이야기에서 일어난 일들이 여기서도 동일하게 발생하기 때문이다. 그러나 의식은 놀라지 않았다. 시간을 역방향으로 조회하여 교차점을 만들고, 그것을 또 다시 **현재화**하였기 때문이다.

 실제로 뇌와 전기 화학 신호 사이에 8년 차와 같은 차이가 발생하였다. **하지만 8년 차가 정확하게 원래의 현재성으로 환원되어 의식되었다.** 그러므로 의식이라는 장소에 모인 여행자 전기 화학 신호와 지구 가족의 뇌는 의식에서 본래의 비례 관계로 환원된 셈이다. 이것이 위에서 **언급한 여행**

---

[5] 일종의 가설 입자로 빛보다 빠른 기본 입자를 말한다. Tachyon.

자와 다른 점이다. 의식은 원래대로 돌려놓았다. 30만 킬로미터 장벽에 갇히지 않았다. 무의식적 의식과 우리의 의식은 긴밀히 연결되어 있어 현재라는 의식을 가져다준다.

무의식의 공간과 연결된 의식, 무의식적 의식의 영역과 같은 빅뱅 초기의 입자들!

존재와 시간은 무의식적 의식의 영역과 무한의 영역을 고향으로 그리워할지 모른다. 하지만 일정 부분 무의식은 그 고향을 자주 다녀오는 듯하고, 거기서 가져온 정보를 의식에 가져다준다. 질량은 시간을 보여 주는 시약과 매질이며, 의식은 영원과 빛, 그 시간에 관계적이다. 질량이 '시간적' 의식에 작용할 때 10밀리초와 0.5초 사이에 두려움과 수치심은 사라지며 사랑이 질량과 의식에 자리할 것이다.

영원을 의식하는 매질과 미디어는 무엇일까?

그것을 찾는다면 의식의 행복 회로가 되고 그 매질을 타고 의식은 시간의 장벽에 구애받지 않고 다녀올 텐데 말이다.

5. 빛과 유물론

혹시 **빛도 유물론**일까?

빛이 유물론이 된다!

빅뱅이 일어난 초기 상태는 모든 입자에 질량이 없었다. 에너지는 있었지만 질량이 없는 신비에 가까운 상태였다.

유물론으로 설명하기에는 반쪽짜리 온톨로지가 되어 입자인지 파동인지 경계선이 모호해지지만 아무튼 그러한 때가 있었다. 다시 말해 모든 존재가 빛처럼 된다. 이 빛('빛 그 자체'는 아닌 빛)을 질량과 영원이 만나는 역설적 접점, 즉 태극이라 말할 수 있다.

영원이 시간이 되는 바로 그 순간이다. 성경의 창조 기사에 보면 신이 처음 만든 것이 빛이다.

> 하나님이 이르시되 빛이 있으라 하시니 빛이 있었고(창 1:3).

이 구절은 많은 이로부터 논쟁의 대상이 되곤 하였다. 해, 달, 별을 넷째 날에 창조한 것으로 기록하고 있기 때문이다. 빛의 모체라 할 수 있는 태양보다 빛의 창조가 먼저 있게 된 셈인데, 창조 기사의 허구성을 입증하려는 논의가 되기도 한다. 하지만 빛을 눈에 보이는 가시광선 정도로 생각한 데서 비롯된 오해일 뿐이다.

눈에 보이는 빛이란 포톤의 양자 상태다. 즉, 파동이면서 입자성을 띠고 있는 상태다. 이것을 양자 상태라 한다. 전자, 쿼크, 뮤온 등과 같은 모든 입자에서도 이런 성질이 나타난다. 질량이 확보되어 물질과 빛을 구분하려 하는데, 질량을 제거한다면 가시광선과 모든 입자는 '장'처럼 된다. 한마디로 구분 없이 같다는 말이다. 사실 모든 입자는 빛의 성질을 띠고 있다.

먼저, 우리 눈에 보이는 가시광선부터 살펴보자!

눈에 보이는 빛을 빛의 전형으로 생각하면 큰 실수다. 인간은 볼 수 없지만 동물들만 볼 수 있는 빛도 있다. 그러므로 우리에게 보인다고 그것이 빛의 전부는 아니다.

빛의 입자인 포톤은 질량이 없으면서도 에너지는 갖고 있다. 에너지가 있다는 것은 입자성을 갖고 있다는 의미이지만, 질량이 없으므로 입자라 부르기도 애매하다. 큰 에너지의 포톤을 감마선, 그보다 약한 것을 X선이라 부른다. 물체를 쉽게 투과해 뼈를 볼 수 있게 해준다. 분명히 빛이지만 사람의 눈에는 보이지 않는다.

그보다 작은 에너지의 포톤이 가시광선이다. 우리 눈에 보이는 빛들이 바로 이 에너지의 파장에 속한다. 가시광선보다 작은 에너지는 열이 된다. 열이란 쉽게 말해 에너지 이동의 어떤 것으로 가시광선과 비슷한 양상을 띤다. 다시 말해, 굴절과 회절이 일어나기도 한다. 따듯한 열기를 느낀다면 보이지 않는 빛의 에너지가 여러분 몸의 분자와 원자에 전달되는 것으로 보면 된다. 이처럼 빛은 우리 눈에 보이는 것이 전부가 아니다. 빛의 개념을 넓혀야 한다. 입자에 질량을 제거하면 위에서 말씀드렸듯이 모두 빛처럼 된다.

우리가 관측할 수 있는 입자에는 어떤 것들이 있을까?

원자부터 살펴보면, 원자는 더 이상 쪼갤 수 없는 입자가 아니다. 그 안에 원자핵, 양성자, 중성자, 전자로 구성된 조직을 갖고 있는 조직체다. 원자핵도 마찬가지다. 양성자와 중성자로 구성되어 있고 파이온 입자에 의해 강력으로 결합되어 있다.

이는 기본 입자가 아니다. 입자처럼 보이는 조직체다. 양성자, 중성자, 파이온 또한 쿼크들로 가득 차 있으며 글루온으로 단단히 결합되어 있기에 조직체. 말 그대로 기본 입자라 할 수 있는 것들에는 쿼크, 랩톤, 보존과 같은 입자를 비로소 소립자, 아원 입자, 점 입자, 기본 입자라 부른다. 현재는 기본 입자를 표로 정리하여 그 수를 대략 한정하고 있지만 그 수와 종류가 더 많을 수 있다고 한다.

그러면 이 기본 입자는 그 안에 조직이 없는, 데모크리토스가 주장했던 물질을 구성하는 최소단위 원자가 되는 것일까?

그렇지 않다. 포톤을 제외한 모든 기본 입자는 극소량이나마 질량을 갖고 있다. 질량을 갖는다는 것은 이미 그 안에 조직성을 내포하고 있다는 의미다. R 입자와 L 입자가 힉스 입자를 매개로 시간의 공간에서 교차 진행하고 있는 것이 기본 입자가 되기 때문이다. 이 만남이 최소 단위 기본 입자다. 그러니 기본 입자도 독립체가 아닌 것이다. **하나처럼 된 현상이다.**

이것은 시사하는 바가 크다. 기본 입자 하나에 어마어마한 시공 역설들이 작용할 수 있기 때문이다.

공변 양자장 이론을 보면 이 시공 역설을 조금 맛볼 수 있다. 공변 양자장 이론에 의하면 마찬가지로 기본 입자는 만물을 구성하고 있는 최소단위가 아니다. 장과 장의 만나는 점이 기본 입자가 되고, 그 만나는 점은 개별 시공들의 접점이기에 시공 개념은 더욱 복잡해진다.

쉽게 말해 입자란 서로 다른 시공과 시공의 만남인 셈인데, 그 입자가 물질이 된다면 무의식뿐만 아니라 물질을 구성하고 있는 미시 세계는 영원이 출렁이는 바다가 된다. 그 바다가 높은 곳에서 거시적 시각으로 볼 때 선형 시간으로 보일 뿐이다. 질량을 제거하지 않고도 입자 자체가 영원과 맞닿아 있다. 왜냐하면, 질량이란 결국 시공과 시공의 만남의 결과이기 때문이다.

중요한 것은 이러한 입자들은 본래 질량이 없었다는 것이다. 만일 질량이 없다면 대칭성이 보존되어 각 입자들을 구분할 수 없게 되고 일체가 된다. 빛처럼 된다. 별들이 생성되고, 우리가 존재하게 되며, 우주의 모든 물질이 존재할 수 있게 된 것은 질량이라는 귀한 선물이 있었기 때문이다. 질량이 부여 되었을 때 입자들은 서로 구분되어 우주의 물질을 구성하게 되었다. 그 질량을 갖게 한 것이 신의 입자로 비유되는 힉스 입자다. 온 우주와 공간은 힉스장으로 가득 차 있어 포톤, 글루온, 그레비톤을 제외한 모든 입자에 질량을 부여하고 형상을 선물하게 된다.

중요한 것은 **형상만 부여한 것이 아니라 시간을 읽을 수 있는 존재가** 되게 하였다!

유물론과 반유물론 사이에서 유물론적 형상을 부여하였고, 빅뱅 초기의 무질량으로서의 입자(빛 성)를 입자라 부를 수 있는 **시공간적 존재**가 되게 하였다. 형이상학적 대상인 시간과 무질량으로서의 입자를 **유물론적 실체로 그리고 실재하는 시간으로 만들었다**. 더 이상 시간은 관념이 아닌 물리가 되었다. 그것을 형상의 재료라 할 수 있는 질량이 허락하였다. 마치 밤새워 작성한 문서를 프린트해 그 내용을 읽을 수 있는 것처럼, 시간은 질량이라는 프린트물로 자기를 볼 수 있고 읽을 수 있도록 하였다.

30만 킬로미터라는 장벽을 세운 후에 말이다.

시간이 질량으로 드러나게 되었다!

그것이 기본 입자가 되니, 입자 하나는 어마어마한 시공 역설이 춤추고 있는 셈이다.

시간이 질량으로 드러나는 사건을 보도록 하자!

이해를 돕기 위해 입자들이 어떤 상태로 있는지를 살펴보아야 한다. L 입자와 R 입자의 교차 진행 상태로 있다. L은 좌선성, R은 우선성 카이럴리티를 말한다. 그럼 카이럴리티가 무엇인지 이해해야 한다.

모든 입자는 카이럴리티 운동을 한다. 프로펠러 비행기를 생각하면 쉽다. 프로펠러는 열심히 회전하지만 앞으로 직진한다. 프로펠러의 회전을 입자의 스핀으로, 비행기의 직진을 입자의 이동으로 보면 된다. 이것을 카이럴리티 운동이라 한다. 스핀과 직진 이 두 요소가 있으면 카이럴리티가 성립된다.

모든 입자는 이렇게 운동을 하며 움직인다. 스핀과 이동 방향이 같은 것을 우선성 카이럴리티 즉 R로 표기하고, 반대로 스핀 방향과 이동 방향이 반대인 경우를 좌선성 카이럴리티 L로 표기한다. L과 R이 만나는 것을 질량을 가졌다고 말하는 것이다. 그러므로 모든 입자, 즉 질량을 갖고 있는 입자는 R-L-R-L 진동하며 이동한다. 설령 한 곳에 가만히 정지해 있다 하더라도 이동하고 있다. 어떤 입자도 정지하지 않는다.

그런데 빛의 속도인 30만 킬로미터에 근접하게 되면 R은 우선성 카이럴리티로, L은 좌선성 카이럴리티로 각각 나뉘어 독립체가 된다. 다행히도 30만 킬로미터를 넘어서는 입자는 없기 때문에 이 둘은 부부가 되어 교차 결합된 상태로 있게 된다. 30만 킬로미터 이하라는 의미는 질량을 가졌다는 의미이기도 하고, 빛보다 느리다는 것을 의미한다. 빛보다 느린 모든 입자는 질량을 가진 것이다.

질량의 본질을 이해하기 위해 입자를 완전히 세워 볼 필요가 있다. 그러면 질량이란 무엇인지 그 실체를 더욱 근본적으로 살펴볼 수 있게 된다.

어떤 입자의 속도가 0이고, 완전히 정지한 상태라고 가정해 보자!

입자 그 자체의 윤곽으로 볼 때는 정지해 있는 것이 사실이지만, 입자를 구성하고 있는 L과 R의 결합 양태를 보면 여전히 진행하고 있다. **어떤 입자도 정지해 있지 않다.** 정지시켜도 정지가 아니라는 말이다. 정지란 뉴턴적 사고에서 정지한 것이지 시간에서는 진행하고 있기 때문이다. 시간이 '공간처럼' 된다.

사실 미시 세계에서는 시간과 공간의 구분이 애매하다. 시간이 공간이고 공간이 시간이다. 입자의 근원은 공간 속에 있는 것이 아니라 시간과 공간 자체이기 때문이다. 이 개별 시공들이 만나는 지점이 입자가 되는데, 근원적 입자들은 공간과 시간 속에 있는 것이 아니라 입자 자체가 시간과 공간이다. 놀랍도록 복잡한 이러한 역학 관계들이 거대한 바다를 이루어 소위 말하는 뉴턴적 시공간을 결맞음 상태로 만들어 준다.

다시 입자로 돌아와서 생각해 보면, 입자는 **공간상에서는 분명하게 정지해 있지만 시간 상에서는 정말 움직이고 있다. 시간 상에서 움직이고 있는 상태를 질량이라 한다.** 질량은 결별하여 독립적으로 존재하던 R과 L을 다시 만나게 해준다.

그러나 정지해 있기 때문에 카이럴리티, 다시 말해 비행기의 직진 운동은 하지 않고 정지된 상태로 프로펠러만 쌩쌩 돌고 있다. 그래서 꼭 정지해 있는 것처럼 보인다. 그것은 거시적 세계인 뉴턴적 사고방식에서만 그렇다. 비록 정지해 있지만 마치 공간속을 이동하는 카이럴리티 운동처럼, **시간 속에서 카이럴리티 현상(회전과 직진 운동)이 일어난다.** L과 R이 교차하며 **시간으로 표출된** 공간에서 직진 운동을 한다. 질량이 그것을 가능하게 하는데, 약 전하가 -1인 L 입자는 -1을 진공(힉스장)에 버리고 R 입자가 되고, 약 전하가 0인 R 입자는 힉스장에서 약 전하 -1을 빌려와 L 입자가 되어 L-R-L-R 교차한다.

이것이 질량을 얻게 되는 양자 현상인데, 질량은 곧 L과 R의 진동이다. **진동에 집중해 주시기 바란다.** 진동은 입자의 관점에서 보면 정지하고 있는 상태지만, 카이럴리티의 교차 진동 입장에서 보면 마치 공간에서 직진하는 것처럼 된다. 수 없이 반복되는 교차 진행은 L과 R의 입장에서 보면 같은 자리에서 계속 직진하는 양태가 된다.

이것이 질량을 얻었다는 현상이다. 기본 입자는 그러므로 놀랍게도 그 자체로 같은 자리에서 빛의 속도에 준하는 직진 운동을 끊임없이 하고 있는 진동이다. 이것이 곧 질량이며 질량이 주는 존재론적 의미다.

질량을 가진 모든 입자는 이렇게 진동하며 마치 앞으로 진행하는 것처럼 존재한다. 정지해 있는데도 시간이라는 공간 속을 진행하고 있는 셈이다. 미시 세계로 진입하면 시간과 공간은 구분이 없다. 그 입장에서 보면 입자는 계속 직진하고 있는 셈이다. 정지해 있는 물질은 우주에는 존재하지 않는다.

시간과 공간은 별개가 아니기 때문에 어떤 근원적 단계에서 공간은 시간으로 표출되어 L과 R의 진동(질량)이 공간 속의 이동이 되게 했다. 공간에 있다는 것은 그 자체가 시간과 공간인 입자들의 출렁이는 바다에서 어떤 결맞음의 상태고, 이미 시간의 네트워크에 엮여 있음을 의미한다. 질량은 정지해 있는 입자에 입자 그 자체 안에 근원적으로 있던 출렁이는 시간을 드러내 보여 주었고, 그것 자체가 공간성이 되었다. 시간이 실재가 되는 순간이다.

질량이 없다면 늙지 않을 수도 있겠다!

빛(영원의 경계)이 질량(시간)이 되어 시간의 공간에서 진행하게 하였다. 존재는 시간이 되었고 시간은 입자와 존재가 되었다. 존재와 시간은 같이 가고 온다. 거시적 세계에서 볼 때 존재는 시공간 안에 있는 듯하지만, 존재를 구성하는 근원적 입자들은 그 자체가 시공간이기에, 거시적 세계는 그야말로 엄청난 확률로 형성된 시공 입자들의 **결맞음** 상태가 되는 것이다. 그 시공간들이 바다가 되어 출렁일 때 비로소 존재는 시공간 안에 있는 것처럼 된다.

존재와 시간은 같이 오가고 있었는데, 거시적 세계로 인해 잠시 잊고 있던 그 사실을 질량은 일정 부분 드러내 준 것이다. 시간은 존재이기에 실존이며 존재는 30만 킬로미터 이하이기에 빛은 드러난 시간을 **결맞음** 상태로 유지할 수 있게 하는 영원과 시간 사이에 둘러쳐진 경계선이 된다. 그렇지 않으면 질량도 사라지고 시간도 흡수되어 영원 속으로 잠적할 것이다.

빛과 시간은 유물론적 존재를 보존해 주는 태극이었다. 그것을 질량이 돕는다. 정신이 뇌의 작용이라 주장한다면 이미 뇌는 시공 역설적 영원성의 작용이다. 무의식의 공간은 질량이 시간의 공간이라는, 다시 말해 무의식의 영역 같은 곳에서 직진하였듯이, 의식은 무의식의 공간에서 활동하는 것이다.

질량은 형상을 선물한 것뿐만 아니라 시간을 선물해 주었다. 그러나 앞서 언급하였듯이 이 시간은 30만 킬로미터 특이점 이하에서만 보이게 되는 시간이다. 질량은 힉스 입자보다 신비로운 30만 킬로미터라는 특이점을 보게 하였고, 역으로 그것은 시간을 본 것이며, 보이지 않지만 공통 분모로 자리하고 있는 게이지장[6]처럼 **시간의 장**을 상정하게 만들었다.

시간의 공간이라고도 할 수 있다. 질량은 공간에서는 정지해 있지만 시간에서 나아가고 있었다. 어쩌면 민코스프키의 또 다른 공간에서 실제로 이동하고 있는지 모른다. 시간이 유물론의 옷을 입게 되었다. **시간이 공간처럼 움직인다.** 더 소급해 올라가면 빛이 시간이 되는 과정을 보셨으리

---

6 약력, 강력, 전자기력에 관계된 장으로 서로 다른 다발성이지만 어떤 차원에서 공통성을 갖는 장을 말한다.

라 생각된다. 빛은 공간 속(in)에 있었던 것이 아니라 공간을 품은(including) 어떤 것이었다. 빛이 공간이 된 것이 시간이다.

시간의 공간!

모든 존재는 물리적 공간과 시간의 공간을 동시에 이동한다. 속도 1킬로미터-29만 킬로미터까지 물리적 공간을, 0(정지)과 30만 킬로미터 이상에서는 시간의 공간을 이동한다. 빛은 영원의 형질이 유물론이 되게 하는 경계이며 가장자리다. 시간이 물질이 되는 순간이며, 영원의 의식이 유물론을 품는 공간이다.

의식과 물질은 무의식과 영원의 공간에 엮여 있다!

6. 영원에 관해

영원이란 개념을 살펴보지 않을 수 없다. 존재는 이미 존재 그 이상의 성질을 갖고 있기에 24시간이란 틀은 존재를 설명하기에 부족하다.

영원하면 어떤 의미들이 떠오르는가?

지속성, 연속성, 끊임없음, 무한 등 다양한 의미들이 떠오를 수 있다. 그러나 이런 식의 사고는 영원을 이해하는데 턱없이 부족하다. 다분히 직선적 개념이다. 영원은 시공을 포함하면서 그것의 안과 밖에, 그리고 그것을 유출하기도 하면서 그것과 '분리적 연결'이며, 어느 정도 초월의 개념이다. '분리적 연결'로 표현한 것은 영원과 시간이 섞인 개념이 아니기 때문이다. 그렇다고 동떨어진 별개의 것도 아니다.

히브리어로 영원은 '올람'(עוֹלָם)인데, 예니에 의하면 '가장 먼 과거와 미래, 또는 이 둘의 동시'(at the same time)를 의미할 수 있다. 즉, 무한히 셀 수 없는 '무한과 유한'의 역설이다. 굳이 물리적 표현을 한다면 '무수한 민코스프키 공간들과의 연계'다. 물론, 민코스프키 영역이 영원의 아주 작은 속성만 비유로 설명될 수 있는 것이지만 말이다. 굳이 이해하고자 노력한다면 이거라도 예로 들자는 필자의 취지다. 독특한 것은 올람(עוֹלָם)은 세계를 지칭할 때도 사용된다. 세계가 어떤 면에서 영원과 관련성이 있게 된다.

  정리하면 이렇다. 영속, 과거, 현재, 미래, 이것들의 동시성 그리고 이 모든 것이 세계(world)라는 의미가 된다. 히브리인들의 사고 속에는 이미 과거, 현재, 미래의 개념에 '동시에'라는 상대적이며 특수 상대적인 사고를 갖고 있었던 셈이고, 물질세계를 이미 영원과 관계적 존재로 본 것이다.

  동양권에도 표현만 다를 뿐 비슷한 개념들이 많다. 우리나라 국기는 태극기다. 태극 사상은 우주 만물을 존재하게 하는 어떤 것으로 중국 송나라 때 처음 사용되었다. 무시간적이며 비물질적 실체로서 만물을 존재하게 하는 근원이다. 태극은 가시성을 담지한 언표이고, 무극은 근원적 입장에서 표현한 언어다. 둘은 양태에서 다를 수 있어도 본질에서는 같다.

  그래서 주희(朱熹, 1130-1200)는 태극과 무극을 동실이명으로 보았다. 태극이든 무극이든 무시간적 실상의 근원을 내포하고 있다. 서양의 로고스 사상과 흡사하며 물질적 요소를 갖추지 않은 비물질적 요소나 그 상태를 말한다. 영원의 열린 문을 태극이라 할 수 있고, 영원 그 자체를 무극이라 할 수 있다. 그리고 그것이 음과 양이 되어 삼라만상을 생겨나게 하였다. 태극 사상은 영원이 극의 어떤 허상적 영역에서 존재가 된 개념이다. 존재와 물질을 이미 영원과 허상적이든 실상적이든 관계하고 있는 것으로 본다.

  태극과 무극 사상은 영원의 어떤 것이 곧 세계인 것이다!

  대승불교 중관학파는 열반을 다르마 개념으로 이해하였다. 다르마는 인도에서 전해 온 것으로 일체법을 말한다. 실상이다. 물자체(物自體)로서, 있는 그대로의 상태를 말한다. 이것을 열반으로 보았다. 이 진리를 깨닫고 입적한 존재가 바로 붓다였다. 이들이 이해한 부처는 영원에서 이미 이런 진리를 깨달은 존재였는데 세인들을 구원하기 위해 육신으로 지상에 출현한 인물로 본 것이다. 즉 일체법은 영원에 있던 것이 세상에 출현한 셈이다. 즉, 실상과 실체란 영원에 그 출처를 둔다. 영원과 시간의 접점을 역설하고 있다.

영원과 시간의 접점은 동서양을 관통하고 있는 시간상이다. 인간의 사고 속에는 이러한 영원이라는 공통 분모를 갖고 있다.

왜 이렇게 비슷한 생각들을 하고 있었던 것일까?
영원성이 반영된 질량!
그 질량으로 물질이 된 몸!
그러한 물질과 역설적으로 반응하는 인격과 정신!
당연히 영원을 사유하지 않겠는가!
영원은 이미 시간에 공명하며 질량을 확보한 뇌와 의식은 동조 현상을 일으키고 있는 것이 아니겠는가!
앞에서도 살폈듯이 질량은 이미 그 양태 자체가 영원성이지 않았는가!
잠시 우주여행 이야기로 다시 돌아가 보자!

모두 동일한 시계를 사용했는데도 여행자는 12년, 지구 가족은 20년이 흘렀다. 여행자가 8년이나 적은 시간을 여행했기 때문에 상대적으로 지구 가족보다 시간에 대한 체감이 빨랐을 것이라 생각할 수 있지만, 그렇지 않다. 모두 동일하게 24시간 12개월을 체감하였다. 정확하게 하루 24시간 1년 12개월을 살았다. 그러나 8년이란 차이가 분명히 존재한다. 시간의 역방향이 허락되지 않은 직선적 시간을 살았는데 서로 다른 시간대를 살았다. 여행자의 시간대와 지구 가족의 시간대는 달랐다. 이렇게 서로 다른 각각의 시간대를 '민코스프키의 시간'이라 부른다.

애석하게도 각각의 시간대는 교차할 수 없다. 우주에는 셀 수 없을 만큼의 무수히 많은, 거의 무한대에 가까운 민코스프키 시간대가 존재한다.

일종의 영원 개념이다. 직선적 시간 개념들이 켜켜이 쌓여 있거나 겹쳐 있는 단층과 같은 그러나 그 단층을 옮겨 갈 수는 없는, 그러한 시간 개념이다.

하지만 켜켜이 쌓여 있는 시간대는 엄밀히 말해서 영원의 본질은 아니다. 영원은 직선적 시간대가 쌓여 있는 것이 아니라 장과 같은 시간, 무시간, 공간, 무공간을 아우르는 개념이기 때문이다. 따라서 우주에서 발생하는 시간의 틀어짐은 영원의 속성 어떤 것은 될지 몰라도 영원의 전부를 설명할 수 있는 비유는 되지 못한다. 단지 영원이 어떤 것인지 정도로만 맛볼 수 있다.

영원은 그 자체로서 영원이며 각 시간대의 24시간 1,440분 86,400초를 거시 세계에서 **결맞게 만드는**, 또는 개연시키는 어떤 것 또는 어떤 곳이다. 질량은 단지 영원의 시간을 민코스프키 방식으로 프린트해 주는 정도다. 영원이 질량으로 나타난 무수히 많은 시간대가 우주에 가득하다. 직선적 시간, 다시 말해 선형 시간은 영원에 기대어 있는 무시간의 결맞음 상태일 뿐이다. 그러므로 직선적 시간대로 인간 존재의 모든 것을 해석하거나 해결하려는 시도들은 존재론을 한없이 미약한 허상으로 추락시키는 행위다.

시간과 관련해서 생각해 볼 때 그러므로 무의식적 의식은 정말 중요한 영역이다. 우리의 실존이 이것과 진솔한 관계성을 자각할 때 의식의 양태가 달라질 것으로 추측된다. 단지 직선적 시간 방식의 지식 축적은 결국 존재론적 오류를 초래해 인성에 문제를 발생시킬 것이다. 왜냐하면, 존재론 자체가 영원에 기대어 있고 엮여 있는데, 시간의 근원은 망각하고 겉으로 표출된 결맞은 표면만으로 살아가기 때문이다.

몸도 고른 영양분이 섭취되어야 하듯 정신도 그렇지 않겠는가!

현대인들의 공허한 자아상은 이것과 무관하지 않을 것이다!

우리는 영원에서 멀리 떨어져 있는 존재가 아니다. 영원과 영원의 결맞음 상태다. '시간적' 존재라는 말이다.

이렇듯 의식은 이미 영원과 가까이 있을 뿐만 아니라 물질 또한 영원에 기대어 있다. 질량은 '시간적 공간'과 교류 반응하기에 우리의 몸은 영원을 배제할 수 없는 것이다. 우리는 정지해 공간을 점유하고 있는 듯하지만, 시간적 공간을 활개하고 있는 것이다. 이렇듯 모든 존재는 영원에 기대어 있다. 의식과 물질은 이미 영원에 관계한다.

그러나 우리의 몸은 경계선을 인정하며 살아가고 있다. 우주에 존재하는 모든 물질도 마찬가지다.

역설이 아닐 수 없다!

중력에 관계되고, 질량이 주어진 이상, 그러한 성질을 갖고 있는 만물, 즉 물리적 존재는 영원과 직선적 시간 사이에 있는 경계선을 넘지 못한다. 그것이 질량으로 살아가는 우리다.

그런데 의식은 그 경계선을 부담스러워한다. 그 부담을 치료할 무의식은 어쩌면 필연이고 필수다. 무의식의적 의식이 비록 무의식이라 하더라도 상존하는 한 우리의 의식은 그 경계선을 넘으려 할 것이다.

'불안의 개념'은 바로 이 무한성이 내재되어 있는 우리의 의식 때문에 발생하는 것이라고 키에르케고르(Søren Aahye Kierkegaard, 1813-1855)는 역설하였다. 의식은 무한과 영원을 알고 싶어 하고, 그것을 내면화하고 싶어 한다. 하지만 그것이 보이지 않고, 관련된 명확한 지식이 없기 때문에 불안해한다. 물리적 존재인 질량으로서의 몸이 유지되는 한, 의식은 그 경계선을 존중할 수밖에 없다. 어쩌면 의식이 자기 능력을 한없이 낮추고 물리적 공간에 자기를 맞추고 있는지도 모른다.

과거 어느 시점에 물질도 시간의 장벽이 없던 시절이 있지 않았던가?

빅뱅 초기에는 모든 입자는 질량을 갖고 있지 않았다는 것을 기억하자. 마치 빛과 같았다. 만일 우리가 그런 입자로 구성된 몸을 갖고 있다면 경계선으로 인한 의식의 불일치는 없었을 것이다.

영원과 반응할 수 있는 미디어가 필요하다!

그것은 무의식과 깊은 관련이 있고 그 관련으로 인해 무의식은 의식을 도울 것이다.

7. 인간의 학명과 시간

　인간의 학명을 다시 조명해 보게 된다.
　유물론 자체가 영원성에 혼재되어 있다면, 그 구성물인 몸 그리고 그 구성물에 반응하는 의식은 종합적으로 어떤 학명이 주어져야 하는가?
　하나의 입자가 생성되기까지 그 과정에서 작용하는 시공의 확률은 어마어마하다. 그렇게 어렵게 입자 하나가 생성되었다 하더라도 존재하는 시간은 너무 짧다. 엄청난 확률과 초단시간의 한계를 뚫고 원자가 되고 원자들이 결합해 원소가 되고 원소들이 물질이 되었다면 입자의 생성에서부터 물질이 되기까지 그 과정은 기적에 가깝다. 밈과 복제자는 세상의 모든 곳에 마치 정신이 있고, 그 정신이 작용한 결과인 것 같다. 입자 하나가 생성되어 물질이 되기까지의 확률, 유기물이 밈과 복제자가 되기까지의 확률, 정말 무시무시한 확률의 결과들이다.
　사고의 무의식 공간만큼이나 물질의 '영원성 공간'들은, 더 나아가 유기물의 그러한 공간들은 기금까지 살펴본 영원의 영역을 고려하지 않을 수 없게 만든다. 무한대에 가까운 입자들의 확률은 일정 부분 영원에 자취를 감추고 있다. 유물론 자체가 모질게도 영원성과 얽혀 있다. 우리 정신은 외부 세계의 깊은 다차원과 공명된다.
　데모크리토스의 만물 입자설은 인간의 사고 능력이 무섭다는 생각이 들게 만든다. 그의 이론은 현대 입자 물리학의 효시로 종종 거론되곤 하는데, 물론 과학적인 섬세함과 타당성은 전혀 없다. 단지 인문학적 소양으로 입자 물리학의 의미를 언어로 그렸을 뿐이다. 그러나 그 윤곽은 입자 물리학과 매우 비슷한 수준이다. 이것으로 보건대 인간의 정신은 물질과 동떨어진 것이 아니라 같은 어떤 것을 공유하며 함께 진동하는 듯하다.

정신은 만물 안에 스며 있는 영원의 영역을 무의식에 의해서든 의식에서든 공유하고 있는 것이 분명하다.

정신의 자의식인 나는 과연 누구란 말인가?
어떤 학명을 부여해야 할까?
호모 사피엔스?
호모 에렉투스?

이 밖의 다른 수준 높은 학명들이 여전히 작명되고 있지만, 필자의 마음을 흐뭇하게 만드는 것은 아직 찾지 못했다. 조금은 억지스럽지만, 학명을 지을 때 주로 사용되는 라틴어 문장을 찾아보았다. 호모 아에비(homo aevi), 즉 '영원의' 인간이다. '아에비'(aevi)는 속격이다. '영원한' 형용사를 일부러 찾지 않고 속격을 선택했다. 형용사는 주어를 수식하는 한정사이기에 영원이 나에게 속하게 되는데, 영원과 인간의 관계를 설명하는데 그 양태가 많이 빗나간 듯해서다. 그래서 속격 '~의'를 선택했다.

'영원에 기대어 있는 인간!'

인간은 영원과 떼려야 뗄 수 없는 '엮임'의 관계고, 무의식처럼 내 것이면서도 내 것이 아니기에 기댄 존재인 것 같다. 인간은 영원한 존재가 아니라 영원에 기댄 존재 '호모 아에비'다.

영원에 기댄 의식이 무의식이 아닌 의식이 될 때 그 사람은 존재론적 일치를 경험하게 될 텐데, 스토아학파 사람들이 그렇게도 찾던 '이데아계와 현상계'의 통일이다.

8. 영원(시간)에 기대어

시간과 의식의 관계를 이야기하다 여기까지 오게 되었다. 우리의 의식은 영원과 아주 가깝다는 것을 발견하게 된다. 일단 의식 내에 영원에 대한 의식이 있다는 것 자체가 신비롭다. 물론 반론하는 분들도 있을 것이다.

그러나 눈을 감고 고요히 자기 실존을 생각해 보라!
영원한 존재로 느껴지는가?
아니면 죽으면 끝이란 생각이 더 강한가?

인류는 영원을 사모하고 있었다. 의식은 영원에 기대어 있다.
영원에 기대어 있는 의식에 이름을 부여한다면 어떤 단어가 적합할까?
영? 혼? 정서? 이성? 정신? 산종? 의식? 무한 개방?
영원을 인식하는 의식이기에 고정된 구조주의적 틀이나, 실증주의의 고정된 단어는 적합하지 않다.
어떤 단어가 적합할까?
영원에 기댄 의식, 다시 말해 무의식적 의식의 광의적 접점 지역, 그 영역과의 만남, 그러한 만남을 앞에서 동서양을 막론하고 살펴보았다. 의식이 되겠지만 그 이전에 '무의식적'이었다. 무의식이지만 분명히 내 것이며 의식에 일조하였다. 마치 질량이 영원과 24시간의 역설적 존재인 것처럼 말이다.
이것은 무엇일까?
영원에 기댄 정보는 무의식적 지식이 되어 저장되고, 그것이 의식화되어 마음과 생각이 되었다.
어떤 단어가 이 현상을 제대로 담지할까?
결국, '영혼'이란 단어를 채택하게 된다.

물질과 영원의 역설적이며 종합적인 공명의 '어떤 것', 또는 '어떤 곳!'

실체로 설명하기보다는 어떤 존재를 '영원적'이며 실제적인 존재가 되게 하는 원리적 실유!

실체인지, 원리적이며 어떤 파장인지 알 길은 없지만 영혼이란 단어는 이 모든 것을 내포하고 있다. 영원의 의식으로도 생각해 볼 수 있겠다.

영을 논하기 전에 신기한 내용을 먼저 다뤄 보자.

관심 갖고 보면 신기하기 그지없다. 그것은 인류 생각의 공통 분모다. 질량의 시공간 역설적 존재인 인류의 생각에는 공명하는 공통 분모들이 있다. 이 분모는 유의미한 내용들로 소중한 자료가 될 것이다. 이 분모는 정신과 생각은 신비로울 정도로 물리 세계와 상응한다는 것이다. 이것만 보더라도 우주에는 공명하는 진리 체계가 어느 정도 흐르고 있다는 것이 분명하다. 이 분모는 모두 상상에 기인한 것이었지만, 그래서 때로는 데모크리토스의 '입자설'처럼 다듬어지지 않은 거친 광물 같은 이론들이었지만, 놀라운 점은 큰 그림에 있어서는 현대의 입자 물리학과 크게 다르지 않았다는 것이다.

그뿐만 아니라 현대 과학의 많은 부분들이 고대철학에 그 효시를 두고 있다. 엄밀히 말해 상상에 불과한 내용들이지만 속속들이 밝혀지는 관련 내용들을 보면 고대인들에게서 현대 과학과 견주어도 손색이 없을 만큼 이토록 수준 높은 상상들이 그 정신에서 나올 수 있다는 것에 경외감마저 든다. 사람들의 정신은 시대를 초월해 공명하는 것이 분명하다.

탈레스는 만물의 근원을 물로 보았고, 헤라클레이토스는 불로 보았으며, 데모크리토스는 원자로 보았다. 아낙시메네스는 아르케로 보았는데, 물질보다는 어떤 작용을 일으키는 개념으로 본 것이다. 근원과 그 원리를 찾던 고대인들의 이와 같은 생각들이 여전히 유용한 것은 현대 물리학의 발판이 되기 때문이다.

입자 물리학은 결국 힉스장 이론을 내놨는데 거의 확증 단계에 돌입하였다. 우주의 모든 공간은 진공이 아닌 힉스장으로 가득 차 있어 입자에 질량을 부여해 물질이 탄생하게 된다는 것이다. 데모크리토스의 원자론과 아낙시메네스의 아르케 사상과 정확히 공명된다. 물론 굉장히 무딘 이론들이지만 그런데도 고대인들이 이토록 비슷한 생각을 할 수 있었다는 것에 감탄하게 된다.

현대 과학과 고대인들 사이에 공통 분모라고는 정신 밖에 없는데, 현격한 차이는 과학적 수준과 섬세한 이론 체계들의 차이가 있을 뿐, 수천 년 세월의 간극을 정신의 어떤 공통 분모가 메우고 있다!

인간의 의식은 무엇이고 어떠하기에 긴 세월을 어떠한 장벽보다 견고한 펜스로 가르고서도 이렇게도 비슷한 말을 하고 있었던 것일까?

영원에 기댄 의식은 어떤 공통 분모를 만들어 내고 있다.

이 물음에 '영'이란 단어를 제시하게 된다!

고대 헬라 세계는 '프뉴마'(πνεῦμα)라는 단어를 '영'으로 사용하였다. 그 뜻은 바람, 호흡, 생명, 영혼, 영이다. 공기처럼 보이지 않지만 기류처럼 역할을 한다고 하여 그런 의미를 부여하였다. 인간 존재와 생명의 중심이자 사고의 중심으로 묘사된다. 빛과 밀접한 관련이 있는 것으로 생각하기도 하였다. '영감을 받았다', '인식하게 되었다'는 식으로 지각의 동력으로 이해하였다. 존재와 의식의 중심기관으로 이해한다.

스토아학파 사람들은 영을 세계에 내재해 있는 우주를 유지하는 보편적 원리로 보았고, 세계를 구성하는 어떤 근원, 통일성과 활력을 주는 어떤 것으로 이해하였다. 이 원리와 우주 만물은 별개가 아닌 하나다. 범신론의 기초가 되는 생각들이다. 아쉬운 점은 영과 물질을 하나의 개념으로 설명함으로 일원론적 사고를 하였고, 그것 때문에 무의식적 의식의 영역을 일원화해 버렸다. 이들은 물질과 의식 사이에 있을 또 다른 장을 연구할 기회를 없애버린 셈이다.

의식의 세계는 일원론으로 설명이 불가능하다. 영원과 내가 일원론이 되면 우리는 영원에 흡수되고 만다. 그것은 무의식만 남는 것을 의미한다. 나(개별과 비유)라는 인격이 존재하면서 영원과 관계하는, 영원과 섞이지 않으면서 개별이 유지되는 관계여야 한다. 따라서 영원이 물질 안에 섞여 있는 관계로 설명되는 스토아학파의 논리는 이미 언어도단이 되고 만다. 영원이 **아니면서** 영원이어야 하는 역설적 관계여야 한다. 아무튼 그들은 영을 만물을 구성하고 있는 중심된 어떤 것으로 보았다.

고대 이집트와 그리스 사상이 결합한 사상 체계인 헤르메스 주의(B.C. 6-A.D. 7) 문헌에서는 스토아 사상과 다르게 영을 물질 세계와의 교각 역할을 하는 비물질적인 어떤 것이며 빛의 형상을 지니는 것으로 보았다. 이들에게 영은 물질 세계와 구분되면서도 세계와 연계되도록 만드는 무엇이다. 당대의 의학 또한 영을 비슷한 개념으로 보았는데, 물질적인 것과 비물질적인 것 사이의 중재자로 보았다.

히브리인들이 보는 영에 대한 이해 중 하나는 역사를 이끌어 가는 힘이었다. 하나님이 바람을 일으켜 사회, 정치, 경제, 문화를 불러일으키고 더 나아가서 국가를 세우는 것으로 보았다. 여기서 바람은 '루아흐'(רוּחַ)인데 영이다. 헬라어의 '프뉴마'(πνεῦμα)와 같은 의미다. 구약성경 다니엘서, 스가랴서 그리고 신양성경 요한계시록에 이 바람이 언급된다.

이 바람이 사람들의 생각을 불러일으켜 역사의 그림을 그려간다. 사람들의 무의식은 거대한 생각의 흐름에 반응해 문화가 되고, 사회가 되며, 때로 두려운 생각에 군사를 일으킨다. 각자의 사람들은 자기 자유로 일상에서 생각을 펼쳐나가지만 거대한 바람의 영향을 받는다.

이렇듯 고대인들은 영을 노래하고 있었다. 동서양을 관통하는 로고스 사상도 사람들이 영을 선호하고 있다는 것을 보여 준다. 명칭만 다를 뿐 로고스 사상은 동서양을 가로질러 산재해 있다.

이들이 이해한 로고스란 다음과 같다.

첫째, 이해 관련이다.

진리, 지식, 윤리, 법, 본성이 되게 하는 실체를 말한다. 이상에서 열거한 것들은 개연성이 아닌 진리 그 자체, 지식 그 자체, 바로 그 실체를 말한다. 윤리 그 자체가 깨우쳐지면 정의를 이해하게 된다. 합리적 의미와 그 기초가 된다. 물자체로 본다면 사물을 이해하는 실체가 된다. "산은 산이요 물은 물이로다"를 보게 하는 그것이다.

플라톤에게 로고스는 곧 이성이 된다. 이해하게 만드는 외부의 유용한 공백, 그 의식, 그것이 내게 관여될 수 있는 외부의 힘이다. 사실 외부지만 그것이 내 의식과 관련될 때 어느 영역에서 무의식과 의식은 구분이 없어지고 내부의 내 것이 되기도 한다. 이것이 물자체, 실상의 본질적 의미이기도 한데, 이러한 인식 작용을 가능하게 하는 것이 '로고스'다. 요한복음은 이 로고스를 예수 그리스도로 비유하고 있다.

둘째, 존재 관련이다.

만물의 기초이며 법칙이다. 소크라테스는 그러므로 '존재와 연관된 어떤 것'으로 보았다. 스토아학파 사람들은 우주의 본성으로 보았고 그 본성이 자연에 깃들어 있는 것으로 보았다. 물자체를 이해할 수 있게 하는 해석력을 얻게 된다. 신플라톤주의에서는 예술과 자연을 형성시키는 힘으로 보았다. 관념과 물질계를 존재하게 만드는 근원으로 본 것이다.

셋째, 윤리 관련이다.

아리스토텔레스는 미덕과 경건의 근원으로 보았고, 언어가 이해되게 만드는 근거와 의미로도 보았다. 지면의 문제로 자세히 밝힐 수는 없지만 의미와 이해, 존재와 실존 그리고 윤리는 모두 '의'(righteousness)와 직결된다.

의를 공의적 측면에서 보면 윤리와 도덕이 되고, 이해와 의미로 보면 오해를 불러일으키는 정당하지 못하고 정확하지 않은 정보가 아닌 '바로 그 의미'가 된다. 존재로 보면 '바로 그 존재', '물자체'가 된다. 따라서 로고스로서의 윤리란 그 본질적 포괄 범위가 관념의 영역이든 실존적 존재의 영역이든 모두를 포괄하게 된다. 우주 만물은 의와 공의, 윤리에 직결되어 있다.

우주 만물은 윤리다!

우주 만물을 '바로 그것'되게 하는 의(義)로서의 의미가 로고스다.

로고스 사상은 이미 고대인들의 '영' 개념을 다양한 비유로 서술하고 있다는 것을 발견하게 된다. 이처럼 사람들은 영을 노래하고 있었다.

'정지란 없다'는 문장을 기억하실 것이다. 존재는 빠른 속도로 이동한다. 1-29만 킬로미터 속도 사이에서는 물리적 공간을, 0킬로미터(정지)와 30만 킬로미터 이상에서는 시간의 공간을 마치 카이럴리티 운동을 하는 것처럼 이동한다. 이는 어떤 네트웍과 연결성이 시간과 공간이란 단어로 표현된 것인데, 이 둘은 관념적 표현이지만 우주를 지배하는 어떤 현상이다. 1-29만 킬로미터에서는 이 네트웍이 공간이 강조되고, 0킬로미터와 30만 킬로미터 이상에서는 시간이 강조된 것인데, 이 둘은 한쪽은 선형으로 결맞음 된 것이고, 다른 한쪽은 공간은 불확정성과 유용한 공백 뒤로 숨고 시간이 강조된 것이다.

시간과 공간은 같은 것인데 이 둘에서는 한쪽에서는 공간에서 움직이는 것으로, 다른 한쪽에서는 시간에서 움직이는 것으로 보일 뿐이다. 이것은 물질은 시간과 공간의 지배를 받는다는 의미이며, 시간과 공간은 곧 장을 말한다. 장은 이미 영원성을 그 양태에서도 보이는 셈이다. 우리의 의식은 무의식적 의식에 의해 시간이면서 공간인, 다시 말해 영원성을 이미 그 양태에 내포하고 있는 것들과 반응한다는 것이 신기하며 의식은 선형적 사고일 수 없다는 것을 발견하게 된다.

정리해 보자!

질량의 출처는 대칭성, 즉 무질량으로의 빛과 같은 입자들에서부터였다. 힉스와의 만남은 무질량의 입자에 질량을 부여해 1-29만 킬로미터의 속도에 고정시켰다. 이미 영원과 24시간이 만난 경계에서 시작되었다. 이것이 물리적 빛이며 이 빛이 질량이 된 것을 물질이라 부른다. 우주에 존재하는 모든 물질은 이같이 질량을 부여받았다. 질량은 우주 그 자체에 귀속되는 것보다는 영원과 24시간의 역설적 존재다.

그래서일까?

우리를 구성하고 있는 입자들은 그 속도의 한계와 공간에 제약받지 않고 0킬로미터(정지) 가운데서도 시간의 공간을 이동하고 있었다. 마치 대칭성을 유지하고 있는 듯, L과 R이 교차하면서 그 존재를 과시했다. 존재는 영원의 속성을 이미 품고 있다.

영원이 물질이 된 존재!

그러므로 의식이란 명칭보다는 '영혼'이 훨씬 더 제대로 된 존재론적 의미를 반영한다. 영은 고대의 학자들이 말했던 것처럼 물질과 실체를 매개하는 어떤 것인 셈이다. 신비의 영역이라기보다는 존재이기 위해 있어야 하는 영원적 시공간, 의미, 물자체, 가치, 다시 말해 의와 관계되는 영역이다.

무의식적 의식은 영혼이 선형 시간에서 표출된 어떤 역설적 외연이다.

그래서 전 세계에 영에 관한 담론들이 끊이지 않나 보다!

인간은 영적인 존재 즉 영원에 기대어 있는 존재다. 영원에 기대어 있는 의식 바로 '영'이다. 우리의 의식은 영이다. 영은 인간 실존의 주요한 부분이며 전체이다. 시간은 영원과 깊게 관계하는 무엇이다. 무의식적 의식은 이미 시간적이며, 시간은 각 물질에 깊게 스며 있고, 시간과 존재는 함께 간다. 다른 말로 공간과 존재는 함께 간다.

이 시간은 직선적 시간을 포함하지만, 본질에 있어 그것을 넘어 시원의 시간(영원)과도 짝하고 있다. 그 시간과의 의식적 교류를 '영적'이라 할 수 있다. 0.5초와 10밀리초의 간극을 환원한 무의식적 의식은 시간적 의식 바로 영이다.

9. 이제 시간을 정리해 보자!

시간은 의식에 영향을 주는 '존재'로서 24시간이 아닌 영원성을 내포한다. 필자는 이것을 '시간적'이라 하였다. 시간은 이미 실체로서 어떤 힘을 발휘하고 있다. 관점에 따라 시간은 존재하지 않는다고 주장하는 이들도 있다. 그렇다. 선형 시간의 관점에서 보면 그러한 시간은 존재하지 않는다.

그러나 분명히 존재하는 실체다. 공간과 시간은 별개가 아니기 때문에 장의 개념으로 가면 공간과 시간은 실체가 표출된 또 다른 외연으로서의 방식임을 알게 된다. 모든 물질을 민코스프키 영역에서 한 방향으로 가게 만드는 것이 표출된 선형으로서의 시간이다. 비선형으로서의 효시적 시간은 0.5초와 10밀리초 사이의 차이를 환원하였고 의식을 인식으로 정리해 주었다.

이것을 의식이라 말할 수도 있고 영원에 기댄 의식, 시간에 기댄 의식이라 말할 수도 있다. 영원의 어떤 부분이 의식이라 할 수 있는 어떤 것에 무엇을 기저더주었다. **시간은 이원론적 분리가 아닌 존재와 함께 가는 어떤 것이다.** 존재는 시간과 공간 안에 있는 것이 아니라 그 자체가 시공이다. 존재는 시공이다. 그러므로 존재는 '시간적이다'고 말할 수 있다. 존재와 시간은 분리해서 생각할 수 없는 관계다.

그러므로 우리의 의식 또한 시간에 엮여 있다. 시간과 의식은 따로 분리된 개체가 아닌 서로 침투하는 상호침투적인 관계다. 10밀리 초에 불과한 질량으로서의 전기 화학 신호는 시간과 분리적관계가 아니어서 시간과 관계된 의식은 0.5초라는 현실로 환원하였다.

자세한 내용은 '시간과 의식의 관계'를 다시 읽을 것을 권유해 드린다. 이미 질량에 시간의 공간이 자리하고 있다. 시간은 물질에 깊게 스며 있으며 관여하고 있다. 관점에 따라 시간의 지배는 불가피하다. 지배라는 표현보다는 '함께'가 더 정확한 의미 적용일 듯하다. 질량은 마치 공기처럼 보이지 않던 시간을 드러낸다. 질량적 존재는 시간의 역방향으로 거슬러 올라갈 수 없는 존재로 그 지배하에 놓이게 된다. 시간은 그런 것이다.

빛은 시간의 힘과 그 힘이 얼마나 강한지를 보도록 관념적이든 물리적이든 형이상학적 가시권 안으로 시간을 끌어다 놓았다. 우리는 빛을 매개로 시간의 힘을 조금이나마 관찰할 수 있다. 정지된 존재란 없다는 것을 말씀드렸다. 시간은 신비하게도 그 자체로 공간이었다. 설령 공간이 없다 하더라도 시간 그 자체가 공간이 되었다. 그러므로 정지해 있던 질량도 실제로는 정지해 있는 것이 아니라 움직이고 있었다. 정지한 것이 분명하지만 시간 상에서는 나아가고 있었다. 시간의 공간에서 움직이고 있었던 셈이다. 물리적으로 이것을 다르게 표현 한다면 '질량을 얻었다'고 말한다.

질량은 '시간적'이다!

입자가 질량을 확보하는 과정을 다룬 내용에서 이것을 말씀드렸다. 공간이 없는 곳에서도 시간은 공간이었다.

정지한 존재는 없지만 그렇다고 무한 속도가 가능한 것도 아니다. 속도의 한계가 있다. 그것이 30만 킬로미터의 빛이다. 이 속도를 넘어가면 질량과 시간은 사라진다. 인류가 시간을 지배할 수 있다면 그 값을 지불해야 하는데 꽤 비싼 편이다. 그 값은 인류가 도달할 수 없는 30만 킬로미터이기 때문이다. 설령 이 속도를 값으로 지불한다 하더라도 우리를 구성하는 물질적 존재가 어떻게 될지 다양한 추측이 가능하게 되는데, 시간은 무이거나 무한대가 되어 관점에 따라 '시간은 존재하지 않게 된다.'

좀 더 사실 관계로 이야기하면 존재하지 않는 것이 아니라 또 다른 양태로 있게 된다. 그 양태는 물질계의 양태이기도 하기에 물질계도 그와 같이 된다. 우리 몸이 그대로 있을지, 아니면 와해될지, 그것도 아니면 일체가 되어 일자가 될지, 어떻게 될지 모르게 된다.

만약 지불한다면 흡수되지 않고 개별로 있으면서 그와 같은 존재, 즉 30만 킬로미터를 초극한 영원의 존재로 있을 수 있어야 한다. 다행인지 불행인지 지불할 수 없어 인류는 빛과 시간의 통제 아래 놓이게 된다. 그 통제 중의 하나가 시간의 직진성이다. 그 역은 말하기 참으로 어려워진다. 시간은 그런 것이다.

질량을 벗어 던지고 포톤같이 질량이 없는 입자로 몸이 구성된다면 시간의 시원을 보게 될지도 모른다. 최소한 직진성이라는 통제를 벗어나 자유할 것이다. 영원의 일면을 보는 최초의 인간이 될 것이다. 사실 그 한계 속도를 넘어서서 빛처럼 된다고 해도 영원의 심원을 본 것은 아니다. 일면만 본 것이다. 만일 선형 시간계에서 그 영원의 심원까지 언급한다면 '무'라는 제유적 표현이 가장 그럴싸하다. 하지만 영원은 '무'조차도 초극하는 '어떤'과 '모든' 이다. 질량은 그러한 '어떤'과 '모든'에 30만 킬로미터 빛이라는 한계를 보는 렌즈로, 시간의 직진성이 되도록 결맞음하게 만드는 장으로 그 역할을 하였다. 시간은 이러한 지배권을 갖는 형이상학적 '존재'다.

영원의 존재가 있다면 시간의 피지배자가 아닌 향유자가 될지 모른다. 30만 킬로미터 즉 빛은 영원과 시간의 경계에 서서 영원의 한몫을 분여받은, 그러면서도 만물에 좀 더 가까운, 영원과 만물의 중간자처럼 영역권 설정을 하는, 영원의 일면을 노출한 비하적 영원의 이름이다. 영원이 아닌 시간이란 그런 것이다. '빛처럼'이다. 영원과 마주하고 있지만 빛이라는 경계 저편이 아닌 이편에 자리하고 있어 영원의 어떤 속성을 분여받았는데도 형태에 있어 직진만 하는 존재가 시간이다.

빛은 존재(질량)가 되게도 하며 그 질량에 시간을 한정 짓게 만들기도 하는 행정부, 입법부, 사법부 같은 존재다. 빛과 시간은 떼려야 뗄 수 없는 관계며 굳이 표현하자면 '영원이 아닌 시간을 만들어 낸 매개체'다. 빛이 질량을 얻어 물질이 된 우리 몸은 그러므로 '시간적' 존재가 된다. 존재와

시간은 함께 '간다.' 함께 '있다.'

  시간은 유물론으로 표출되었고 물질이 되었다. 그중간 시원은 빛이다. 소립자들은 빛처럼 있었지만, 진공(공간)을 가득 메우고 있는 힉스장과 만나 질량을 얻었다. 질량은 기존에 알던 그 이상의 의미를 갖고 있었던 셈이다. 진공을 가득 메운 힉스장과 전하를 교환하며 L과 R을 바꾸도록 하여 L-R-L-R 진동하게 한다. 시간의 공간을 내달리는 존재가 되는 순간이다.

  이 진동은 물체가 정지해 있다 하더라도 마치 진행하는 것과 같은 현상을 일으키는데 시간 상에서 카이럴리티가 공간에 있는 것 같은 상태가 되기 때문이다. 공간의 이동이 없어도 시간 상에서 이동하고 있는 것이다. 물질 영역에서는 공간보다 시간의 영역이 더 크다는 것을 보게 된다. 질량은 공간과 더불어 시간의 운동장을 달리고 있던 셈이다. 시간은 만물의 공간이기도 한 것이다.

  이 모든 것을 있게 한 중간 시원이 빛이며 영원과의 경계 또한 빛이다. 이 입자들이 물질이 되었다. '시간적'이다. 만물은 시간과 함께 있으며 시간은 빛으로 그 한계를 표현한다. 빛은 영원과의 경계이며 물질의 경계이다. 시간은 이런 관계성을 갖는 영원의 분여이다.

  영원을 논하지 않을 수 없다. 동서양을 막론하고 인류는 영원에 관해 비슷한 생각들을 해왔다. 물론 다양한 이견들도 존재하지만 중론으로 모이는 중심이 있다. 그 중심된 사고는 영원이 세계가 되었다는 것이다. 히브리인들은 영원을 과거, 현재, 미래, 이것들의 동시성 그리고 이 모든 것이 세계라는 식으로 영원과 만물을 연결시켰다. 동양의 '무극은 태극이다'라는 사고 또한 영원이 드러나는 개념을 말한다. 가시적 의미가 태극이고 좀 더 불가해하고 비가시적 의미가 무극이다.

  이처럼 고대인들뿐만 아니라 그 후손인 우리는 영원과 시간의 접점을 논하였고 영원과 세상의 관계를 상정하였다. 인류의 사고 속에 시간은 벌거벗은 몸으로 있었던 적이 거의 없다. 시간은 영원의 옷을 입든, 본질의 분여라는 꼬리표를 달든, 홀로 존재한 적이 없다. 그렇지 않으면 아예 시간을 없애버렸다. 그래서 시간은 유(有)가 아니라 무(無)로 치부되기도 한다.

'시간을 품고 있는 질량의 구성체인 우리'라는 실존이 시간의 시원과 공명되기 때문에 이처럼 시간에 예민한 것이 아니겠는가!

질량의 시원은 빛과 같은 입자에서 왔고 빛은 시간과 영원의 경계이기에 우리의 실존은 그 경계에서 의식이 자유를 향해 포효할 수밖에 없다. 그것이 시간이고 시간의 자존감이다.

시간을 품고 있는 사람!

시간을 품고 있지만 시간은 모든 것을 이끌어가는 공간이었다. 우리의 의식은 영원에 기대어 있고 그 의식은 '영'이란 단어로 설명될 수 있다. 자세한 내용은 '영원에 기대어'를 다시 읽기를 권유해 드린다.

시간은 이런 것이다!

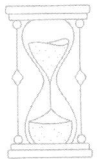

제2장

시간과 역사

시간과 존재가 별개가 아니라면 역사와도 어떤 관계가 있지 않을까?
역사가 우연이 아니고 최소한 우연과 필연의 역설이라면 역사를 움직이는 힘은 인간의 자유의지만은 아니다.
시간이 이 동력에 어떤 관계가 있는 것은 아닐까?

1. 역사는 우연일 수 없다!

역사는 우연일 수 없다고 생각한 사람들이 있다. 세계사를 움직이는 어떤 힘이 있는 것으로 보는 사람들이다. 대표적 인물이 헤겔(Georg Wilhelm Friedrich Hegel, 1770-1831)이다. 그는 운명에 모든 인간의 '지금'이 연결되어 있다고 보았다. 인간과 자연을 운명이 성취되는 시간의 존재로 보았다.
여기서 말하는 운명이란 프로그램 된 로봇처럼 움직이는 극단적 운명론을 말하지 않는다. 자유와 우연이 주체가 된 역설적 운명을 이야기한다. 비록 모순과 이율배반이 세계 도처에 자리하고 있지만, 궁극적으로는 필연의 그림이 완성된다는 것이다. 사람들이 살아가는 순간들과 자유로운 행동들은 모두 우연처럼 보이지만, 어떤 거대한 힘에 의해 필연으로 귀결된다는 것이다.

이 힘이 변증법의 핵심이라 할 수 있는 '세계정신'과 '절대정신'이다. 이것이 역사를 이끈다. 이 힘에 인간의 자유는 그 자유의 속성이 상실되지 않은 채로 어떻게든 연결된다. 자유와 필연은 헤겔에게 서로 분리된 독립체가 아닌 역설적 혼합체가 된다. 이 힘은 유물론과 관념론 모두에 작용하는 동력이며 물리적 세계와 자연계에 두루 관여된다. 동시에 물리적 세계를 초월한 바깥(모든 존재를 초월한)에 있는 힘이기도 하다. 객관적 자연에 스며 있으면서, 절대적 정신에 관계하는 힘이다. 이 힘이 역사를 이끈다.

그러므로 인간의 자유가 필연으로 향하게 되며 필연이 자유와 관계하는 역설이 된다. 사람들은 자유롭게 행동하였지만, 어떤 힘에 의해 본인의 자유가 필연의 영역과 공명하는 것이다. 결국에는 필연이 성취된다. 절대정신이 역사 내에 드러나는 것이다. 역사의 순간과 과정들은 이 영원성(절대정신)과 관계한다.

헤겔은 이 영원성이 매 단계 공명하는 것으로 본다. 눈에 보이는 모든 물질과 자연계는 이 힘의 결과다. 역사는 우리의 자유를 배음[1](倍音)으로 하여 절대정신이 공명하는 시간이다. 이 절대정신, 필연으로 이끄는 힘, 이것을 영원성(시간)과 관계된 것으로 보았다.

이러한 것들이 현재라는 시간에 드러나는데, 여기서 말하는 시간(현재)이란 소위 직선적 시간 개념만을 말하지 않고 그 시간을 포함하는 무시간으로서의 시간, 영원성과 관계되는 시간이다. 엄밀히 말해 헤겔에게 시간이란 수치와 양으로만 의미 부여되지 않는다.

그는 시간을 이렇게 서술한다.

> 시간은 있으면서 있지 않고 있지 않으면서 있는 존재다.

---

[1] 예를 들어, 8음계 중 솔을 듣고 있다면, 그 솔이 되게 하는 정수배의 다른 음들을 말한다. 귀에 들리는 솔은 그러므로 합성음인 셈이다.

이 말은 '직선적 시간 개념의 부정으로서의 시간'이다. 직선적 시간 개념이 시간의 본질이라는 것을 부정한 것이지 시간 자체를 부정한 것은 아니다. 이것이 영원성이며, 시간은 영원성과 별개로 생각할 수 있는 존재가 아니다. 시간이란 영원성의 현전(現前)이다.

이 영원성(시간)이 실체들이 되는데, 시간에서 그렇게 된다. 따라서 헤겔에게 시간이란 허상이 아닌 허상적 실상이고, 공허가 아닌 실존이며, 영원성과 관계된 비실재성과 실재성을 동시에 아우르는 그러한 것이다. 그러므로 또 다른 측면에서 보면 이 영원성(시간)은 세계를 존재하게 하는 어떤 것이 된다.

왜냐하면, 세계는 정신이 외화된 것인데, 이 정신은 절대정신에서 통일되기 때문이다. 절대정신은 영원성이기 때문에 궁극적으로는 절대정신(영원성)이 세계를 태동한 것이다. 세계의 태동은 곧 시간의 태동이며 **이 시간은 역사와 존재에 깊게 스며있는 어떤 것이다.** 시간과 절대정신 그리고 역사는 헤겔에게는 별개의 것이 아니다.

이전 장에서 다룬 시간 개념과 공명한다. 시간 자체가 공간이며 곧 존재와 별개가 아니라는 것을 입자 물리학과 다양한 이론을 제시하며 설명하였다. 우주와 세계를 태동한 절대정신은 존재와 역사의 어떤 힘으로 입자 물리학의 시공 개념과 그것을 형성하는 어떤 힘이라는 점에서 공명한다.

헤겔은 정신의 본질을 자유로 보았다. 현재의 자유와 실존은 영원성과 절대정신이 반영된 것이기에 결국 자유로우면 자유로울수록 필연으로 귀결된다. 수치와 양으로서의 시간이 영원의 필연성에 역설적 결맞음 상태가 되는 것이다. 인류와 개인의 정신은 시간과 무관하지 않게 된다. 나의 자유가 절대정신과 영원에 무관하지 않는 역설적 관계가 된다. 그 자유란 영원성 다시 말해 '시간 본질의 장에서 생성된 시공간'이라는 문구로 환치될 수 있다.

그러므로 시간의 본질이라 할 수 있는 영원성을 헤겔은 이렇게 표현한다.

> 영원성은 시간 이전에 있는 것도, 이후에 있는 것도 아니다.

이 시간이란 전체와 부분을 함유하고 있고 그것은 법칙에 함유되어 있는 것으로 본다. 법칙은 자유가 아닌 구속으로 보는 경향들이 있는데 헤겔이 본 법칙은 그렇지 않다는 것이다. 규칙이란 '진리의 의지'이기 때문에 오히려 그 안에 자유가 내포되어 있는 것으로 본다.

진리란 모든 유물론적 존재와 관념적 의식의 자유다. 규칙과 법칙의 양태는 필연과 규제로 보이는 것이 사실이지만, 본질상 자유로 구성된다. 다만 전제 조건이 있다면 진리가 오류가 아닌 정말 진리여야 한다. 순도 100퍼센트의 진리가 성립되면 그 진리를 바탕으로 구성된 규범은 자유가 된다. 규범에 의지적으로 반응하는 의식은 그 규범이 진리이기 때문에 자유를 감(感, 느낄 감, 한할 감)하게 된다.

'나'라는 개별적 의식은 절대정신의 반영이기에 나의 자유는 영원성(시간)과 동떨어지지 않는다. 시간은 모든 것의 질량적 법칙이며, 절대정신이 시간화(일종의 법칙) 된 것이기 때문에, 시간은 역사를 이끌어가는 실존적 가치와 법칙성을 부여받는다.

앞 장에서 존재는 시간과 공간에 있는 것이 아니라 존재가 곧 시간과 공간이라고 말씀드렸던 것을 기억하신다면 헤겔의 시간 개념을 통해 자유의 실상을 조금이나마 추론해 볼 수 있게 된다. 시간은 절대정신의 음계를 함께 울려 주는 배음(倍音) 법칙처럼 된다. 마치 질량을 얻는데 힉스장이 필요한 것처럼, 역사는 바로 이 시간의 장에서 발생된다.

개인의 온전한 자유는 절대정신의 음계를 울려 주는 시간이라는 법칙에 어떤 관계성이 있는 것이 분명하고 이 법칙에 순응될 때 그 법칙이 진리라면 온전한 자유가 된다. 자유는 필연이 아니기에 분명 우리의 선택적 행위가 결부된 대상이 있어야 한다. 절대정신이 시간화 된 것이라면 절대정신의 의미가 중요할 것이다. 정신은 만물을 태동케 한 힘이지만 의미의 힘이기도 하기 때문이다. 그러므로 만물과 만물의 본질, 실상, 물자체는 함께 간다. 실상, 물자체, 본질은 존재의 의(義)다.

관념이든 물자체든, '바로 그것'이 되는 것!

따라서 의와 관련된 법칙에 의지적으로 순응하는 것은 만물의 태동에 공명하는 에너지과 같은 힘에 순응하는 것이다. 이 의지적 순응은 곧 자유가 된다.

헤겔이 바라본 세상은 그러므로 그 자체로 **우연이면서 우연이 아닌 발전 과정**이 된다. 역사는 우연이면서 우연일 수 없게 된다. 세계를 관통하는 세계정신, 절대정신이 지금과 내일에 관계되며 통일적 주체가 되기에 현재라는 다양한 우연은 지극히 우연이면서 우연일 수 없게 된다. 마치 불확정성의 원리에서 불확정성은 우연처럼 보이지만 큰 패턴으로 보면 필연적 결과가 주어지기에 마냥 우연이 아니듯이 말이다. 직관적으로는 그 정신이 보이지 않지만, 세계 내에 그리고 초월해 그 위력을 행사하고 있다. 그 힘을 인식하는 원리에 관해서는 다양한 해석과 접근이 있을 수 있겠으나, 그 접근법 중 하나가 법칙이 되는 것이다.

인간의 자유는 이 보이지 않는 필연과의 이질적 관계에 직면하게 된다. 진리 영역에서 통일되기 전에 수많은 모순을 직면하기 때문이다. 이것이 영원이 아닌 비유로서의 시간의 특성이기도 하다. 이러한 이율배반과의 만남은 좌절을 불러오지만, 이 좌절이 우리를 부정으로 귀결시키는 것이 아니라 오히려 진리로 향하게 하는 매우 주요한 과정이 된다.

헤겔에 의하면 좌절은 절대정신과 만나게 되는 의식의 마지막 단계가 되기 때문이다. 정반합의 변증법은 이러한 이율배반에 근거한다. 따라서 **자유와 필연의 충돌**은 불행의식과 갈등을 유발하지만 종국에는 유화가 일어나 화해하게 만드는 유익한 충돌이 되는 셈이다. 입자 물리학에서도 모든 존재는 충돌에 의해 생성되는데, 존재는 관념이든 물질이든 비슷한 그림이 그려지는 것을 보게 된다. 아무튼 자유와 필연의 충돌은 그 과정 내에, 동시에, 곁에 절대정신과 영원성(시간)이 있게 된다. 헤겔의 시간은 존재와 별개가 아닌 그것이 있게 만드는 '중심에', '동시에', '곁에'가 되는 것이다.

여기까지 간략하게 헤겔의 역사와 시간의 개념을 상술해 보았다.

여러분은 위에 상술된 그의 역사와 시간의 개념을 어떻게 생각하는가?

그의 주장들은 상념에 따른 극히 주관적이고 근거 없는 상상에 불과한 이야기로 들릴 수 있다. 관념과 주관에만 머문, 자연 과학과는 동떨어진, 직관으로 보일 것이다. 사실이기도 하다. 이러한 이유로 어떤 사람들은, 특별히 근거 없이는 학문으로 인정하고 싶지 않는 사람들은, 헤겔과 같은 부류의 이론들을 부담스러워한다.

헤겔의 '역사와 시간 개념'을 근거를 제시할 수 없다는 이유만으로 학문적 가치를 박탈하기에는 꽤 가치 있는 내용을 담고 있다. 현대 물리학 분야에서 진행되고 있는 연구 이론들은 고대 철학의 관련 명제들과 데칼코마니인 경우가 많다고 말씀드렸는데, 헤겔의 이론도 마찬가지다. 입자 물리학과 공명하는 부분이 너무나도 많다.

고대 철학자들의 다수의 이론은 현대 과학의 관련 분야와 비교해 볼 때 전문성은 떨어질지 몰라도 큰 그림에 있어서는 놀라울 만큼 비슷하다. 고대인들이 근거 보다는 관념적 사고에서 다루었던 내용들이 현대의 학자들이 과학의 관련 분야에서 다루는 내용과 그 윤곽에서 너무나 비슷한데, 마치 두 부류의 사람이 시대를 초월해 만나서 동일한 주제를 놓고 토론한 것 같다.

앞에서 말씀드렸듯이 그중의 하나가 원자론이다. 물론 오늘날의 입자 물리학에서 상술하는 최선의 근거들을 겸비한 이론은 아니다. 상상이며 추상적 사고의 결과에 불과하다. 하지만 형태는 현대 물리학과 견주어도 전혀 손색이 없다. 만물이 입자로 구성되었을 것이란 상상을 그 옛날에 했다는 것이 존경스럽다. 지금이야 입자 물리학이 발전해 만물은 장과 입자로 구성된 것을 어느 누구도 부정하지 않지만 신화로 가득 찼던 그 시기에 어느 누구도 상상하지 못했던 원자론을 생각했다는 것은 높이 평가해야 할 부분이다.

수천 년이 지난 지금 데모크리토스의 원자론은 사실로 판명된 셈이다. 근거가 확보된 명증성만이 학문의 뼈대와 몸통이 되어서는 안 된다는 것을 여실히 보여 주는 사례다. 근거와 명증성을 찾아보기 힘든 상상의 결과라 하더라도, 그 상상력이 가져올 결과는 가히 엄청난 경우가 많다. 여기에 인문학의 가치가 있는 것이고, 인간의 상상력의 숭고함이 있는 것이다. 헤겔의 '역사와 시간 개념'이 그렇다는 것이다.

관념과 과학의 콜라보를 좀더 피력해 보겠다!

요즘은 학문 분야에도 콜라보가 있나 싶을 정도로 물리학 교수들이 철학 교수라 해도 손색이 없을 만큼 인문학과 철학 지식에 능통한 것을 보게 된다.

자기 분야만 집중해도 시간이 많지 않을 텐데 왜 다른 분야에까지 소중한 시간을 투자하는 것일까?

그들의 저술을 읽다 보면 그 이유를 깨닫게 되는데, 수시로 고대 철학자들의 이론과 자기 연구 결과를 비교하며 자기를 포함한 인류 정신의 숭고함을 노래하고 있었다. 그 도서를 정독한 독자로서 그 숭고함을 필자 또한 함께 노래하였다. 비록 근거 없는 유사성이지만 인류 전체를 관통하고 있는 그 정신에서 과학적 영감을 얻고 창의적인 힌트를 얻으려는 듯 보였다. 고등 과학의 연구 결과와 고대인들의 상상에 기인한 이론들이 매우 유사하다는 것에 묘한 관계성을 인정하는 듯했다.

더 나아가서 근거(과학)와 직관(고대 철학)이 같은 말을 하는 것을 보면서 조금은 해학적 어조로 감탄을 자아냈다.

그렇다!

고대인들의 직관은 근거형 명제가 아닌 관념에서 비롯된 결과들이었지만 놀라울 정도로 지금의 현대 물리학과 양립이 가능하다. 과학적 근거가 아닌 관념에 근거한 사고와 상상을 무조건 터부시할 수 없는 이유가 여기에 있는 것이다. 근거를 제시할 수 없는 언어 활동이지만 정신에 동조되는 관념들은 무가치한 것이 아니다. 헤겔의 '역사와 시간 개념'이 물리학과 공명하는 것은 학문의 즐거움이 된다.

이것을 염두에 두고 그의 '역사와 시간 개념'을 다시 생각해 보자!

그의 상상은 충분한 가치가 있다. 데모크리토스의 원자론은 입자 물리학이 정립되기 전까지는 개연성에 불과했지만, 이제 현대 과학은 그가 주장한 것처럼 알갱이로 구성되어 있다고 가르친다. 인간의 의식에서 출현하는 상상은 외부 세계와 완전히 독립적이지 않은 듯하다.

이론 물리학자 카를로 로벨리(Carlo Rovelli, 1956 -)는 입자 물리학은 연구가 진행될수록 점점 더 단순해진다고 하며 다음과 같이 주장하였다.

> 이 세계는 공간, 입자, 전기장, 중력장으로 이루어진 것이 아닙니다. 세계는 입자와 장으로만 이루어져 있고 그 밖에 아무것도 없습니다.

미시 세계로 내려가 보았더니 모든 물질과 시공간은 이 두 원리에서 비롯되었다는 것이다. 만물은 입자와 장에서 비롯되는데, 시공간을 포함해 버린 일종의 힘이다. 이 힘이 입자를 생성하고 입자와 장들의 상호 작용에 의해 만물(시공간과 물질)이 구성되었다. 그의 이론대로라면 **시공과 물질은 별개의 것이 아니라 물질이 곧 시공이다.** 입자는 시간과 공간 안에 있는 것이 아니라 입자가 곧 시간이며 공간이다.

이 부분은 헤겔의 시공간 개념과 공명한다. 절대정신은 영원이고 영원이 물질과 시간이 되었는데 그 시간은 있기도 하고 없기도 한 것으로 물질이기 때문이다. 헤겔의 관념과 로벨리의 과학이 서로 공명하고 있다. 관념 노동자들의 이론을 무조건 터부시할 수 없는 이유가 여기에 있는 것이다.

그렇다면 역사는 우연이 아니라는 그의 관념적 주장은 무조건 터부시될 수 없는 것 아니겠는가?

앞으로 역사 파트에서 그것을 자세히 다룰 것인데, 역사는 정말 엄청난 우연이면서 동시에 작가의 작품 같다. 그것을 앞으로 여러분은 이 책을 통해 접하게 될 것이다.

다시 로벨리의 입자 물리학으로 돌아와서 헤겔의 관념 철학의 가치를 좀 더 살펴보자!

최후 근거로 남게 된 이 '장'이란 무엇인가?

로벨리는 필연적인 존재론 물음보다는, 마치 진화론처럼 우연이라는 우발성에 발생의 개연성을 둔다. 힘의 출처보다는 현상에 집중한 것이다. 실제로 현상에 집중한 이론 물리학자들은 이 힘의 생성과 사라짐의 순환 현상에 그 원인을 두는 것으로 일단 종결한다. 하지만 분명한 사실은 그 순환 자체의 근거는 오리무중이다. 다른 학자들은 그 배후에 있을 좀 더 합리적인 설명을 찾으려 노력한다. 그러나 여전히 최선의 답을 찾는 중이고, 뾰족한 대안은 발견하지 못한 실정이다.

과학자들이 상정한 그 배후의 어떤 힘을 헤겔은 절대정신으로 보았던 것이다. 사실 절대정신과 장은 발생시키는 힘이라는 점에서 같은 외연을 공유한다. 좀 심하게 표현하면 헤겔이 과학적 소양 없이 '정신'이라는 좀 무지한 단어를 사용했다고 한다면, 이런 표현을 하면 섭섭할 수도 있겠지만 사실 과학계도 마찬가지다.

'장'이란 시간과 공간을 초극한 '어떤 것'이기에 과학적 접근이 사실상 어려운 상태다. 과학이란 원인과 결과를 바탕으로 전개되는 학문인데, 시공의 사라짐은 측정 수단의 증발을 의미하기때문이다. 그래서 추상적 원리 또는 힘으로 '장'이라는 단어를 사용하고 있다. 그렇다면 둘 다 관념적 표현이라는 점을 부정할 수 없게 된다. '정신'이나 '장'은 외연이 같은 표현인 셈이다. 만일 헤겔이 입자 물리학 박사 과정을 동시에 이수 했다면 '정신'을 다른 단어와 함께 교호적으로 교차 사용했을 것으로 추측된다.

배후의 어떤 힘(장)과 절대정신은 서로 닮았다. 헤겔은 관념적으로, 물리학자들은 과학적 이론으로 설명하려 했다는 점에서 차이가 있을 뿐, 어떤 힘을 설명하고 있다는 점에서는 닮았다.

필자가 간략히 다룬 '관념의 신비'를 다시 떠올려 보자!

헤겔과 물리학자들 사이에 묘한 공명이 발견된다. 헤겔은 만물의 생성과 목표 지향성을 절대정신으로 본 반면, 과학자들은 장으로 본 것이다. 헤겔에게 남는 최후의 근거는 '절대정신'이고, 입자 물리학에서 최후로 남는 근거는 '장'이다. 헤겔은 관념의 입장에서, 입자 물리학은 과학의 입장에서 다루었는데 동일하게 '어떤 힘'에서 만났다. 헤겔의 관념적 사고들 안에, 주변에, 사이에 있을 **어떤 것**이 물리학 이론들 사이에, 주변에, 사이에 공명하고 있다. 데모크리토스의 원자론과 지금의 입자 물리학의 공명이 헤겔과 로벨리 사이에도 일어나고 있다. 역사는 우연만이 아니라 필연이라고 주장한 헤겔의 관념에서 비롯된 이론은 학문적 가치가 충분히 있는 것이다.

헤겔의 관념 철학이 실효성이 있음을 이번에는 시간의 유무 논거로 접근해 보자. 장의 역학을 카를로 로벨리는 무시간적이며 무공간적인 우연한 상호 관계로 보았고, 헤겔은 무의식적 시간으로 보았다. 헤겔에게 이 시간은 역사를 필연으로 이끄는 우연(자유)이다. 로벨리에게 우발적인 이 장은 필연과 같은 만물이 되게 하는 우연이다. 헤겔 철학과 양자 물리학 둘 다 무시간과 시간을 동전의 양면처럼 다루고 있다는 것을 발견하게 되는데, 같은 논거를 어떤 관점에 보느냐에 따라 무시간이 되기도 하고, 시간이 되기도 한다. '시간은 존재하지 않는다'는 어떤 이들의 주장은 맞기도 하며 틀리기도 한 것이다. 하지만 선형 시간에 기준을 두지 않고 시간의 속성에 둔다면 시간은 영원히 있는 개념이 된다.

　카를로 로벨리는 양자 공간 이론을 통해 시간의 존재와 비존재성을 증명하였고, 헤겔은 무의식적 시간이라는 문구로 이 둘을 품었다. 둘 다 시공과 모든 물질은 독립적인 별개가 아니라 물질이 곧 시간이며 물질이 곧 공간이 되는 이론을 제시한다. 개별 시공간이 만나서 입자가 되고, 입자의 면들이 링크로 연결되어 거대한 시공간 확률의 바다를 형성해 출렁이는데, 이 거대한 바다가 선형 시공간을 만들어 낸다.

　따라서 선형 시공은 개별 시공의 결맞음 결과일 뿐 시간의 절대적 의미가 아니다. 시간의 절대적 의미를 찾는다면 영원이 된다. 영원이 자기 일부 모습을 물질계에서 질량을 통해 시간으로 보여 주었고, 시간은 영원의 표출로 필연성에 엮어 있음을 보게 된다.

　절대정신, 세계정신, 공간의 양자(개별 시공들), 장, 이 모든 것은 영원이라는 공통 분모를 갖는다. 영원은 입자를 생성했고, 입자(페르미온,보손)는 물질을 생성하고, 물질은 선형 시간과 만물을 생성했다. '우연'이 생성과 원리라는 한 방향으로 흘러갔다. 물론 바운스 이론에 의하면 그 역으로 진행되기도 한다. 다시 말해 발생의 반대다. 하지만 영원히 사라지지 않고 말 그대로 바운스 되튄다. 끝없는 순환이다.

　존재의 완전한 상실이 아닌 순환은 순환이라는 어의로 인해 무방향처럼 느껴지지만 반복이라는 점에서 예측 가능한 방향이다!

　영원은 존재의 생성이라는 반복을 생산했다. 조금 어려운 개념이지만 영원은 역사의 시작과 끝의 공존이다. 역사가 우연뿐이라면 물리학은 선형 시간만 인정해야 한다. 시간의 다차원을 품고 있는 헤겔의 '역사와 시간 개념'은 연구할 가치가 충분히 있는 것이다.

　조금 과장된 표현이지만 필자가 전반부에서 다루었던 '시간이 모든 것을 지배한다'는 내용을 잠시 다시 살펴보자!

공간보다 '시간의 공간' 우위였던 것을 기억하시기 바란다. 입자 물리학에서 정지란 없었다. 거시 세계에서만 정지해 있는 것으로 보일 뿐, 우주의 모든 물질을 구성하고 있는 입자들은 결코 정지해 있지 않다. 질량은 정지해 있든 움직이든 입자들의 끝없는 진동이다. 한순간도 가만히 있지 않고 서로 상호작용하며 요동친다. 입자 하나만 보더라도 시간 개념은 이미 모호해진 상태라는 것을 알게 된다.

전자(electron)는 순간만 보일 뿐 지속되지 않는다. 끊임없이 상호 작용한다. 이 말은 우리 몸과 세상의 모든 물질을 구성하고 있는 입자가 순간만 존재한다는 말이기도 한데, 짧은 순간만 존재하는 입자들이 사물의 본질이라 생각하면 묘한 기분이 든다. 내 몸은 지금 여기에서 지속하고 있는데 순간만 보이는 입자들의 구성체라니 신기하다. 어떻게 보면 스크린에 비치는 영상과 다르지 않다. 그리고 그 자체가 시간의 역설들이라니, 다시 말해 직선적 시간이 아닌 틀어지고 휘어진 시간이라니, '나'라는 실존에 대한 정의가 복잡해진다.

최소한 내게는 현재가 사라지게 된다. '현재'는 입자들의 결맞음 상태로 출렁이는 거시적 윤곽일 뿐이다. 지금 내 얼굴을 손바닥으로 치면 '탁' 하고 소리가 나는데도 입자의 입장에서 보면 어떤 입자가 부딪친 것인지, 첫 번째 충돌한 입자와 나중에 충돌한 입자는 시간적으로 순차적인지, 아니면 뒤섞인 시간일지 알 수가 없다. 현재를 잡을 수 없고 시간을 컨트롤할 수 없는데 어떤 결맞은 물리 법칙에 의해 시간이 되고 앞으로만 흘러간다고 생각하면 놀라울 따름이다.

이 결맞음의 시간은 유(有)의 속성을 드러낸다. 선형 시간으로 보면 시간의 본질은 무(無)가 되지만 춤추고 있는 개별 시공을 보면 무서울 정도로 강력한 개별 유(有)들의 연합체다. 시간(영원)의 지배를 받고 있다는 말이다. 그것을 증명이라도 하듯 우리의 시간은 역방향으로 흐르지 않고 늙어 간다. 어떤 누구도 젊어지지 않는다. 늙는다는 것은 사실 자연스러운 현상이 아니다. 소위 우리가 말하는 자연이란 선형 시간에 고정된 관념일 뿐이다. 정말 자연스러우려면 시간은 앞뒤로 흐를 수 있어야 한다. 한 방향으로 '영원'이 결맞음 상태가 되었고 그 결에 내가 물려 있다면 결맞음의 지배를 받고 있다는 말이다. 시간은 나를 지배한다.

절대정신을 시간(영원 개념 포함)개념으로 본 헤겔은 역사를 필연으로 보았는데 그의 통찰은 틀리지 않았다. 절대정신, 다시 말해 시간이 역사와 물질을 앞으로 끌고 간다. 그 시간이란 시간의 시원인 영원이 아니라 그렇게 되도록 '결맞음 시간'이다. 역사는 우연처럼 진행되지만 우연만으로 흘러온 것으로 보기에는 필연성이 역사 연구에 공백으로 남게 된다.

시간의 지배를 받는다는 사실에 관해 부연 설명해 보자!

이를 위해 앞에서 언급한 카이럴리티 운동을 다시 소환할 것이다. 늙어간다는 것은 빛의 속도 이하에 놓이게 된다는 것을 의미한다. 빛의 속도와 그 속도 넘어는 시간 개념이 사라지기 때문이다. 빛의 속도 이하에 놓이게 된다는 것은 입자들이 질량을 가졌다는 의미이기도 하다. 빛의 속도로 움직인다면 모든 물질의 구성체는 질량이 사라지고 와해된다. 30만 킬로미터의 속도는 입자의 기본 구성체인 R 입자(우선성)와 L 입자(좌선성)를 완전 독립체로 분리시켜 물질의 와해를 초래한다. 모든 것이 대칭적으로 하나라는 것을 드러낼 것이다. 질량은 연속체를 구별로 만드는 도우미이기도 하다. 그러므로 물리적 존재는 빛의 속도보다 느려야 한다. 빛보다 느리다는 것은 조금 전에 말씀드렸듯이 질량을 가졌다는 의미다.

그런데 놀랍게도 질량은 L 입자와 R 입자를 마치 빠른 속도로 이동하는 듯한 형태를 띠게 만든다. 실제로 정지해 있지만 질량은 두 입자를 빠르게 교차 진동하게 만듦으로 우선성 카이럴리티와 좌선성 카이럴리티가 각각 직진하는 것처럼 만든다. 이것은 매우 흥미로운 현상이기도 한데, 공간 상에서는 정지해 있고 시간 상에서는 직진하는 그림이 그려지기 때문이다. 교류 전류처럼 결합되어 카이럴리티 입장에서 보면 R-L-R-L진동을 하게 되는데, 이 교차 진동에서 R을 R대로 취합하고, L을 L대로 취합하여 보면 놀랍게도 시간 상에서 각각 직진하고 있는 형태가 된다. 마치 빛의 속도에 이르렀을 때 우선성 카이럴리티 입자와 좌선성 카이럴리티 입자가 완전 독립되어 각각 직진 하는 것처럼 말이다.

결국, 질량은 빛의 속도로 직진하고 있는 L과 R을 서로 만나게 해 준 존재이며, 빛의 속도를 시간의 공간 속에 그대로 둔 채(질량으로 인해 속도는 30만 킬로미터 이하일 것이지만) 물질이라는 빛 이하 속도의 시공간을 만들고, 그 공간을 직진하도록 만든 존재다.

'물질은 공간이다'는 말도 안 되는 그림이 그려진다!

영원의 공간에서는 여전히 '빛 성'(L과 R이 직진하는)을 유지한 채로, 영원을 단방향으로 정해 놓고서는 그 단방향이 시간이 되게 하였고, 그 영원에서의 진동이 시간이 되어 영원의 공간을 직진하였다. 이것이 질량이다. 만물은 시간이면서 공간이었는데, 때로는 시간이 확률적 구름으로 크게 보이기도 하고, 때로는 공간이 크게 보이는 거대한 파형에 결맞음 상태다. 그것이 곧 물질이고 만물이다.

물질은 그러므로 이미 존재론적으로 영원과 유한이 공존하는 신비한 존재이며, 영원의 대리자인 시간이 끌어가는 영원적 성질을 갖는다. 역사와 시간은 영원의 단방향이다.

적지 않은 학자가 시간은 없다고 단정 짓는다. 지극히 관점의 차이에서 비롯된 결과다. 시간이 있다는 입장에서 보면 시간은 있게 되고, 없다는 입장에서 보면 없게 되는 것이 시간이다. 헤겔은 시간에 대해 "시간은 있으면서 있지 않고 있지 않으면서 있는 존재"라고 하였다. 시간은 실재성과 비 실재성을 동시에 가지며 존재에 너무나도 깊게 관여하고 있는 실존 그 자체다. 마치 양자 역학에서 입자가 실재성과 비 실재성을 동시에 가지며 실재인 것처럼 말이다.

잠시 시간의 탄생을 살펴보자!

시간은 양자 공간 하나의 알갱이에서부터 시작된다. 이 공간의 입자는 시간과 공간속에 있는 알갱이가 아니다. 입자 하나가 시공간 그 자체다. 그러므로 공간 속에서 물질이 생성되는 것이 아니라 공간과 공간이 만날 때 입자가 발생하고 이 입자들의 양자 반응들에 의해 물질이 생성되는 개념이다. 극단적으로 말하면 공간이 페르미온(물질적) 입자가 된 것이다. 따라서 세계를 구성하고 있는 최소단위 관점에서 보면 시간은 없다. 왜냐하면, 시간과 공간 자체가 입자가 되기 때문이며, 더욱이 그 시간과 공간도 수량적 가치로서가 아닌 극히 상대적이며 특수상대적이기 때문이다.

그러나 선형 시간으로서의 기준이 사라진 것이지 시간(영원)이 사라진 것은 결코 아니다!

지극히 관점의 차이일 뿐이다. 개별 공간 입자들의 덩어리가 사라진 것이지 개별은 여전히 있다. 시간으로 표출된 스크린이 깨진 것이지 내용은 그대로 있다. 시간은 영원히 실존하는 개념이다.

입자들이 모여 물질이 되고 우주가 되었다는 것은 수많은 공간의 양자들의 네트웍이 출렁이는 바다가 되어 30만 킬로미터 이하에서 결 맞춤이 되었다는 것을 의미한다. 어떤 것은 공간이 되고, 어떤 것은 엄청난 네트웍의 확률들에 의해 비로소 공간속의 입자들이 되어, 물질과 만물이 된다. 수량적 가치로서의 시간이 그 공간의 가장자리에 드러난다. 소위 우리가 말하는 시간으로 결 맞춤이 된다. 비로소 이 시간을 측량할 수 있는 준거로 사용하며 삶을 살아가게 된다.

시간이 있게 되었다!

시간의 입장에서 보면 상당히 유동적이며 출렁이는 양태지만 결맞음 상태로 24시간을 스크린에 송출하듯 보이는 시간이 되었다. 이렇게 해서 시간이 있음이 되었다. 하지만 이 시간은 허상에 불과하다. 그러므로 없다고 보는 것도 전혀 틀린 말은 아니다. 이러한 시간, 다시 말해 없는 시간을 우리는 일상에서 사용하고 있다. 시간은 있으면서 있지 않고, 있지 않으면서 있는 존재인데 그것은 '있다'가 된다.

헤겔은 절대정신의 진보를 바로 '이러한 역설적 시간'에 결부시켰다!

빛이 질량을 가질 때 시간으로 떨어졌다. 이 시간이 질량으로 드러난 공간이 된다. 시간이 영원에서 도출된 공간인 이상 만물의 존재는 결코 독립적이지 않다. 역사가 많은 이의 자유의지와 우연에 의해서만 흐른다고 단정 지을 수 없는 이유가 여기에 있다. 우리는 어느 면에서 결맞음 상태로 살아가는 존재이기도 하다.

끝으로 자유론을 통해 헤겔의 관념의 가치를 살펴보자!

'과거, 현재, 미래, 동시성 그리고 그것이 세계' 이 문장들이 영원에 내포된 의미들이었다. 영원은 시간 개념과 사물의 존재성이라는 의미를 갖고 있었다. 즉, 영원은 시간과 물질로 드러난 근원 개념이다. 이 영원의 개념은 질량을 가진 입자 즉 물질 개념에 잘 부합한다. 물질에는 이미 무척도로서의 시간이 얽혀 있고, 앞에서 전언한 바와 같이 관념적 공간과 물리적 실제 공간이 얽혀 있다. 이것이 질량을 가진 물질이다.

내 몸을 구성하고 있는 입자 하나하나를 보면 어떤 순간에만 번뜩이는 시간과 공간의 알갱이들, 그것도 순간 생성되었다 사라지는 알갱이들로 구성된 존재의 찰라 들이다. 그럼에도 내 몸은 분명히 지금 여기에 있다. 이것이 우주를 구성하고 있는 물질들이다. '과거, 현재, 미래, 동시성 그리고 존재' 이 모든 단어가 '시공이면서 시공이 아닌, 시공이 아니면서 시공인' 순간들로 연결되어 있다. 영원이란 의미가 여기에 공명하고 있다.

물질은 이미 영원으로서의 비공유적 속성을 배태하고 있다. 영원과 우리의 본질적 차이에서 보면 비공유적 속성인데, 물질 안에서는 마치 공유하고 있는 듯 그 영원성이 엿보인다. 이 영원성이 우리의 시간으로 드러난 것이 질량이며 물질이다. 존재는 영원의 매개자인 시간의 지배를 받는 셈이다.

사실 시간은 존재하지 않는다고 말하는 사람들은 질량은 존재론의 본질이 아니라고 말하는 사람들이며, 더 나아가서 내 몸은 존재하지 않는다고 말하는 것과 같다. 물질이 되었다는 것은 시간이 되었다는 말이기도 하며 그 효시는 영원이다. 영원이란 의미가 바로 그런 의미를 내포하는 단어다. 시간과 존재는 같이 간다. 영원과 우리는 멀지 않다. 내 안에 영원이 있다. 영원 안에 내가 있다. 그러나 나는 시간과 공간 안에 있지 않고 나는 곧 시간이며 공간이다. 나는 영원 안에 시간으로 있는 것이다.

영원은 헤겔의 절대정신의 모체다. 영원성을 고려할 때 시간은 모든 존재에 대해 우위성을 갖는다. 존재는 신비롭도록 시간적이며 영원성이다. 역사와 개인의 자유는 영원의 대리자인 시간에서 영위하게 되는데 시간은 존재의 방향이 된다. 방향이 설정된 만큼 자유는 제약된다. 자유와 시간은 어느 면에서 물과 기름의 관계와 같게 되어 버린다.

이미 자유라는 단어는 그 한계를 내포하고 있다. 완전한 자유는 철저히 주관적이고 공유되는 순간 자유가 아니기 때문이다. n분의 자유로 분배된 부분의 자유다. 완전한 자유란 그러므로 그것을 원하는 자가 피라미드 최고점에 오르지 않고서는 얻을 수 없는 그런 것이다. 따라서 완전한 자유란 두 사람만 공존해도 불가능한 것이 되어 버린다. 내 자유만큼 너의 자유가 침범당하기 때문이다. 두 사람의 자유란 한 사람을 제거하기 전까지 50대 50이다. 힘센 사람이 나머지 한 사람을 제거하고 100을 모두 가지면 비로소 자유롭다. 하지만 또 다른 억압이 기다리고 있다. 심리적 억압이다. 외로움이라는 정신적 부자유가 짓누르기 시작한다.

그러므로 자유란 유일신 이외에 소유할 수 없는 자충족적인 '그냥 그것'이다. 질량으로 구성된 물리적 구조의 몸을 갖고, 그것도 30만 킬로미터이하의 제약된 시간에 생을 살아가는 인류는, 최소한 한 가지 이상의 부자유에 얽히게 된다. 스스로 모든 것이 충족되는 신이 아니고서는 시공의 제약으로 인해 완전한 자유는 불가능하다.

관계의 자유만 일단 생각해 보자!

다수가 살아가는 사회에서 완전한 자유를 누리기를 원한다면 두 가지 방법에서 하나를 택해야 한다. 서로 간에 인격적 방법으로 n분의 자유를 잘 분배해 나누면 된다. 하지만 역사는 첫 번째 방법에 좋은 점수를 주지 못해 왔다. 그래서 많은 사람이 두 번째 방법을 택하는데, 폭력으로 착취하여 독점하는 방식이다. 물론 폭력은 정당화될 것이고 심지어 정의의 옷을 입을 것이다. 하지만 사람들은 정당화 뒤에 숨어 있는 폭력을 금방 감지해 내고는 자유 수호라는 슬로건을 내걸고 거리로 달려 나와 숨은 폭력을 처단한다. 그러고는 폭력에 의해 잃었던 자유 분을 찾아온다.

한동안 그 시스템이 평화롭게 지속되는 듯하나 자기들의 자유를 유지하기 위해 아이러니하게도 다시 폭력을 사용하며 정당화하기 시작한다. 자유를 위한 정당화된 폭력이었는데 마찬가지로 이번에도 그 폭력에 자유를 잃은 사람들이 발생한다. 때가 되면 이들은 자기들의 자유 수호를 위해 길거리로 뛰쳐나온다. 그러고는 새롭게 세워졌다고 자천하던 자유 시스템을 또 무너트린다. 이 패턴은 반복될 것이다.

자유는 쉬운 주제 같지만, 인류의 역사만큼이나 오래되고 다루기 힘든 주제이며 전쟁과 비례 관계이기도 하다. 모두가 이 소중한 자유를 나누어 가져야 한다. 자유를 잘 분배하기 위해 각 개인은 일정 부분의 자유를 그것을 얻는 비용으로 지불하고 제약된 만큼의 자유를 사야 한다. 쉽게 말해 자유를 지불하고 자유를 사는 개념이다. 국가마다 정치형태와 법이 존재하는 이유다.

자유는 이미 그 안에 필연적 규범을 내포하고 있다. 법 없이 자유를 얻기 원한다면 무정부가 최고의 대안이 될 것이고, 이것을 실현하기 위해 각 개인은 예수와 같은 성인들이 되어야 한다. 고품격의 인격과 사랑이 법으로 승화되어야 하고 서로 솔선수범해 자기 자유를 타인을 위해 헌신할 때 가능한 이야기다. 하지만 현실은 그렇지 않았다. 홉스와 로크, 루소가 사회계약설을 주창한데는 다 그만한 이유가 있는 것이다.

정리하면, 자유는 내 자유 분의 얼마를 지불하고 얻게 되는 그런 것이다. 따라서 **완전한 자유는 존재하지 않는다.** 만약 존재한다면 각자가 어떤 원리에 의해 최고의 인격과 인품으로 성장해 마음으로 누려야 하는 그러한 것이다. 이렇게 인격적으로 완전한 사람들이 모여 규칙과 규범을 만들면 그 법은 그 자체로 자유고 행복일 것이다.

하지만 역사는 사악하고 편협한 법으로 인해 수많은 사람이 불이익을 당한 사건들로 가득 차 있다. 전쟁의 승리가 곧 자유였고 그러한 역사로 세계사는 기록되어 왔다. 그런데도 자유의 개념과 논리상 최대한으로 온전한 법을 규정해 자유를 보장해 주어야 한다. 자유 둘은 자유일 수 없기 때문이다.

놀랍게도 자유 논쟁은 모든 사물의 존재 논증으로도 이어진다. 사회든 물질이든 존재하는 모든 것에는 필연과 우연이 진동하고 있기 때문이다. 다시 말해 무법칙과 법칙이 공존하고 있기 때문이다. 전언한 바와 같이 헤겔은 우리의 자유가 결국은 필연을 이루는 우연이 된다고 하였다. 다만 자유가 필연과 어떻게 화해하는지가 관건이다. 신은 우리에게 자유를 주었고 그 주어진 자유가 그(神)의 자유 즉 필연에 이르게 하였는데, 그것이 법이다. 법은 신이 우리에게 자유를 선물하는 방식이다.

알튀세르(Louis Pierre Althusser, 1918-1990)는 주관적 자유와 필연과의 관계를 법으로 상술하였다. 필연과 우연의 역설적 존재인 인간이 누릴 수 있는 최고의 자유는 법에 복종하는 것이라 하였다. 그에 의하면 법에 복종하는 것은 법에 복종하는 것이 아니라 자기 자신에게 복종하는 것이며, 자기 자신 안에서 자기를 발견하는 것이라 하였다. 그 때문에 자유로운 상태가 된다는 것이다.

자유는 개념상 신(神)만이 가질 수 있다고 말씀드렸다. 신 이외의 존재가 자유를 누릴 수 있는 방법은 그리고 신이 자신이 향유하고 있는 자유를 나누어 주려 한다면, 그 자유를 우리에게 줄 수 있는 최고의 방식은 **법**

이다. 법은 결국 내 의지와 자유로 지키는 것이기에 자유의 일면이 속성상 공존한다. 그리고 그 법이 옳을 의(義)라면 나의 자유는 최고의 원리를 답습하고 있는 중이다.

이러한 법을 선용하는 나의 주관은 필연과의 관계에서 자유를 얻는 최고의 도구가 된다. 따라서 법은 자유와 자유가 공존하는 자충족성이 없는 존재들이 공존하는 세계에서 최고의 자유가 된다. 그 중심에 옳을 의(義)가 자리한다면 최고의 법이 될 것이다. 모든 것에 '바로 그것'이 되는 법칙이다. 법은 사랑이라 했던 예수의 가르침은 옳았다.

의식은 이미 시간과 무시간의 영향권에서 인식된다는 것을 다시 떠올려 보자!

그럼 묘한 관계가 형성되는 것을 발견하게 된다. 옳을 의(義)로서의 법을 따르는 것은 본인의 자유의지에 의한 것이지만, 어딘가에서 작용하고 있을 '어떤 장(시간, 공간, 정신)의' 영향을 받는 피동성이 있다는 것을 알게 된다. 법이란 알튀세르가 말했던 것처럼 '진리의 의지'가 되는 것인데, 진리란 개념상 24시간이라는 시간에만 국한된 것이 아닌 양자 공간으로서의 시간, 입사성의 시간, 앞에서 밀한 10미리초와 0.5초의 시간, 영원, 이 모든 것을 관통하는 '바로 그것'이 된다. 법은 이 모든 진짜의 법칙을 말한다.

나의 자유의지로 그 법을 따른다는 것은 이미 그 '바로 그것'을 의식화한다는 의미인데, 엄청난 자유의 공명들을 심적으로, 물리적으로, 존재론적으로 공유한다는 의미다.

일단 30만 킬로미터를 극복한 자유다!

선형 시간에 국한된 법은 완전한 법이 아닌 편협한 법이기 때문이다. 그러한 법은 폭력을 일삼았던 역사 속의 폭군이 위장한 법과 같다.

법은 진리여야 한다. 그 때문에 법은 존재의 법칙이어야 한다. 어쩌면 법이 없을 때는 30만 킬로미터 한계에 갇힐 수밖에 없었는데, 영원을 아우르는 법을 순종함으로, 다시 말해 의식화함으로 의식은 자유하게 된다.

진리는 법이고, 법은 자유가 될 수 있으며, 신이 인간에게 자유를 줄 수 있는 최고의 수단은 법이 되는 것이다!

그렇지 않으면 앞에서 아무 제약 없는 자유가 주어져야 하는데, 그 자유는 자유를 반드시 죽일 것이다.

실존주의 자유와 실존주의 자유가 만나면 억압만 남는다!

자유는 법이라는 양자적 공간에서 자유가 된다!

알튀세르가 말했던 '진리의 의지'는 자유의 한계와 속성을 관통하는 인류가 가질 수 있는 최고의 자유를 표현한 셈이다. 무작위 같지만 패턴과 법칙들로 구성된 입자들, 이러한 입자들로 구성된 우리의 몸과 우주를 보면 자유는 존재론과도 연계되는 주요한 개념이 된다. 존재가 존재하게 되어 존재의 자유를 누리게 되는 이면에는 무작위적 작위부터 무수히 많은 원인과 결과라는 법칙들이 자리하고 있다는 것을 결코 잊어서는 안 된다.

미국의 신경 과학자 리베이트는 사람이 행위로 나타내는 물리적 행동과 그 행동을 유발하는 뇌파 사이의 관계를 연구하였는데 그 실험으로 인해 자유의지에 대해 의구심을 갖게 되었다. **우리가 행동하기로 하기 전에 뇌세포가 0.3초 먼저 발화했기 때문이다.** 우리의 의지보다 뇌세포의 발화가 먼저였는데, 어떤 행동을 하기 위해서는 의지가 먼저라는 너무나도 당연하고 상식적인 고정 관념이 와해되는 순간이었다. 의지와 뇌의 결투에서 뇌라는 물리 시스템이 이긴 듯 보였기 때문이다.

정말 뇌가 의지의 주관자가 된 것일까?

마치 뇌가 0.3초 후에 우리가 어떠한 행동을 하게 될지를 미리 알고 먼저 명령을 내린 것일까?

이 실험에 근거해 리베이트는 결국 "인간은 자유의지를 갖고 있지 않을 수 있다"는 자유에 대한 의구심을 갖는다.

정말 자유의지가 없는 것일까?

필자는 지금도 자유의지로 글을 쓰고 있다. 어떤 에너지가 지금 이 순간은 'ㄱ'을 누르고, 다음에는 'ㄴ'을 누르라고 강제하지 않는다. 나의 온전한 의지에 의해서다. 다만 자유의지란 리베이트의 실험 결과처럼 다루기 힘든 주제라는 사실은 필자도 강한 어조로 인정할 뿐이다.

우리가 자연스레 누리고 있는 자유가 미시 세계의 렌즈로 관찰하면 상당히 복잡해지는 것은 사실이다. 자유는 이미 규칙과 무규칙, 필연과 우연, 불확정과 확정 사이에서 그 몸을 구성하고 있는 유기체다. 시간은 있기도 하면서 동시에 없기도 한 것처럼, 자유도 있기도 하면서 동시에 없기도 한 것이다. 헤겔이 본 시간과 역사관은 모든 만물의 이치와 공명하는 것을 보게 된다. 만물의 이치를 살펴 볼 때 그의 주장처럼 역사는 우연일 수 없는 것이다.

이미 우리의 의식은 필연과 우연의 복잡한 상호 관계 속에 자리하고 있다. 인식은 내 자유이면서 동시에 필연적 관계로 성립된다. 의식의 영역에서 시간이 있으면서도 없는 듯한, 없으면서도 있는 듯한 작용이 일어나고, 질량으로 가득 찬 신경 구조는 이러한 시간에 강하게 영향을 받으며, 상호 작용하며 의식화된다. 의식은 이러한 필연과 우연 그리고 시간과 무시간적 시간에서 인식된 생각들이다.

자유의지란 나와 시공간의 놀라운 필연과 우연의 예술이다. 우리는 시간에 피동적임과 동시에 능동적이다. 둘 다 우리 의식에 관계한다. 그 점에서 시간에 자유로우면서도 꽤 수동적 존재가 된다. 별과 별을 끌어당기는 중력만큼이나 시간은 만물을 앞으로 끌어당기고, 때로는 뒤에서 밀고 간다.

역사는 우연일 수만은 없다!

세상의 수많은 증거는 역사는 우연에 의해서만 진행된 것이 아니라고 말하고 있다!

역사는 분명 인간의 의식과 의지들의 연합 작품이다. 그래서 자유지만, 그 자유의지는 영원, 빛, 질량, 시간이라는 존재론적 역설들의 반응이다.

자유의지는 곧 필연들과의 공명적 공생인 셈인데, 필연의 공명은 무의식의 영역에서 공명할 때가 많을 것이다. 인식하지 못한다고 실존하지 않는 것이 아니다. 역사는 우연일 수만은 없는 것이다. 헤겔의 주장은 아주 틀린 것이 아니다.

2. 역사는 필연일 수 없다!

역사는 필연일 수 없다. 모든 것은 우연의 산물이고 인간의 자유의지는 모든 역사에 책임이 있다. 그 어디에도 그렇게 되도록 세상을 움직이게 하는 힘은 인간을 제외하고는 없다. 마치 자연 발생에 의해 각 개체가 진화하듯 역사도 그런 식으로 진행되면 그만이다.

어떤 것이 반드시 그렇게 될 수밖에 없도록 이끌어 가는 절대정신 같은 필연이 있다는 것을 거부한 사람들이 있다. 물론 그들도 일정 기간 유지되는 필연까지 부정하지는 않는다. 실존적 존재를 위해 한시적으로만 기능하는 필연이 있음을 인정한다. 하지만 그것으로 충분하다. 그 이상의 필연은 없다. 한시적이기 때문에 속성상 필연은 아니다. 만약 절대적 필연이 있다면 그것은 어디까지나 사람들이 지어낸 이야기에 불과하다. 이들에게는 무지의 소치인 필연을 하나둘 제거하는 것이 주요한 인생 과업이 된다. 이렇게 필연을 하나둘 제거하다 보면 결국 무(無)에 이르게 되는데, 그들에게 무(無)란 최고의 가치가 된다.

근거들을 없애고, 무가 되는 것이 최고의 가치가 되며, 자유가 인간의 유의미한 가치와 목적이라 말한 인물이 자유론의 대명사 사르트르(Jean-Paul Sartre, 1905-1980)다. 그는 자유가 도달할 수 있는 극한의 영역까지 접근한 인물이다. 따라서 자유론을 이해하는데 대표적 인물이 될 수 있고, 그의 생각들을 연구하면 자유론의 본질과 한계를 더욱 쉽게 이해할 수 있게 된다.

사르트르는 프랑스의 실존 철학자로서 소설가와 극작가 그리고 평론가로 활동하였다. 그는 존재보다 앞서는 것이 자유라 하였다. 그것을 최고의 가치로 보았다. 자유 이외의 모든 가치는 우연한 존재들에 의해 발생한 오해들이며 제거되어야 할 오류들이다. 그러므로 자유의 또 다른 이름은 무(無)가 된다. 사르트르뿐만 아니라 자유론의 중심에 서 있는 대부분의 사람이 무를 거론하는데 의미심장한 부분이기도 하다. 무신론은 자유로 가는 길에 무(無)를 상정하고 유신론은 그 길에 신(神)을 두는 것이 또한 그렇다. 물이 위에서 아래로 흐르듯 사고는 궁극을 향해 흐르는 것이 신기하다.

사르트르는 인간의 본질을 자유로 보았다. 어떤 것도, 어떤 누구도, 의식의 지배자가 될 수 없다. 실존은 자신과 자유뿐이다. 각 개인은 자유의 주권자이며 자기가 자기를 지배하는 주체다. 어떤 고정된 근거도 의지 기반이 되어서는 안 된다.

심지어 우연조차도 인간의 의지와 상관없이 발생하는 것이기에 자유의 반역지기 된다. 우연은 필연의 또 다른 그림자가 되는 셈이다. 우연은 자유의 숭고한 가치에 저촉됨으로 필연이란 불명예의 딱지를 붙여 자유의 변절자로 치부한다. 우연조차 자유의 과정에 승화되어야 하는, 은근히 필연성의 옷을 입고 있는 비본질에 불과하다. 사르트르가 얼마나 자유의 극한 지방까지 도달하게 되었는지 엿볼 수 있는 부분이다. 본질은 나와 자유뿐이다.

사르트르는 왜 인간의 본질을 자유로 보았을까?

당시 대부분의 사람은 신의 존재를 인정하였고, 세상은 그 신에 의해 창조되고 유지된다고 믿었는데 말이다.

1) 인간의 존재 방식은 자유 선택

그는 인간의 **존재 방식**을 **자유 선택**으로 보았고, 미래를 결정하는 것은 전적으로 **자유 선택**에 따른 것으로 보았다.

각 개인이 과거, 현재, 미래의 절대적 결정권자다. 미래의 결정 주체는 자기 자유와 그 가치에 의한 것이지, 외부의 왜곡된 어떠한 절대성도 본질에 이르게 하는 진리가 될 수 없다. 왜냐하면, 소위 우리가 진리라고 여기는 많은 지식은 자유라는 본질에서 이탈한, 사람들이 만들어 낸 허구와 그 권위로부터 만들어진 왜곡에 불과하기 때문이다.

대표적인 예로 기독교를 거론한다. 최고의 피동성은 바로 왜곡된 신으로부터 발생한 것이다. 그 권위에 짓눌려 진리처럼 되었다는 것이다. 그 왜곡된 지식으로 인해 인간의 자유는 동적 존재가 아닌 피동적 존재가 되었다. 사람의 본질인 자유가 신의 섭리라는 그릇된 사고의 그물, 있지도 않은 필연이라는 족쇄에 매이게 되었다는 것이다.

이렇게 왜곡된 비 진리의 외연들은 계몽주의 노선을 타고 인본주의라는 고정된 진리로 둔갑해 모든 것에 흡수되었다고 본다. 이렇게 왜곡된 진리로부터 솟구쳐 나온 피동적 흐름은 사람의 본유적 결함들을 제거해 나가는 것이 아니라 오히려 증폭시키기 때문에 신이라는 잘못된 필연은, 또한 그와 같은 외부의 어떠한 무지들은, 본질에 영향을 미치는 원인과 근거가 되어서는 안 된다는 것이다.

인간은 부족한 상태로 태어나는 것을 사르트르도 인정하지만 이러한 불완전을 외부의 진리들에 의해서가 아니라 자유의 가치들에 의해 다시 말해 그 가치들이 내면화될 때 완전을 향해 달려가게 된다는 것이다. 따라서 자유가 최고의 가치이며 그것이 행위로 드러난 것이 선택이다. 선택은 결국 본질을 찾아가는 자유가 되는 것이다.

과연 자유와 선택뿐일까?
결정론적 필연은 우주 어디에도 없는 것일까?
과연 자유라는 사고의 지배자에 의해서 선택하는 것만이 참된 가치로 이끌고 진리를 발견하게 만드는 것일까?

 시간 장에서 언급하였듯이 의지와 의식은 이미 자유라는 단어를 접두사로 두기 어렵다는 것을 살펴보았다. 이미 우리의 의식은 영원성, 시간성, 이것과 관련된 물리적 경계인 빛 성, 물질에 깃들여 있는 빛 성을 보게 하는 질량, 이러한 것들의 총체적이며 역설적 반응임을 살폈었다. 다시 말해 우리의 의지와 상관없이 상호 작용하는 외부의 '어떤 힘'들이 있다는 것이다.
 자유의지는 수많은 부자유의 어떤 세력들과의 하모니다. 외부의 진리 체계를 자유와 관련해 거론할 기회를 갖기도 전에 자유의지는 존재론적으로 외부의 부자유들과 얽히고설킨, 역설적이며 필연적으로 연계된 결과물이다. 자유의지의 온전함이 있다면 결국 의지와 의식이 이러한 사슬들에서 벗어나야 한다. 의식만 남든지, 완전한 무(無)가 되어야 한다.
 그러므로 사르트르가 주장하는 인간의 존재 방식인 '선택'에는 '필연'이 필연적으로 잠식해 있다는 것을 발견하게 된다. 다시 말해 자유는 필연을 피할 수 없다. '자유', '선택'은 단어 자체가 필연과 동떨어진 어의를 갖고 있기 때문에 필연과 전혀 관계없는 것처럼 의미가 체감되지만 이미 필연이 그 단어에 매우 깊게 스며있다.
 그는 자유의 궁극을 무화에 의해 가능하다고 보았다. 그가 역설하는 개념대로라면 '자유'는 의미상 어떤 근거에도 귀속되지 않는, 방향성이 없는 무(無)이어야 하지만, 이 무는 '참된 가치'로 이끈다. 마치 참 의미가 어디에 위치하고 있는지 아는 내비게이션처럼 무가 작동한다. 표현상의 무일 뿐 유로서의 움직임을 보인다. 마치 양자 역학의 시원으로서의 장(field)

을 보는 것 같다. 시공 그 자체인 장이 엄청난 확률들의 구름을 형성해 입자와 물질이 되는, 다시 말해 방향성과 필연성을 보이는데, 무가 그렇다는 것이다. 장의 근원 문제에 이르게 되면 마찬가지로 필연이 상정되듯, 무 또한 필연의 모습을 드러내고 있다.

필연은 자유가 아니다!

헤겔이 주장한 절대정신이 사르트르에게서는 무(無)로 대체 되었다는 것을 발견하게 된다. 자유의 극지방에 가 있는 사르트르와 필연의 중심에 서 있는 헤겔이 서로 다른 단어를 사용하면서도 같은 어의를 이야기하고 있는 셈이다. 한쪽에서는 극한의 자유를, 다른 쪽에서는 필연을 이야기하고 있지만 '무'와 '절대정신'이라는 미지의 동인에서 만나고 있음을 보시기 바란다. 자유에서 시작된 물음은 진짜의 자유가 되기 위해 결국 절대정신과 같은 '무'를 상정할 수밖에 없게 되었다.

왜? 라는 질문을 계속 던져지게 된다. 왜?
무의 어떤 원리에 의해 자유는 본질로 향하게 되는가?
무화의 방향이 꼭 본질이어야 하는가?

무(無)라면 목적지도 '향방 없음'이어야 한다. 그런데 사르트르의 무는 마치 역방향을 허락지 않고 직진만 하는 시간 같다. 시간은 질량으로 인해 역방향이 허락되지 않는다. 질량은 시간의 방향이기도 하다.

무도 그런 것인가?

알 수 없는 어떤 힘이 무(無)의 역방향을 허락지 않는 것인가?

그러면 자유의 과정이 될 수 없다. 그런데 무는 본질과 실존으로 이끈다. 말이 무이지 그의 이론의 중심에서 무는 통일로 이끄는 부정이 된다.

방향이 있다!

본질이 아닌 그 반대 즉 비본질도 가능하지 않겠는가?

마치 엔트로피 법칙처럼 말이다. 참된 가치로 이끄는 어떤 원리가 자유라는 장에 있다는 신앙과 믿음임을 발견하게 된다. 물론 저의 이런 주장을 당연히 비판하겠지만, 엄밀히 말해서 헤겔의 '절대정신', '세계정신'의 부정적 언표가 무가 된다. 절대정신은 필연에 무게를 둔 동력이고, 무는 자유에 무게를 둔 통일의 원리 또는 힘이다. 무와 절대정신 모두는 알 수 없는 어떤 힘이라는 점에서 필연성을 갖고 있다. 무(無)는 필연성을 결코 배제할 수 없다. 사르트르가 주장하는 자유는 본질적인 영역에서 헤겔의 절대정신과 공통 분모를 함께 나누고 있다.

자유와 필연은 양자 역학과 비슷하다. 자유를 측정하면 필연의 값이 나오고, 필연의 값을 측정하면 자유의 값이 나온다. 인간의 존재는 자유를 기반으로 한 선택만이 아닌 필연과 자유의 양자 역학인 셈이다. 완전한 자유란 독립적으로 존재할 수 없다. 결국 모든 존재는 필연과 떼려야 뗄 수 없는 숙명적 관계를 갖는다.

그리고 자유로 이끄는 중간 과정이라 할 수 있는 무는 이미 필연성을 안고 있는 셈이다. 아무것도 아니든지, 방향측면에서 보면 방향이 없든지, 원인과 결과의 측면에서 보면 우연이어야 한다. 그런데 무는 아무것도 아니지 않고, 실존으로 이끄는 방향타가 된다. 무가 아니다. 절대정신과 세계정신과 오히려 '그곳으로'라는 필연성을 공유한다. 이미 무는 자유가 아니다. 존재는 어떻게든 필연과 맞닥뜨리게 되어 있다.

존재는 질량이 아닌가!

질량은 빛, 영원, 시간에 얽힌 제약성을 보여 주는 매질이다. 그러므로 존재는 자유일 수 없다. 존재가 자유가 아니라는 것을 사르트르도 인정한다. 그러므로 존재를 벗어나 실존이 되는 것을 추구한다.

존재를 벗어나 무화된다?

그런데 무 또한 개념상 자유가 될 수 없었던 것이다. 어떤 신념과 믿음이었음이 드러난다.

무에 관해 부연해 보자!

자유의 궁극은 무(無)다. 무는 자유의 속성과도 같다.

그런데 무란 과연 무엇을 의미할까?

무에 가치를 부여할 수 있을까?

무가치가 무의 의미와 외연이다. 어떤 의미를 부여하는 순간 무는 개념을 갖게 되고 무가 아니게 된다. 개념을 갖는다는 것은 의미 체계를 갖는다는 의미이기도 하다. 의미 체계를 부여하는 순간 수많은 필연과 상호 작용하게 된다. 의미는 어마어마한 부자유들의 산물이기 때문이다. 무이기 위해서는 의미 또한 무여야 한다. 이것은 해체를 의미한다. 원시 언어로 돌아가야 한다. 다시 말해 의미를 가능하게 하는 기호 체계, 의미 체계, 음성 체계, 어용론, 화용론 등 모든 것의 해체를 말한다. 무의미, 태초의 의성어만이 가치 있는 언어와 어의가 된다. 무의미다.

무가 참된 의미를 가져다준다는 주장은 매우 복잡한 논리의 미궁 속으로 빠져들게 만드는 개념이다.

그런데 인간의 본질은 자유이며 자유는 무라고 하였을 때 무가 본질로 이끈다?

굳이 그 본질을 말한다면 무의식이어야 한다. '의미'는 무일 수 없기 때문이다. '어떤 의미'도 없어야 하고 '모든 것은 무의미'여야 한다. 그런데 무화에 의한 자유는 참된 가치와 의미로 이끈다.

참된 가치와 의미이면서 동시에 무여야 하는 실존은 도대체 어떤 양태를 말하는 것인가?

허상일까?

실상일까?

결국, 무가 실상으로 이끄는 의미 체계처럼 된다.

스스로 작용하는 모든 것!

헤겔의 절대정신과 뚜렷하게 공명된다. 자유와 필연은 서로 멀지 않다. 자유를 측량하면 필연 값이 나오고, 필연을 측량하면 자유 값이 나온다. 양자 역학과 자유론은 데칼코마니 같다. 모든 존재는 비슷한 존재 방식들을 갖고 있는 것이 신비롭다.

이것과 관련해 사르트르는 의미심장한 말을 한다. 무화의 종착점은 죽음이어야 함을 넌지시 언급한 것이다.

죽음?

참으로 애매한 부분이다. 구체적으로 어떤 상태를 염두에 둔 것일까?

그의 주장대로 자유가 참된 가치로 이끈다면 과정 속에서만 일시적으로 무화에 이르고 무화의 궁극에 이르는 순간 죽음이기에 사라지는 실존이 되고 만다. 다시 말해 존재할 때만 부분적인 무를 맛보고 무의 궁극에 이르러서는 사라진다. 사르트르는 존재를 우연으로 보았다. 그리고 우연은 자유가 아니라 하였다. 그런데 무화가 그런 형국이 되고 만다. 의식이 있을 때만 무화의 가치를 인식하는 것이지 죽는 순간 의식은 정지한다. 말 그대로 무가 되었다.

그런데도 자유가 되려면 죽음 후에도 의식은 있어야 되는 어려운 문제에 봉착하게 되는 것이다!

자유는 영원한 의식이어야 한다. 죽음을 받아들인다면 존재일 때만 자유의 일시적 가치를 보게 되니 인간의 의식은 우연에 머물다 종료되는 실존이 되고 만다. 자유가 우연에 갇힌 꼴이다. 따라서 사르트르가 말하는 자유가 무화에 의해 참된 의미에 이르려면 죽음을 극복해야 한다는 죽음과의 숙명적 만남에 직면하게 된다.

이 만남에서 승자는 누굴까?

영원한 존재(우연)가 되어야 자유의 개념이 성립된다.

놀랍다!

영원한 존재가 아니면 자유는 우연에 갇히게 되는 신세가 된다.

신비롭다!

따라서 무화를 최고의 가치로 본다면 엄청난 한계를 극복해야 한다. 무를 의식하는 '의식'을 두어야 한다. 아니면 진정한 무의 가치는 '무의식' 또는 '죽음'으로 귀결되어야 한다. 그런데 죽음이란 의식의 연속성이 없는 상태이기 때문에 그 실존은 내가 아니다. 더군다나 무의식은 의지와 상관없는 또 하나의 압제이며, 죽음은 살 자유를 박탈하는 또 하나의 폭력이다.

그럼 무화에 이르는 나는 어떤 나를 말하는 것일까?

무(無)를 의식하고 싶다면 나는 영원한 유(有)여야 한다.

결국, 자유는 반드시 영원한 의식이어야 한다!

필자가 이전 장에서 영원에 기댄 의식을 언급했던 것을 기억하기를 권유한다. 존재와 의식은 시간의 본질, 다시 말해 영원에 기대어 있다. 시간이 질량으로 드러나서 존재를 이끌어 가듯 영원은 의식과 뗄 수 없는 존재론적 관계를 형성하고 있다.

자유 의식은 시간의 한계를 넘어 영원이어야 한다!

결국, 무의 가치는 필연적으로 한 지점으로 모든 의식(정신)을 몰아간다. '죽음이어야 하는지'의 필연과, 그것이 아니라면 '영원히 의식하는 실존이어야 하는지'의 필연으로 말이다. '실존'이란 영원이어야 한다는 결론에 이르게 된다.

신비롭다!

그렇지 않으면 말 그대로 부자유다.

이것도 저것도 아닌, 심지어 허상도 아닌 그냥 무!

여기에 자유는 온데간데없다.

의식하지 못하는, 먼지와 같이 자유롭게 흩날리는 무엇!
자아가 아닌 해체된 입자들!
선택을 의미심장하게 만드는 리베이트의 실험을 다시 소환해 보자!
어떤 판단을 내리기 위한 인식 시스템은 필연과 우연 사이에서 위치를 정하기 어렵다고 말했던 것을 기억해 보자!

의지보다 뇌세포의 발화가 0.3초 빨랐다. 의지보다 빨랐고 그것과 상관없이 뇌 속에서 일어난 물리적 변화는 그런데도 의식 내에서 '어떤 현상'에 의해 제대로 된 시간 순서로 인식하게 만들었다. 최종적으로 인식하는 과정에서 잠시나마 인식 주체와 과정의 불일치가 있었지만, 그 불일치는 종국에는 일치가 되었다. 그 과정 중 어떤 지점은 분명 자아와 별개였다.
바로 이 점에서 자유의지는 잠시 침묵하게 된다. 자유의지와 의식의 관계에 많은 질문을 하게 만드는 부분이다. 우연과 필연 둘 다를 포함한 현상이다. 직선적 시간과 영원성으로서의 시간 둘 다를 아우르는 시간이며 인류는 그 시간에 영향을 받는다.
결국, 의식은 우리의 의지와 엮여 있는, 외부와 내부를 관통하는 우연과 필연의 네트워크인 셈이다. 인간의 본질을 자유로 보기에는 필연과 우연의 흔적들이 곳곳에 깊게 스며있다. 선택만이 존재 방식일 수 없는 흔적들이 많다. 자유론자 사르트르와 우연과 필연의 역설을 주창한 헤겔은 서로 칼날을 세워야 하는 최대 접전지(무와 절대정신)에서는 서로 같은 말을 하고 있었던 셈이다.
신비롭다!
헤겔은 절대정신을, 사르트르는 무를!
절대정신과 무의 차이는 한쪽은 유의미의 동인을, 다른 쪽은 무의미의 동력을 이야기하고 있다. 마치 입자 물리학 한쪽 학파에서는 '공간의 양자'를 다른 쪽에서는 '중력'을 말하는 것과 같다.

2) 존재가 아닌 생성과 동적으로서의 인간 정체성

인간의 정체성을 '존재'로 보지 않고 **생성과 동적(動的)**으로 보았다. 신(神)이나 계몽철학이 제시한 고정되고 결정된 지식에 의해 성화되는 것이 아니라, 과거의 나를 떠나 미래의 나로 생성되어 가는 것이 진정한 성화이며 이것은 외부의 진리 체계에 의해서가 아니라 자유에 의해 그렇게 된다.

그러므로 인간의 실존은 자유다. 인간에게 정지란 있을 수 없다. 결정된 진리는 내일을 위해 필요한 어제일 뿐 불변의 진리란 인간 실존에 어울리지 않는다. 인간에게는 무한히 열려 있는 자유에 의한 선택의 성숙함만이 있다. 결정된 진리 체계가 아닌 생성과 동적이 진리(무화)에 이르는 길이며 필연이 아닌 자유가 무화에 이르게 한다. 따라서 그에게 영구불변하는 율법과 규범들은 최악의 비진리가 된다. 그것은 자유가 아니다.

굳이 그것에 가치를 부여해야 한다면 '한시성'이다. 한시적으로 자유와 상호 작용할 때만 가치가 있는 것이지 그 자체는 무가치하다. 인간의 정체성은 존재(우연적 실체)가 아니라 무화에 의해 즉자가 되어야 하는 자유이기 때문이다. 실존이 존재에 선행한다. 당연히 역사는 필연이 될 수 없다. 한 시대의 역사는 지금의 역사와 비교될 때만 의미가 있을 뿐 배면의 실체는 없다. 생성과 동적만이 있을 뿐이다. 역사는 지극히 우연일 뿐이다.

인간이 사는 시공간이란 결국 셀 수 없을 만큼 무수히 많은 물거품이 서로 달라붙어 출렁거리는 젤리같은 구조인 셈이다.

자유만이 가치성을 부여받아 자유롭도록 운명 지어진 그러한 존재!

나머지는 물거품같이 생성되고 사라지며 고정불변하는, 결정체가 아닌 젤리같이 유들유들한, 언젠가는 터져 없어질 것들이다. 자유는 그 어떤 고정된 실체에 묶일 수 없다.

그러나 인간의 정체성이 비결정적인 생성과 동적이라는 말에는 무서운 개념이 스며있다. 다시 말해 **자기 이외의 모든 존재는 우연이 되고 마**

데, 심지어 자기 육체도 존재이기에 우연이 된다. 우연은 본질일 수 없다. 그러므로 '존재'가 아닌 '실존'이어야 하는데 그 실존이란 어떤 것으로도 '가치 부여'되어서는 안 되는 '그 자체'다.

그에 의하면 실존은 본질에 앞선다. 소위 사람들이 말하는 본질이란 아무것도 아니었던 것에 가치와 의미를 부여한 것일 뿐 '본질'이라는 단어를 뒤집어쓴 '비본질'에 불과하다. 그 비본질을 무화에 의해 벗겨내는 것이 실존으로 가는 길이다. 쉽게 말해 본질로 착각하고 있다는 것이다.

실존은 한마디로 초월성이 내포된 자유의 극치로서의 실유를 말하는데, 여기에 엄청난 함정이 있다. 즉자 존재인 나를 바라보는 의식은 이미 한 번 초월한다. 개념 정리가 쉽지 않은 무(無)화가 일어난 것이다. 이 말은 나만의 단계로서의 무화인데, 이것은 나의 실존과는 아직 통일이 되지 않은 상태를 말한다. 더 많은 무화를 통해 실존이 되어야 한다.

중요한 점은 타인도 이런 단계를 거치고 있을 텐데 나와 타인은 무화의 대상은 될 수 있을지 몰라도 깊은 관계의 대상은 되지 못하게 된다. 부연하면, 그의 이론에 의하면 이런 무화가 자신이 '자신의 존재'를 바라볼 때, 내가 '타자'를 바라볼 때 발생한다. ㄱ 타자가 나를 바라볼 때도, 자기를 바라볼 때도 마찬가지로 무화가 발생한다. 여기 다발적으로 발생하는 무는 **각자의 흐름과 동적**이기에 각자의 무화 단계에 서 있을 뿐 실존적 영역은 전혀 공유공간을 갖지 못한다. 서로에 대한 **공통 분모**를 전혀 찾을 수 없게 되어 온통 무의식과 같은 불통의 관계들만 남게 된다.

결국, 타자의 존재는 나를 발전시키는 무화의 대상일 뿐 소외와 불안을 만들어 내는 존재가 되고 만다. 서로 알 길이 없기 때문이다. 타인의 존재는 행복이 아니라 불안과 갈등 그리고 불일치가 된다. 따라서 무화로서의 자유는 자유라는 의미가 무색할 정도로 부자유와 그리고 자유의 반대되는 양상을 나열시킨다. 이 부자유스러운 과정들은 결국에 자유로서의 실존이 되는 것에 그 목적성이 있지만 최종적 무화의 순간은 과정에 비해 향유 공간이 너무 작아 보인다. 인생은 자유를 향한 부자유로 그려진다.

결국, 타자는 나에게 무화의 대상은 될 수 있으나, 나와 너와의 친밀한 관계는 불가능하게 만든다. 무화는 극히 개인적이며 너를 염두에 두기 어려운 개념이다.

복잡하게 이야기하지 말자!

간단히 말해 이렇다.

"네가 존재하는 한 자유가 큰 타격을 받는다."

물론 '언어'를 도구로 하여 이러한 부자유를 극복해 보려 하지만, 언어는 자유론의 입장에서 보면 제약 시스템이다. 여전히 한계를 드러낸다. 종합해 보면 존재를 실존(무화의 있는 그대로)으로 보는 것은 자유로 이끄는 듯하나 무수히 많은 부자유와 만나게 된다.

생성과 동적(動的)은 극히 개인주의로 치닫게 한다. 오로지 개인에게만 집중된다. 일단 자신 이외의 존재는 모두 각자의 무화다. 무화는 관계성을 잘 모른다. 개인에 따른 무의 작용이다.

궁금한 것은 참된 가치가 된다면 왜 비관계성이 되는 것일까?

가치와 진리에는 관계와 사랑의 의미도 포함되지 않을까?

사르트르가 말하는 무화란 사랑까지 비가치성, 불필요한 의미로 보는 것일까?

그런 무라면 상당히 인위적 냄새가 난다. 그런 무라면 그가 말한 것처럼 존재란 한 낱 허상에 불과하다. 그렇게 본다면 모든 인류의 인생은 이유 없는 삶이 되고, 실속 없이 괜히 산 삶이 된다. 그냥 빨리 해체되는 것이 나을 것 같다.

따라서 생성과 동적을 존재론이 아닌 실존의 관점으로만 본다면 자유는 개념상 개인주의를 피할 수 없게 되고, 극단적으로는 무정부로 갈 수밖에 없다. 나와 너의 관계가 부담 가는 존재가 된다. 나 이외의 모든 가치는 가능성으로만 있을 뿐 지금 그 가치의 명증성을 제시할 수 없다.

이보다 더 무서운 개념이 어디 있겠는가?

물론 너의 자유를 인정하겠지만 나의 자아 이외의 모든 것은 생성과 동적에 동조되는 흘러가는 무화의 순간들이다. 그것도 서로 관계가 통용되는 무화가 아닌 무시무시한 무 그 자체의 신비적 동적 현상에 의해 말이다.

이보다 더 자유롭지 못한 관계가 어디에 있겠는가?

자유는 의미의 무화가 아니라 사랑과 진리의 통용, 하나됨, 공통 분모, 필연이 그 몸통으로 구성될 때 가능한 개념이다.

실존적 자유(생성과 동적의 측면에서)를 논하기 전에 자신이 존재하기까지 엄청난 필연의 시간이 있었고, 그것들과의 관계들이 있었다는 것을 결코 잊어서는 안 된다. 이것을 부정하는 자유론은 지극히 이기적이고 개인주의의 왕좌에 좌정한 극단적 유아론으로 전락하게 만든다. 극단적 유아론은 또 하나의 억압이다. 자기를 제외한 모든 것이 불통이 되는데, 결국 부자유에 둘러싸인 형국이 된다. 자기만 자유고 주변이 온통 감옥 같은, 부자유의 성(城)이 되고 만다. 결국, 극단적 자유론은 평생을 속박과 억압 속에서 살면서 자유를 노래만 하는 형국이 된다.

한평생을 억압에서 살다가 죽기 직전이든 어떤 순간이든 그 때 자유를 향유하게 된다면 인간의 실존을 억압이라고 말하는 편이 낫지 않을까?

자유에만 참된 가치가 부여된다면 신기하게도 자유가 존재보다 앞서며, 더 나아가서 자아보다 앞서고, 의식보다 앞선다. 자유가 나보다 가치 있는 실존이 된다. 놀랍게도 자유가 자유를 무지막지하게 억압한다. 자아는 자유의 노예가 된다. 자유는 정말 모든 것에서의 자유여야 한다.

그런데 단어만 자유지 자유가 자유를 묶어 버리고 있다. 모든 것 …!

'나와 너'의 관계에서도 자유여야 자유다.

사르트르의 자유론은 어머니와 아버지의 존재는 존재론적 가치를 부여받기 힘들게 된다. 사르트르의 부모는 외부의 존재(우연, 무화의 가능성)이기 때문이다.

자기만이 가치가 부여되는 자유론!
부모로부터 출생한 자연의 이치조차도 부정적 가치가 되어버리는 자유론!
인간의 실존은 과연 자유인가?
자유로운 실존이 되고 싶은 너무나도 강렬한 열망이 '인간의 실존은 자유다'는 명제를 만들어 낸 것이 아닐까?

그러나 존재론(ontology)입장에서 보면 '자유라는 의미'가 있는 한 실존은 자유여야 함이 맞다. 하지만 이 자유는 존재론적으로 자충족적인 스스로 있는 존재여야만 가능하다. 물론 사르트르도 즉자존재를 제시하며 스스로 있는 존재를 상정한다. 하지만 엄밀히 말해서 그의 즉자 존재는 '스스로 있는 무의식'이다. 의식이 없다면 의식의 자유는 없는 것이며 무기질과 자유는 가능태라는 단어 말고는 구분할 수 없게 된다. 심하게 말하면 자유로운 돌덩어리다. 스스로 있는 존재를 존재론적으로, 다시 말해 의식을 겸비한 존재로 상정하면 신의 자리가 마련되기에 신을 없애려는 노력이 즉자 존재를 태동케 한 것이다.

스스로 있는 무의식!
진화론의 최초 입자, 무기질 같은 존재!
결국, 필연의 최고점을 잘라낸 셈이다. 스스로 있는 존재가 아니다.
무기질이다.
다시 생성과 동적의 주제로 돌아와 보자!

이런 자유들이 모인다면 세상은 어떤 모습이 될까?
무섭지 않은가?
삭막하지 않은가?

물론 사르트르에 의하면 서로의 자유가 이런 삭막함의 저질들을 제거해 나갈 것으로 기대하지만 역사는 그 반대의 기록들을 남기고 있다. 인간의 정체성은 생성과 동적인 유체(流體)가 아닌, 존재론적 실상(實相)을 담지하고 있는 생성과 동적 본질이다. 존재가 자유와 진리에 통일될 때 무화에 의한 무의 실존이 실존적 실상으로의 존재가 된다. 존재는 실존과 별개의 것이 아니다. 존재는 실존의 가능태이며 생성과 동적의 현실태이다. 필연과 우연이 실타래처럼 얽혀있는 존재(실존, 실상)가 자유다.

얽혀 있는 것이 우리다!

이 실타래를 풀어 버리는 것만이 실존이라면 이것은 자연 발생 원리에도 상당히 위배된다. 타당성이 있으려면 사르트르는 '스스로 있는 자'이어야 한다. 실존이 의미라면 존재는 실상이다.

실존은 존재여야 한다!

허상적 실존이 참된 자유적 존재라면 영지주의에서 강조하는 영 우위의 실존과 무엇이 다른가?

자연은 온힘 다해 발생시키려 하는데 실존적 본질은 해체하려 한다. 자신은 있으려 하면서 다른 것은 없애려 한다. 본질이란 이름으로 한 자리를 차지하고는 있는 모든 것을 없애는 것이 진리에 이르는 길이라 한다.

어머니와 아버지는 인생의 고된 눈물의 잔을 마시며 사르트르를 낳았는데, 출생한 자신은 아버지와 어머니의 숭고한 노력을 무가치한 것으로 치부하더니, 더 나아가서 자신은 허상(비존재)이라며, 모든 관계의 끈을 끊어 버리고서는, 아무것도 아닌 비존재가 최고의 가치라는 다소 엉뚱한 말들을 건넨다. 그것이 진리에 이르는 길이라며 괴상한 호소를 한다. 이제 당신들은 더 이상 내일의 아버지와 어머니가 아니라 한다. 자신은 무(無)를 향해 달려가야 하므로 더 이상 연락드릴 수 없으니 기다리지 말라고 한다.

어제의 부모로 충분하셨다고 정중히 말씀드리며 …!

이것이 사르트르가 주장하는 생성과 동적으로서의 정체성의 의미다. 이해를 돕기 위해 부모를 거론하며 설명하였다.

'존재'(우연)라는 아버지와 어머니의 마음이 얼마나 아프실까?

실존적 자유가 하는 일이 이와 같다. 자기만 실존적 가치에 이르고, 어머니 아버지는 그 싸움의 투쟁에서 과정적 대상일 뿐이다. 만일 부모 각자가 사르트르와 같은 주장을 하게 된다면 관계는 더욱 사늘해질 텐데, 실제로 그러한 주장을 하게 된다. 각각의 개인만이 가치 있는 실존이 되기 때문이다. 자유, 생성, 동적은 소중한 가치임에는 틀림없지만 그것이 실존이라면 그리고 모든 존재는 실상이 아닌 허상적 존재로 무화에 의해 실존이 되어야 한다면, 더 이상 관계는 필요 없게 된다. 실존 자체가 매우 추상적인 무(無)이기 때문이다.

우리는 **존재**이며 그와 더불어 **생성과 동적**이다. 가능태이며 현실태이다. 허상이 아닌 실상이다. 실상(ὑπόστασις, 휘포스타시스)이라는 헬라어에는 이미 본질의 의미가 내포되어 있다. 이 단어는 인식론적, 존재론적 의미를 함유하는 의미심장하고 거론할 가치가 있는 단어다. 영어로 번역하면 substance(본질), reality(실체), assurance(확신), understand(이해)가 된다.

크게 두 범주로 나뉘는 것을 볼 수 있다. 실체이면서 이해가 된다. 존재가 이해와 인식과 괴리 관계가 아닌 일치와 통일의 관계로 그려지는 것이 실상(휘포스타시스)다. **존재가 곧 실존이다.** 존재론적 본질이면서 그 존재 자체가 이해가 되는 개념이다. **존재와 실존의 개념을 모두 갖고 있다. 물자체다.** 실상(ὑπόστασις, 휘포스타시스)은 곧 물자체를 알 수 있는 개념이 되는 것이다. **존재론적으로 본질이며, 인식론적으로 실존이다.**

이 둘이 실존적 본질이 되어 통일되는 실상이란 어떤 양태일까?

사르트르의 자유론은 이 실상의 개념 중 인식론의 실존은 인정하지만 **존재론적 본질은 거부한다.** 개념상 실상이 아닌 그들 부류의 사람들이 말하는 무화된 실존이다. 그래서 무(無)다. 결국, 존재론을 버린 사르트르의 자유는 무화에 다시금 호소하게 된다. 놀랍게도 그것이 실존으로 이끌어 가기를 기대하면서 말이다. 사르트르의 실존과 헬라어의 실상(ὑπόστασις, 휘포스타시스)의 개념은 양태에서 닮았지만, 실존만 인정한다는 점에서 존재론적 가치는 해체되고 만다. 21세기의 영지주의 같다.

너도 실상이며 나도 실상이다. 나는 실상이고 너는 허상이 아니다. 우리 모두는 실상이 되어야 하는 허상의 색채 짙은 실상들이다. 존재를 버리고 실존이 되어야 하는 것이 아니라 실존이 존재가 되어야 하는 현상계다. 따라서 존재의 가치를 버리고 실존에서만 궁극을 찾으려는 사르트르의 자유론은 무시간과 시간 속에서 실상과 실존이 되게 하는 수많은 존재 가치를 무시하고 있고, 도처에서 고개를 들고 작용하고 있는 필연들을 부자유의 옷을 입혀 애써 해체하는 작업을 하고는 21세기 영지주의가 되었다.

실존은 이미 우주의 역사와 시간을 무가치한 것으로가 아니라 가치를 담고 있는, 그래서 존재론적 가치들을 품고 있는 무(無)이며 실존인 것이다. 육체가 자유가 아니라는 그의 주장은 자유의 본질을 오해한 결과다. 따라서 자유는 독립적인 가치와 개념이 아니다. 자유는 필연의 힘과 친밀하게 연결되어 있는 개념이다.

3) 무화는 진리에 이르는 길

사르트르는 진리에 이르는 길을 **무화(無化)**로 보았다. 실존은 자유이기 때문이다. 그가 바라본 외부 지식들은 오류에 가깝다. 오류가 아니더라도 한시적 진리에 불과하다. 고정성의 자리를 생성과 동적에 양보해야 한다. 그 때문에 어떤 지식에 머무는 것은 진리일 수 없고 오히려 불안을 조장하는 재료들이 된다. 과거는 고정된 지식이 아닌 내일을 위한 변화의 소재들이다. 고정된 진리에 머물러서는 안 된다. 과거를 실존으로 승화시킬 수 있는 정화의 기재는 무화다.

다소 추상적인 주장이지만 사르트르에게 무화는 진리에 이르는 궁극이다. 도달해야 할 목적지인지 아니면 환원과 회귀인지 애매하지만, 아무튼 궁극이다. 자유의 극치는 무로 가게 되어 있다. 무화에 이르는 것이 최고의 성숙이다. 무(無)란 일종의 치료책인데 본유적으로 그리고 살아오면서 쌓여진 불안을 야기하는 오류들을 씻어내는 초월적 근본이 된다. 무는 곧 자유의 본질이 되는데 인간의 본질은 무이기 때문이다. 무 이상의 존재가 되려 하기에 오류들이 생산되며 존재(우연)가 되어 진리에서 멀어진다. 다시 말해 무의 개념은 존재를 실상과 분리한 개념이고 실상은 즉자가 된다. 비존재가 궁극적으로는 존재보다 진리(굳이 말하면 실상)에 가깝다.

진리에 이르는 길이 무화(無化)라 …!

이것이 사르트르 자유론의 핵심이다. 모든 의존성을 벗어나 자유 행위의 초월적 의식으로 무가 자아와 동일해 지는 것!

이것이 실존의 궁극이다. 이 궁극에 이르는 길은 무화의 반복에 의해 가능하다. 그러므로 무화의 핵심은 나의 의식과 관념이 '관계적', '의존적'에서 벗어나 '주체적'이 되는 것이다.

그런데 신기하게도 의식이란 '대상적'이다. 의식은 최초의 대상인 자아, 즉 나를 필요로 하고, 그리고 너와 타자가 필요하다. 대상을 의식할 때 그 단계의 무화가 발생하는데, 긴 논변은 지면상 생략하고 간단히 말씀드리면 대상인식을 통한 무화의 과정은 결국 무의식으로의 귀결을 의미한다. 의식이 완전한 자유로서 무화되어 즉자가 된다는 것은 결국 무의식이 되는 것이다. 자아까지 해체한 상태가 자유의 종결판이 된다. 무는 결국 존재를 사라지게 하는데 그것이 실존이다. 그리고 이러한 모든 과정이 진리의 길이 된다.

이 실존적 양태란 무엇을 말하는 것인가?

자유가 독립되어 그 자체로 가치를 부여받아, 심지어 인식과 의식까지 해체시켜 그냥 자유 그 자체가 가치 있는 어떤 것이라면, 추상적 개념으로 '자유'만 남는다. 자아와 의식, 그리고 존재로서의 인격은 더 이상 소중한 가치보다는 자유라는 거대한 에너지에 흡수되는 먼지에 불과하게 된다. 무는 곧 자유만 높이고, 숭배하는 어떤 것이 된다. 자유가 사람을 위해 있는 것이 아니라 사람이 자유를 위해 있는 것처럼 되고 만다. 최고의 자유는 내가 사라지기까지 나 자신을 자유에 인신 제사로 바치는 것이 되고 만다. 자유가 사람을 위해 있지 않고 자유가 자유를 위해 있다.

이렇게 모든 것이 해체되고 남게 되는 최종적 즉자 존재란 도대체 무엇을 말하는가?

마치 '스스로 있는 무시간적 영' 같다.

그렇다면 이런 질문을 던질 수 있다.

실존은 결국 비인격인가?

인격 또한 실존에 내줘야 하는 제물이 되고 만다. 자유와 실존은 결국 사람을 분리해 자유 앞에 그들 자신을 내놓게 만든다. 자유가 자유로 보이지 않고 억압으로 밖에 보이지 않는다.

자유는 모든 것을 집어삼키고는 일자가 되게 하였다!

참 많이 고민하게 만드는 부사들이 있다. '관계적', '의존적'이다. '관계적'이며 '의존적'인 존재(우연)에서 무와 일체가 되는 '주체적'인 실존으로 드러나는 것을 목표로 하고 있는데, 죽음에 이르기 전까지는 무(無)와 절대로 일체가 될 수 없고, 유(有)에서 벗어날 수 없다. 유에서 벗어날 수 없다는 것은 이미 무가 되지 못했다는 명확한 단서다. **무와의 일체는 죽음뿐**이다. 이것이 자유론의 민낯이다. 죽음이 아니라면 무를 인식하기 위한 영 존하는 의식이 있어야 한다.

영원에서 의식하는 영혼이어야 하나?

또한, 시간이 유(有)가 되는 순간 무가 될 수 없다. 시간의 무는 무시간이어야 한다. 시간을 척도로 논하는 순간 유한이 된다. 따라서 무와 하나 된다는 것은 시간조차 없는 무시간 또는 영원이 되어야 한다. 모든 것의 관계적, 의존적, 대상관계에서 무화되어야 한다. 시간조차 척도로서의 관계성과 의존성, 대상적이면 무화가 아니다. 최소한 순간이든지 영원이어야 한다. 여기서 말하는 영원은 '끊임없음', '지속', '계속'을 의미하는 개념이 아니다. 시간도 없어야 한다. 따라서 무와 일치된다는 것은 실존적, 존재론적 이런 의문을 던지게 된다.

'내 의식은 무시간 속에서 유(有)이어야 하는가, 무(無)이어야 하는가?'

의식조차 관계적, 의존적, 대상적 관계에서 즉자적 존재여야 한다. 만일 의식이 사라지지 않고 영원히 있는 즉자가 되었다면, 간과해서는 안 되는 논리가 있는데 개별이 아닌 일자가 되고 만다는 것이다.

나와 너의 인격이 사라지는 것이 자유?

궁극이면서 흡수되지 않고, 궁극과 통일되고서도 개별 인격과 의식이 구별될 수 있는 자유의 원리를 찾아야 하지 않을까?

부연 설명을 해보자!

의식의 문제다. 무화는 곧 영원의 시간을 말한다. 최소한 무시간이다.

시간 아닌 시간, 즉 영원이라 말할 수 있는 시간에 무화된 의식이란 어떤 양태인가?

의식인가 아니면 무의식인가?

의식조차 사라져야 하는 것을 자유의 실존적 가치로 본 것인가?

인간이 실존적 자유이기 위해서는 결국 영존(영원)하는 의식이 필요하다. 그렇지 않고 무의식을 자유의 궁극으로 본다면 결국 일자에게 인격을 제물로 바치는 것이 자유의 궁극이 되는 셈이다.

자유가 개인의 자유가 되려면 의식은 내 것이어야 한다.

무시간의 영존 …!

결국, 무와 하나가 된다는 것은 초극을 의미하지만 의식이어야 한다. 무의식으로서의 즉자는 거부된다. 그러므로 무의식으로서의 무화에 이르는 것은 엄청난 논리적 한계를 내포하고 있고, 무와 일체가 되기 위해서는 무(無)를 초극하는 무(無)이어야 한다. 논리 비약이 무에 이미 포함되어야 자유로서의 무가 된다. 그렇지 않으면 무의식이다. 자아는 남지 않고 자유만 남는다. 자유는 무서운 신이 되어 버린다. 영원과 의식은 함께여야 한다.

영원한 의식!

그러나 애석하게도 그 영역은 어떠한 사람도 후천적 경험으로 서술하지 못한다. 존재(우연)론적 죽음을 거친 후에야 그 영역의 여부를 확인할 수 있기 때문이다. 그 영역을 확인한 사람이 있다 하더라도 그 영역에서 이 영역으로 돌아온 사람은 없다. 결국, 자유론의 궁극인 무와의 일치는 믿음이 전제된 서술로 기술할 될 수밖에 없다.

무시간으로 영존해야 하는 영역, 그리고 그러한 실존과 의식, 이 모든 것들을 어떻게 처리해야 할까?

자유와 무는 어쩌면 섣불리 건드려서는 안 되는 판도라의 상자 같은 재앙과 희망을 동시에 품고 있는 실존일지도 모른다. 잘못 열면 오히려 불행이 되어 버린다. 제대로 간직해 활용하면 희망과 복이 된다.

그러한 자유 의식은 결국 '스스로 있는 의미'여야 하기 때문이다. 신이다!

다시 무와 시간과 관련해서 생각해 보자!

힉스장에 의해 질량이 확보된 물리적 구조로 구성된 인류는 시간 내적 존재가 된다. 다시 말해 유(有)로서의 시간에 껴있는 존재(우연)다. 자세한 내용은 앞장의 '시간과 유물론'을 다시 읽어 보시기를 권유해 드린다. 결국, 무가 된다는 것은 다시 한번 더 말씀드리지만 죽음을 거쳐야 한다는 것을 의미한다. 무화는 엄청난 규모의 개념을 함축하고 있는 것이다. 죽음 이후의 삶 또는 실존을 상정해야 한다. 사후 세계다. 자유는 결국 죽음까지 초월해야 하는 의지(意志)가 된다.

무화에 의한 자유는 결국 죽음의 문제에 직면하게 된다!
죽음은 자유인가?
억압인가?

무의식을 실존으로 본다면 자유다. 하지만 자아는 의식의 기능과 가치를 자유라는 독립체에 헌납한 후 무의식이 되어야 한다. 의식의 자유, 즉 나의 자유 입장에서 보면 의식이 종료되는 죽음(무의식)은 최고의 폭력과 압제가 된다. 의식을 실존으로 본다면 죽음은 부자유다. 초극하여 실존적 의식이 되어야 자유다. 실존적 의식으로서 영원히 '있음'이 된다면 죽음은 무화의 최고 경지가 될 것이다. 종합해 보면 무화에 의한 나의 자유는 의식이 영원히 '있음'의 실존이어야 한다.

하지만 심각한 문제가 발생한다. 의식이면서 무일 수 없기 때문이다. 비약을 무와 의식 사이에 두어야 한다. 무를 인식한다는 것은 결국 아무것도 아닌 것, 아무것도 없는 것, 비존재를 인식해야 하는 것인데, 그것은 인식이라 말할 수 없는 신비스러운 어떤 것이 되고 만다.

물론 그래서 사르트르는 무화의 완성을 즉자 단계의 최고점으로 보았는데, 의식하지 않고 스스로 있음이 되는 것이다. 즉자적 존재, 다시 말해 무의식이 되어야 하는 그러한 실존이다. 의식하지 않고 알고 있는 상태. 의미가 동사형의 의식과 상관없이 스스로 있는 상태다.

무와 의미 사이에 동사가 필요 없는 그냥 있음으로의 앎!
즉, '스스로 있는 자!'

알 수 없는 무(無)의 신(神), 즉, '무신'(無神)이다. 자유는 이 무신으로 향하는 진리의 길이 된다. 어떻게 보면 내가 자유로운 것이 아니라 무신이 자유라는 진리를 계시해 실존(실상)으로 이끄는 형국이 되고 만다. 신의 자리에 무를 대치시켰다.

무화는 수많은 신비와 비약을 무(nothing)라는 공간에 살며시 집어넣고 있는 것이다. 따라서 진리에 이르는 길을 무화로 역설한 사르트르의 자유론은 자유라기보다는 무라는 신에 호소하는 신앙으로 보인다. 신기하다. 그의 자유론은 신을 제거하려는 시도였기 때문이다. 그런데 이름만 바꾼 신을 상정하고 말았다. 신앙의 자리에 무신(無神)을 두고는 신이 없다고 말하는 형국이다. 신의 존재는 그대로 놓아둔 채 이름표만 바꾸어 놓았다.

자유를 강조하는 이론들의 거의 대부분은 무(無)로 귀결된다.

신기하다!

그리고 놀랍게도 신을 인정하지 않는 발생론들 대부분 무로 귀결된다. 다시 말해 동서양 철학을 망라해 무(無)가 비약적 힘으로 작용한다. '태극이 무극이다'는 동양 철학의 태극도설의 명제는 엄청난 비약 덩어리다.

비약의 문제로 몸살을 앓았던 자연 철학자가 있었다. 셸링(Friedrich Wilhelm Joseph von Schelling, 1775-1854)이다. 관념론자이며 현대 과학에 조예가 깊었던 인물로서 모든 것을 일원론으로 보려고 노력했던 인물이다. 그는 자연의 무기질을 모든 것의 발생 근원으로 보았는데, 인간의 의식 또한 그것에서부터 기인한 것으로 생각하였다. 그에게는 초월(필연)보다는 자연 내에서 그 발생의 모든 것을 찾으려 했다. 그러므로 정신이나 의식은 자연과 물질에 대립되는 이원론이 아니라 **하나의 개념**이다.

그에 의하면 자연의 발전 과정에서 정신과 의식이 발생한다고 보았다. 자기보다 인생 선배였던 당대의 대표적 관념론자였던 피히테(Johann Gottlieb Fichte, 1762-1814)의 이원론에 반기를 들고 그의 한계를 극복하고자 일원론적 사고를 하였던 것인데, 그런데도 종국에는 자신도 피히테와 동일한 문제에 직면하게 된다. 왜냐하면, 무기물에서 어떻게 정신이 발생하는지 그 근거와 과정을 도통 설명할 길이 없었기 때문이다. 그가 주장할 수 있는 최고의 논변은 고작 이것에 불과하였다. 즉 "물질이 발전에 나아갈 때 한계에 이르게 되는데 그때 정신이 발생한다"는 것이다.

어마어마한 비약이다!

의식의 출현과 관련해서는 현대 과학도 비슷한 문제에 직면하고 있는 실정이다. 그만큼 정신의 출처는 과학의 눈금으로 측량하기 쉽지 않는 주제다. 결국, 이 문제를 극복하지 못하고 셸링도 이원론의 전철을 밟게 된다.

이것은 무화에 의한 자유의 극치(무)가 어떻게 실존이 될 수 있는지의 문제와도 같다. 어떤 것을 인식할 때 무화가 발생한다는 사르트르의 무화 사상도 그 중심에 비약이 자리하고 있는 셈이다. 비약은 결국 연결점이 없는 곳에 연결점을 두는 신비인데, 개념과 이론이라기보다는 신앙과 믿음에 가까운 호소에 불과하다. 정신의 출현 문제는 신경 전달 물질과 시신경을 논하는 현대 과학도 동일한 한계에 직면하고 있다.

뇌에 있는 전기 화학 신호(물리, 양자 역학, 유기물)들이 어떻게 정신과 의식 그리고 감정이 되는 것인가?

AI가 고도화되고 양자 패턴과 그 신호들이 뇌의 전기 화학 신호만큼 세분화 되면 무기질로 구성된 AI도 감정과 의식을 가질 수 있는가?

이와 마찬가지로 셸링의 자연 과학적 접근은 운명과 같은 필연을 인정하고 싶지는 않고, 무기물에서 유기물로 진행되는 모든 자연의 진행 과정에 발생 원인을 두려고 하지만, 결국 '비약적' 논리로밖에 전개할 수 없었다. 자유와 무화가 의미를 갖게 되는 개념도 같은 문제다.

결국, 무가 진정한 의미에 이르게 된다는 것은 셸링이 직면한 문제와도 같은 비약일 뿐이다. 무화적 실존은 무의미, 무가치여야 한다. 이것이 무(無) 개념에 자리하고 있는 엔트로피이기도 하다. 아니면 무가 마치 부활하듯 새로운 피조물로 실존을 존재화(存在化)해야 한다. 비로소 그때가 되어야 실존은 자아와 별개가 아니게 된다.

자유의 궁극은 결국 자유 그 자체로, 또는 무화되는 무의 어떤 실존들로 마무리되는 개념이 아니다. 자유만을 혼자 두게 되면 존재보다는 실존이 되고, 여기서 말하는 실존은 무가 되어 버린다. 그런데 이 무가 참된 가치와 의미가 되는 것이라면 그것 자체가 비약이다. 아니면 무는 신성이 부여된 무가 된다.

사르트르의 비약적 논리와 자연의 일원론에서 존재의 모든 의의를 찾으려 했던 셸링의 논리는 서로 쏙 빼닮은 것이다. 비약을 극복하기 어려웠던 셸링은 산출 과정을 비밀에 부쳤고, 사르트르는 무에 부쳤다. 결국, 가치와 의미는 비약의 공간에, 무의 영역에 붙이고 있다. 의미를 가져다주는 것은 '비밀'과 '무'다.

자유를 강조하는 이론의 거의 대부분은 무(無)로 귀결된다.

신기하다!

그리고 놀랍게도 신을 인정하지 않는 발생론들 대부분 무로 귀결된다. 다시 말해 동서양 철학을 망라해 무(無)가 비약적 힘으로 작용한다. '태극이 무극이다'는 동양 철학의 태극도설의 명제는 엄청난 비약 덩어리이다.

헬라어로 '모든'에 해당하는 파스(헬:πᾶς, 영:all)는 무(nothing)의 의미로도 사용된다. 다시 말해 **실존과 존재**가 분리된 개념이 아니다. 오히려 어떤 면에서 일원론적 의미다. 헬라 세계에서는 '모든 것'과 '무'는 어떤 연계성이 있는 것으로 보게 된다. 사실 온 우주를 구성하고 있는 입자는 이 두 개념 즉 무(nothing)와 존재(all)의 오묘한 조화이기도 하다. nothing과 all은 입자 물리학의 양면성이다. 유이면서 무이고 무이면서 유인 것이 양자적 입자이며, 거시적 세계에선 유가 된다. 입자 물리학에서 모든 존재는 무와 유의 역설이다. 존재(모든) 안에 무(실존적 양태)가 있고 무(실존적 양태)로 존재(모든)가 설명된다.

이것이 양자 역학이며 양자 공간이다. 따라서 실존과 존재를 가장 잘 설명하고 있는 단어는 헬라어 파스(πᾶς)다. 무(nothing)는 존재를 해체하지 않는다. 무와 존재(모든) 사이에는 비약적으로 설명할 수밖에 없지만 연결점이 자리하고 있다. **진정한 무화는 해체가 아닌 생성이다.** 다시 말해 무 그 자체로 설명되는 개념이 아닌 무에서 존재가 발생되는 창조적 동인이 무의 가치라 하겠다. 이 창조적 동인이 결국 비약의 공간이다. 그 동인을 계시된 신으로 믿든지, 신이 싫다면 무로 귀결되는 것이다.

이 비약을 신으로 보든 무로 보든 신앙이다. 한쪽은 **없는 신**을 믿는 신앙이고 또 다른 쪽은 있는 신을 믿는 신앙이다. 참으로 신기하다. 무신론을 견지한 사람들은 정말 **무신(無神)**을 신앙하고, 유신론을 심중에 두는 이들은 **신(神)**을 믿는다.

무화가 진리에 이르는 길이라면 위의 두 신 중 하나일 것이다!

4) 인간의 본성은 존재가 아니라 의식이다

인간의 본성을 **존재**(우연)보다는 **의식**으로 보았다. 자유가 인간의 실존이 되면 심지어 육신도 부자유가 된다. 육신의 문제는 외부 세계까지 연결된다. 즉, 외부의 잘못된 정보에서부터 탈출(구토)하여 자아를 일신해야 하는데 그것을 가능하게 하는 것이 의식이다. 감정을 상하게 하는 내 마음속에 들어온 어떤 잘못된 정보를, 다시 말해 생성과 동적을 위한 가변성의 이로운 정보들이 아닌 고정된 진리 체계들을 무화에 의해 극복하게 하는 주체가 의식이다. 의식을 보다 자유로운 영역으로 본 것이다.

사르트르가 말하는 의식은 그러므로 생각보다 강한 존재고, 컨트롤 타워 같은 역할을 할 수 있는 자유로운 주체다. 의식은 자기 감정과 자아를 분리시켜 거리를 두고 관찰할 수 있게 하는 능력 있는 주체가 된다.

처음에는 마음을 상하게 하는 정보에 귀착되어 벗어나기 쉽지 않지만 자유 의식은 마침내 여러 공백에 의해 무화된다. 자아는 곧 의식이며 의식은 무화에 영향 받는 자유 활동이다. 따라서 의식은 어떠한 원리에도 그 초월적 능력을 침해받지 않는다. 과학이나 객관적 원리조차 의식을 침범할 수 없다. 의식은 자유롭기 때문이다. 인간의 자아는 이러한 자유 의식의 결과다. 이는 다른 말로 선택의 힘에는 한계가 없다는 표현이다. 역사는 우연에서 시작해 자유로운 결정들의 결과물이 된다.

하지만 이 자유 의식인 반성(자율)이 자유의 실존인 무를 만날 수 있을까? 그냥 쉽게 표현해서 자유 의식이 자유를 만날 수 있을까?

앞서 언급하였듯 무(자유)를 의식한다는 것은 이미 신비를 내포하고 있고, 의식의 반성은 이미 자유와 필연의 역설적 반응이기 때문에 의식은 이미 필연과 손잡고 있다. 의식은 이미 자유롭지 못하다. 무를 만날 수는 있지만, 그것은 필연 속으로 빨려 들어가는 것을 의미한다. 그렇지 않으면 앞서 말한 것처럼 의식은 비존재가 된다. 의식이 무가 된다. '모든'을 의미하는 헬라어의 파스(πᾶς)는 이러한 존재의 신비를 여실히 보여 주는 단어라고 말씀드렸다. 아무것도 아니면서 모든 것이 된다. 유와 무 사이에 신성과 비약적 필연을 둔 신앙이다. 이와 같이 무를 의식한다는 것은 이미 자유와 필연의 역설적 관계가 그 배면에 자리한다. 필연적 연계성을 떼어낸 실존은 이미 사람이라 칭하기에는 부당함으로 가득 채워져 있다.

의식은 우리가 생각하는 것만큼 그렇게 자유롭지 못하다. 존재를 제거하고 의식만 남겨두면 자유론에 더욱 근접한 실존이 되리라 생각하지만 정작 의식조차도 자유의 궁극이라 할 수 있는 무와 맞닥뜨리게 되면 희미한 촛불처럼 사라져야 한다. 그렇지 않으면 의식은 그 신비한 무(無)를 관조해야 하는데 이러한 이원론을 극복하기 위해 의식과 무의식의 경계를 허물고 무의식도 의식과 연계되어야 한다. 다시 말해 무(無)의 의식을 실존적 '존재' 영역에 유(有)의 어떤 형태로 연계시켜야 한다.

그러나 무의 의식은 그렇지 않다. 그것은 더 이상 의식이 아니다. 추상적이며 형이상학적 실존, 마치 무기물의 원시 형태 같은 어떤 것(실존)이 된다. 셸리 케이건(Shelly Kagan) 교수는 죽음에 관한 연구에서 살아 있음과 의식을 연속성으로 표현했다. 죽지 않았다는 것은 의식이 있고, 그 의식의 연속성, 다시 말해 내가 나라는 것을 자각할 수 있는 연속성이다. 쉽게 말해 나를 바로 그 나라는 대상으로 인식하는 의식이다.

어제의 나를 나로 인식하지 못한다면 지금 살아 있다 하더라도 어제의 나는 죽은 것이다. 살아 있으나 살아 있는 것이 아니다. 이렇게 의식이 과거와 단절되지 않고 연결되는 것을 죽음의 반대 개념으로 설명하였다. 그러므로 살아 있어도 나를 인식할 수 있는 연속성이 결여 되었다면 불행한 상태로 보았다.

실존적 무, 즉자 존재가 무의식이라면 연속성의 결여다. 인식이란 이러한 즉자(일종의 무의식이 될 수 있는)와의 반응이다. 이러한 관계가 의식이 된다는 것은 마치 어제의 나를 기억하지 못하면서 내가 되는 방식이다. 무를 인식한다는 것은 그러므로 앞서 말한 비약이 자리하고 있는 것이다. 즉자적 의식, 무화, 자유, 이러한 것들은 사실 이상의 비약의 문제로 둘러싸여 있는 같은 단어들이다. 역시나 무가 근본으로 신성을 유지한 채 자리하고 있다.

본질과 실존의 자리에 무를 둔 것 자체가 신비성을 강조하게 될 뿐이다. 리차드 할랜드가 처음 사용한 '초구조주의'에 속한 사람들의 생각도 비슷한 문제에 봉착한다. 일단 모든 것을 해체한다. 왜냐하면, '구조'란 인위적 파생에 지나지 않기 때문이다. 그들에게 구조는 초월해야 하는, 치료해야 하는 대상이다.

그렇게 해체한 후에는 신기하게도 어떤 것에도 근거되지 않는 저마다의 무를 상정한다. 그 상정한 무에서 '발생'을 기대한다. 데리다(Jacques Derrida, 1930-2004)의 산종(散種, dissemination)의 개념이 한 예가 된다.

영원히 채워지지 않는 의미의 상태, 즉 모든 기표의 부재 속에 존재하는 상태다.

오염된 인위적인 기표들이 제거되면 산종은 에너지와 창조성을 취하게 된다. 산종은 무조차도 아닌 '그냥 있음', '아무 전제도 없이 열려 있는' 그러한 어떤 영역을 말한다. 사실 '영역'이라는 단어조차 사용할 수 없는, 심지어 '무'라는 단어조차 사용할 수 없는 '없음'이며 '있음'이다. 여기서 발생이 일어난다.

신기하다 결국 무다!

신이 아닌 하늘의 이치로 본 '태극'사상과 '무극'의 발생설도 매우 흡사하다. 구조를 탈피한 자유의 궁극이 결국에는 사르트르처럼 무에 이르게 되는 것을 보게 된다. 둘 다 작용의 원리는 신비로 남는다. 결국 모두 같은 문제에 직면한 셈인데, 비약의 문제다. 이런 논리가 마치 공통 분모처럼 자유론의 궁극에서 성립되는 것이 참으로 신기하기만 하다. 자유와 실존만을 가치로 두면 모두 이곳 무(nothing)에 모이나 보다.

다 없앤 후 이제야 온전하게 발생한다고 하니 이보다 신비에 호소하는 주장이 또 있을까?

다 제거하였는데 무엇이 발생의 동인이 되는 것인가?

대자존재를 따라다니는 즉자 즉 무화가 실존 즉 탈격, 벗어남을 가능하게 한다. 이것이 실존의 의미다. 현재 '있는' 존재가 '아니게 있게 되는 것'을 말한다. 말이 좀 어렵지만 간략히 외연을 의미 축약하면 '무의 어떤 것이 실존이 되게 한다'가 된다. 다 탈거해 보면 결국 무다. 결국, 사르트르의 실존적 존재를 가능하게 하는 비약은 무 그 자체다. 다시 말해 설명 불가한 신비적 힘이다. 다시 신성 앞에 서게 된다. 필연의 궁극 신을 부정하면 모두 무(無)라는 필연 앞에 모인다.

무신론적 실존주의를 역설하였지만, 또 다른 신을 상정한 꼴이 되었다. '무신'(nothing god)이라고 명명하고 싶다. 무(nothing)가 발생 근원 또는 출구가 되기 때문이다. 인간이 만들어 낸 오류들로 치부했던 것들을 해체해 놓고서는 결국에는 다시 초월에 호소하고 있다. 결국, 자유는 자유 자체에 묶이게 되고 그것을 풀어놓기 위해 신성에 호소한다. 자유로 시작해 자유로 마치려는 시도들이 직면하게 되는 한계다. 결국, 초월과 내재, 유와 무의 경계에 다다르게 된다. 무(nothing)는 필연을 부정하고픈 인류가 도달할 수 있는 최후 영역이 되는 셈이다.

여기서의 발생이라면 결국 신비와 신성을 배면에 두고서는 우연과 자연스러움 그리고 자유라는 말로 그 신성을 대체하고 있을 뿐이다. 사르트르는 여기서 우연까지 제거하는 것이 다른 이들과 다를 뿐이다. 필연을 제거하려는 사고의 흐름이 필연으로 돌아오는 것이 신기하다. 자유 의식은 자유의 본질을 만날 수 없다. 자유 의식은 경계선에서 사라지든지 아니면 신성이나 필연을 만나게 되어 있다. 그래서 자유론이 정의론 만큼이나 어려운 학문인가 보다. 인간의 본성을 의식으로 보면 자유에 귀착하는 것이 아니라 경계와 신성에 도달하게 된다.

의식은 필연과 손잡을 수밖에 없는 또 다른 이유들이 있다. 의식은 이미 외부의 조건들과 필연적(관점에 따라서 우연이 되기도 하지만) 관계를 맺고 있다. 다시 말해 외부의 필연적 조건들, 즉 시간의 역설에 관계되기 때문이다. 코른후버의 실험과 시간 개념에서 그것을 살펴보았다. 시간은 물질과 공간에 그리고 양자적 입자에 존재론적 일체성을 갖고 있다. 따라서 시간을 허상으로만 취급하기에는 실제성이 강하다. 물론 직선적 시간 개념의 틀에서 시간의 본질 그 자체를 이야기 한다면 시간은 없다. 허상이다. 하지만 질량으로 물리적 구조를 유지하는 우주에서는 시간은 실제성을 띤다.

이러한 시간-물질간의 일체성과 그러한 존재론적 양태를 갖고 있는 시공의 영향을 받는 것이 의식이다. 의식은 시간에서 자유롭지 못하다. 공간과의 일체성, 질량으로서의 물질과 일체성을 갖는 시간은 24시간이라는 직선적 개념과 더불어, 영원, 찰라, 순간, 과거, 현재, 미래의 시간을 아우른다. 한마디로 직선적 시간 개념과 영원을 포함한 물질임과 동시에 공간이고, 공간이면서 시간이다. 시간은 공간, 물질, 존재다. 공간은 시간, 물질, 존재다. 물질은 시간, 공간, 존재다. 존재는 시간, 공간, 물질이다. 시간, 공간, 물질, 존재는 독립적이지 않다. 공간이 곧 물질이며, 물질이 곧 시간이고, 시간이 곧 공간이다.

이상 열거된 내용을 양자 공간이라 한다. 의식은 이러한 종합세트로서의 시간의 작용이다. 의식이란 독자적 주체성으로 설명될 수 있는 것이 아닌 상호연계적 일체성으로 설명되어야 한다. 사르트르는 이런 양자적 설명은 하지 않았지만 바로 이러한 존재성 때문에 무화의 궁극에 가서는 의식도 제거하여 무의식으로 귀결시킨다. 하지만 앞에서 말씀드렸듯이 무의식은 결국 신성에 호소하는 형국이 되고 만다.

그가 말하는 의식이란 대자 관계를 말한다. 대자 관계를 이해하기 위해서는 즉자를 이해해야 한다. 즉자란 '의식이 아닌 의식'을 말한다. 의식이 생성되지 않았다고 해서 그렇다고 의식이 아닌 것으로 보면 안 된다. 의식이지만 의식하지 않는, 의식과 연결된 외연을 좀처럼 찾아보기 힘든 의식이다. 무의 일면이 즉자에 있다.

그런데 그에 의하면 이 즉자는 대자(존재) 관계가 성립되지 않으면 의식하지 못한다. 대자란 의식하는 존재다. 대자 관계에서 드러나는 것이 즉자 일종의 무화다. 무화는 존재를 필요로 하는 것이다. 그러므로 존재와 의식, 시간 및 공간이 별개의 것으로 분리되지 않고 연계된다. 쉽게 말해 의식한다는 것은 아직 실존이 되지 못하고 존재로 남아 있다는 말이기도 하다. 의식은 이러한 대상 관계에서 벗어나 무화되어 즉자가 되는, 다시 말해 존재가 아닌 실존이 되어 무의식이 되는 것에 있다. 이 무의식이 실존이다. 무(無)이던지, 신(神)이든지 설명할 수 없는 즉자, 즉 '스스로 실존'하는 무든지 신이 된다.

이것이 '인간의 본성은 존재가 아니라 의식이다'는 그의 논지가 의미하는 것이다. 신이 되든지 무가 되든지!

만물을 구성하고 있는 양자화된 입자가 우연과 필연의 시공간 속에서 업·다운의 L과 R의 진동이듯, 자유와 필연도 그 양상과 닮았다.

어쩌면 이렇게도 관념과 물리의 존재 방식이 같은지!

너무 비슷하다. 즉 관념을 포함한 모든 존재는 자유와 필연의 양자 상태다. 어떤 준거들에서 보는가에 따라 필연이 되기도, 우연이 되기도 한다. 이미 의식이 필연에 또는 그 경계에 역설적으로 관계하고 있기 때문에 실존의 세포라 할 수 있는 필연을 떼어 내면 필연의 대칭인 자유는 어느새 증발해 버리고 만다. 필연을 떼어낸 의식은 양자화된 입자의 한 측면(업·다운)을 떼어낸 입자처럼 되어 실존에 심각한 문제를 야기할 것이다.

실제로 자유론의 극치를 달렸던 인물들의 인생의 말로에 정신적으로 평탄하지 못하였던 것은 많은 시사점을 던져 준다. 의식은 인간이 어떻게 자유를 누려야 하는지를 말해 준다. 자유와 필연, 우연과 필연의 양자 상태를 피할 수 없다. 의식은 독립적이지 않다. 독립적이지 않다는 것을 인정하고 주변을 받아들일 때 의식은 실존적 기능을 자연스레 행사하게 된다.

5) 자유 이외의 모든 것은 우연이다

자유 이외의 모든 것을 우연으로 보았다. 다시 말해 인간의 모든 제도는 만들어진 사건에 불과하고 본질에 있어 아주 멀리 벗어난 것들이라는 의미다. 따라서 필연이 아닌 우연이다.

예를 들어, 종교의 법령들과 교리들, 기독교의 십계명은 그 자체로는 필연처럼 보이지만 사르트르에게 이것들은 지극히 우연에 불과하다. 인간 스스로의 책임을 회피하기 위해 인간이 만들어 낸 의지처에 불과하다. 창작된 필연, 필연처럼 보이는 우연일 뿐이다. 이러한 우연은 무화로 제거되어야 할 대상들이다. 무화로 이끄는 자유 이외의 모든 것은 결국 인위적인 날조에 불과하다. 자유 이외의 모든 존재는 우연이 된다. 이러한 우연이 무화될 때 비로소 존재는 가치 있게 된다. 결국, 세상만사가 우연이다. 반드시 그렇게 되어야만 하는 필연은 존재 영역 어디에도 없다.

외부의 고정된 지식들도 마찬가지다. 이런 지식들은 어떤 것들에 절대적 근거와 이유가 될 수 없다. 변화를 기다리는 과거일 뿐이다. 그러므로 인격적 성숙은 이런 지식들을 근거로 일어나는 것이 아니다. 오히려 지식들에서 벗어나야만 한다. 즉 무화되어야 한다. 그러니 사르트르가 보기에 기독교는 자유의 적이다. 본질은 오로지 자유뿐이다. 나의 자유에 의해 통제받지 않는 모든 것은 허상이다. 그런데도 나라는 존재는 이런 우연 속에서 산다. 그래서 자유가 더욱 소중하고 가치 있는 것이다. 자유만이 과거의 모든 우연을 통제하고 제거해 나갈 수 있기 때문이다.

결국, 모든 존재는 실상이 아닌 허상이다. 참된 의미(자유)와 합할 수 없는 투쟁의 대상이다. 흘러가는 우연이다. 사르트르에게 '객관적 존재'란 허구에 불과하다. 객관은 고정성인데 고정된 실체란 없기 때문이다. 객관적 실체가 있다는 착각들은 마치 잘못된 음식을 먹으면 때가 되어 구토하게 되듯, 무화에 의해 토해내는 것이다. 자아는 이러한 허상과 대면하기에 외부 존재와의 통일은 불가능하다. 나와 대상은 일치가 아닌 투쟁의 관계다. 자아는 실상을 찾지만 존재는 허상이기 때문이다. 사람이 허상과 마주하기에 자아는 소외된다. 존재는 무의미와 불합리 그 자체다. 자유만이 의미를 찾게 된다. 자유에 의해 참된 의미를 얻기 전까지는 모든 삶은 혐오가 된다.

정말 모든 존재는 허상일까?
실상은 없는 것일까?

실상은 존재와 분리되어 자유의 가치들이 농후해질 때만 보이는 것일까?

자유 이외의 모든 존재는 우연이라는 그의 주장은 납득하기 힘들다. 자연은 우연을 보여 주는 만큼 필연을 보여 주기 때문이다. 양자 역학의 시각으로 사물을 관찰하면 마치 홀로그램처럼 보이기도 하고, 또 고정된 물질이 아닌 흐르는 우연들로 보이기도 하지만, 흐르는 우연처럼 보이는 입자들이 하나둘 모여 거대한 우주를 형성할 때 수많은 결정론과 필연들이 보이기 시작한다. 자연은 우연과 필연을 동전의 양면처럼 서로 마주 보고 있다. 주기율표에 따른 원자들과 원소들의 이온 결합과 공유 결합의 원리가 그렇다. 양자화된 각 입자들은 우연으로 가득 차 있지만 그 입자들이 결합되는 원리는 필연성으로 가득하다.

에너지와 장의 상호 작용을 통해 형성된 아원 입자들은 입자화될 때 그 원리는 불확정적이지만, 그 입자들이 충돌하고 상호작용하여 원자를 만들어 낼 때 그 원자의 구조는 전자의 개수만 다를 뿐 모두 동일한 형태를 취한다. 시작은 우연이지만 결과는 필연의 모양을 하고 있다. 우연의 오합지졸이 필연의 형태로 굳어지는 것이 신비롭다. 어쩌면 우연처럼 보이는 불확정성도 사실은 과학의 눈금이 촘촘하지 못해서 아직은 측량하지 못하는지도 모른다.

존재는 우연과 필연의 모습을 동시에 보여 주며 형체를 이루어 간다. 우연과 필연은 존재의 방식이다. 모든 것이 우연이라고 보기에는 필연의 자리가 너무나 크다. 거시 세계로 갈수록 필연의 면모로 바뀌는 것을 보고 있노라면 어느새 거대한 우주가 된다. 우주는 엄청난 필연과 애매한 우연들로 가득 차 있다. 이러한 입자들이 결합해 무기물과 유기물을 형상화하였다.

우리 또한 이러한 입자들로 구성된 유기물로서 생명체로 분류된다. 우리의 생명이 유지되기 위한 조건들, 즉 태양과 지구의 거리, 기울기, 지구

내의 온도, 습도, 달과 지구와의 거리, 빛의 대기권 내 입사량과 방출량 등 조건들이 너무나 촘촘하고 세밀하여서 조금이라도 틀어지면 더 이상 생명을 유지할 수 없게 된다. 차라리 필연이라 말하고 싶을 정도다. '우연'이 만들어 내기에는 엔트로피 법칙과 연계하여 생각해 볼 때 생성된 필연들이 너무 많다.

엔트로피 법칙을 인문학적 표현으로 하면 '필연이 우연으로 환원되는 현상'이 아닌가?

그런데 '우연'이 너무나 많은 필연을 생산해 내고 있고, 셀 수 없이 많은 필연으로 가득 채우고 있다. 우주와 지구는 필연 덩어리다.

불확정성 원리에 기반한 시간은 가치 척도의 기능을 할 수 없다. 미시 세계에만 국한된 이야기다. 하지만 우리가 살아가는 거시 세계의 시공간은 가치 척도의 기능을 충분히 할 수 있도록 선형 시공간을 제공해 준다. 미시 세계는 우연들로 가득 차 있을지 몰라도 거시 세계는 필연들로 가득 차 있다.

오후 2시에 A 뷔페에서 바이어와 만나기로 약속한 직원은 정확히 그 시간에 그 장소로 갈 것이고, 바이어를 만나게 될 것이다. 왜냐하며, 가치 척도로 기능하는 대체로 정확한 시간이 있기 때문이다.

"내 시계는 오후 2시를 가리키고 있었는데 당신의 시계는 오후 1시라고요?"

이런 식의 불확정성은 없다. 일부로 약속을 틀어버리지 않는 이상 필연적 측정값에 의해 만남은 성사 될 것이다. 자연이든, 공학이든, 생명체든, 존재가 가능한 것은 바로 이러한 원리들이 적용되고 있기 때문이다.

필자가 타이핑 할 수 있도록 돕고 있는 컴퓨터도 이와 같은 측정값이 정확하게 적용되고 있고, 그래서 필자는 펜을 굴리지 않고도 쉽게 글을 써내려 갈 수 있다. 모든 존재는 우연이 아니라 우연처럼 보이는 필연들이 만들어 낸 실상들이다.

6) 생성의 원인은 자유에 있다

모든 생성의 원인에 자유를 두었다. 일종의 창조 동력이다. 자유에 의해 생성된 것만이 가치를 부여받는다. 이렇게 생성된 것은 고정되고 필연적인 것이 아닌, 과정의 한시적인 것들로서, 곧 변화를 기다리는 중간 과정들이다. 이것은 다음 단계의 생성에 발판이 된다. 자유의 가치는 이러한 일들을 반복적으로 일으킨다. 그러므로 자유는 가치를 팽창시키는 어떤 것으로서 스스로 숨 쉬도록 내버려 두어야 한다. 다시 말해 자유이어야 한다. 내일의 가치를 생성할 것이기 때문이다.

어느 한 편으로 보면 마치 무가 결국에는 신과 같이 되었던 것처럼 이 자유도 신(神)같이 된다. 마치 스토아학파에서 말하는 만물을 구성하고, 통일시키며, 활력을 불어넣는 영혼($\pi\nu\varepsilon\tilde{\upsilon}\mu\alpha$, 프뉴마)과도 유사하다. 이들이 말하는 프뉴마는 만물 안에 내재해 있어 만물을 유지시키고, 생성 발전시키는 활력이다. 자유가 꼭 이런 활력처럼 작용한다.

동양 철학의 하늘의 기운, 서양 철학의 만물의 본질(substantia), 서양의 기독교에서 말하는 세상을 움직이는 '네 바람'(스가랴 6장)같다. 하지만 신의 존재와 그를 향한 믿음은 사르트르에게는 견딜 수 없게 만드는 토해내야 할 거짓에 불과하다.

신은 존재하지 않는 허상으로서 자유를 해치는 결정론의 최고 경지다. 인간의 자율적 책임에 규합할 수 있도록 생성된 규율이나 법규만이 가치 있는 것이고, 인간의 자유를 침해하는 어떠한 고정된 실체들도 본질에 부합할 수 없다. 절대, 필연, 결정, 이러한 단어들은 실존을 저해하는 요소들이다. 자연에 내재하는 어떤 힘도 없다. 자유뿐이다. 자유만이 현재의 불합리한 것들에 조화를 가져다주는 동력이 된다. 세상을 창조하는 실체는 결국 자유가 되는 셈이다. 이 자유는 사르트르의 사고 흐름을 타고 가다보면 고스란히 무(無)에 이르게 된다. 결국, 창조와 생성은 무로부터 기인한다.

그렇다면 다시 무로 모이게 된 것인데 **우연에 의한 확률**로 생성 원인을 두던지, 아니면 **어떤 에너지**로 생성 원인을 귀결시켜야 한다. 시작점이 무이기 때문이다. 무의 생성 원리에 필연이 있다고 가정하는 순간 자유론은 산산조각 나게 된다. 우연에서 비롯되어야 한다. 우연이지만 실존이 되어야 한다. 하지만 야속하게도 무로부터의 발생은 앞에서 언급했듯이 비약을 무와 생성 사이에 두지 않으면 설명이 불가능하게 된다. 무란 생성과 관련해 그러한 개념과 논리를 갖고 있다. 설명이 가능한 외연들이 없기 때문에 '알 수 없는 어떤 힘'을 상정하게 된다.

세상만사가 이상의 두 개념 즉, '**우연에 의한 확률**'과 '**알 수 없는 어떤 힘**'으로 축약되는 것이 참으로 신기하다.

그것을 보도록 하자!

셸링의 비약의 문제를 다시 소환해 보자!

필연의 절대성을 와해시켜 자연 내에 발생의 원리를 찾으려 했다. 피히테의 고정된 자연관, 즉 자연은 고정불변한 것으로 더 이상의 가변성을 둘 수 없는, 새로운 생성을 기대할 수 없는 것으로 보았는데, 셸링은 피히테와 달리 모든 발생 동력이 자연에 있는 것으로 보았다. 자연이 모든 것을 만들어 낸 것이다. 절대적 필연을 부정하며 모든 것은 자연에서 발생한다는 자연 발생론을 과학적 입장에서 정립함으로 데카르트와 같이 유아론에 집착할 수 있는 위험성을 탈피하고 심신일원론, 즉 존재론적 일원론을 유지하려 했다.

하지만 앞에서 언급했듯이 무에서 어떤 것이 발생한다는 것은 거의 신학에 가까운 **비약**이 자리할 수밖에 없었다. 현재 진화론의 최대 난점인 중간 화석이 없다는 것과도 비슷한 문제다. 하나의 종에서 새로운 종으로의 변이를 입증할 만한 중간 화석이 발견되지 않고 있는데, 이러한 한계를 극복하기 위해 라이엘의 지질학 원리를 인용하며 나름대로 항변 이론들을 제시하지만 명쾌한 답변은 되지 못한다. 결국, 비약을 그중간에 둘 수밖에 없는데, 비약은 다른 말로 '알 수 없는 어떤 힘'이 된다.

끊임없이 반복되는 생성과 붕괴를 우연에 의한 것으로 보는 양자 역학에서는 장과 시공의 이론을 제시하며 우연을 더욱 본질적인 것으로 지지하려 한다. 하지만 마찬가지로 결국에는 필연의 문제에 직면하게 된다. 입자는 우연의 원리가 농후한 것이 사실이지만, 입자를 발생시키는 장은 **항상 있어야 하는 어떤 것**이어야 하기 때문이다. 이것을 부정하게 되면 **장도 발생된 것**으로 간주해야 하는데 기원의 문제로 넘어가게 된다.

물론 상당수의 입자 물리학자들은 기원의 문제를 거론하지 않고도 타당한 이론 정립이 가능하다고 말한다. 이들(루프 양자 중력 이론가들)은 이렇게 주장한다. 이미 공간 입자(루프 양자 중력)의 개수는 정해져 있다. 공간을 무한히 분해할 수 있는 가분성은 양자 중력을 고려하면 불가능해 진다는 것이다. 최소 크기가 정해져 있다는 말이다. 프랑크 길이 Lp가 있는 한 무한한 가분성은 얼토당토않은 말이다. 우주는 무한하지 않고 유한하다는 것이다. 유한한 우주는 양자 반발력이 있는 것처럼 되튈 수 있는데, 붕괴가 진행되다가 어떤 한 점에서 되튀어 오를 수 있다. 튀어 오르는 현상이 빅뱅처럼 보인 것이지 태초에 단방향으로 발생된 것이 아니라는 일종의 순환론이다. 빅뱅이 아니라 되튐 현상이고 이것을 빅바운스(big bounce theory)이론으로 정리한다.

따라서 기원과 무한을 거론할 필요가 없다. 이미 존재하는 것들이 존재와 비존재(양자 공간 이해 필요) 사이의 마치 영원 같은 반복이 있을 뿐이다. 기원의 문제라기보다는 아직 개척되지 않은 물리학의 문제로 남는다는 것이다. 이렇게 함으로 기원의 문제가 극복되는 듯하다.

하지만 결국에는 무(無)의 문제와 별반 다르지 않은 한계를 스스로 말하고 있는 셈이다. 공간의 입자든, 보손 입자든, 기본 입자든, 입자는 장의 알 수 없는 어떤 작용에 의해 발생한다. 알 수 없는 힘과 무와 같은 어떤 힘이 바로 장(場, field)이다. 그런데 그 장은 영원히 있는 존재가 되고 만다.

따라서 이런 질문을 던질 수 있다.

장은 영원히 있어도 되는가?
장은 유인가 무인가?
장은 언제나, 영원히 있는 것인가?
어떤 알 수 없는 에너지인가?

설령 빅바운스 이론처럼 어떤 알 수 없는 원리에 의해 무한 반복되는 것이라 하더라도, 시간과 무시간 사이에서, 공간과 무공간 사이에서 있음과 없음의 **무한 반복**을 하고 있는 이 힘은 엄밀히 말해서 그러한 양태로 끊임없이 있는 중이다. 무와 같은 존재가 되어 버렸다. 신이라는 필연을 제거하고 모든 것을 무한 반복하는 유한의 우연적 현상으로 설명하려는 양자역학에서 조차 결국 무를 제시하고 있는 셈이다.

무와 같은 장(場, field), 에너지는 과연 무엇일까?

시공간까지 개별 입자이기에 무에서 유의 발생을 언급할 필요 없는 것처럼 주장하지만, 그렇기 때문에 기원의 문제가 해결된 것처럼 보이지만, 결국 기원의 문제는 다시 고개를 든다.

그 무와 같은 장은 시간과 무시간에서 영원히 있던 것일까?

시공까지 개별 입자로서 일반 상대성과 특수 상대성을 띠게 하여 영상과 같은 허상이든 실제 물리적 실상이든 유(有)의 속성을 갖게 하는 '그 무엇'은 무엇이냐 말이다. 결국, 기원의 문제를 완전히 떨쳐 버릴 수 없게 된다. 아직은 알 수 없는 미개척 영역이라 앞으로 진보할 물리학에 기대를 건다는 식으로 피하고 있지만, 앎의 임계점에 도달한 것이기에 과학의 놀라움과 조심스런 한계를 엿보게 된다.

객관적 앎이란 측정 가능해야 하기 때문인데, 장은 시공 안에 있는 것이 아니기 때문이다. 양자 중력, 양자 공간, 시공 사라짐은 측량 가능한 척도의 개념이 아닌 추측의 개념이기에 과연 인류가 어디까지 알 수 있을 것인지 질문하게 된다. 근본 문제는 결국 전혀 변화되지 않은 채로 남아 있는 셈이다.

언제까지?

이미 시간이 붕괴된 현대 과학은 그 한계를 말하고 있는 셈이다.

양자 공간, 양자 중력 이론이 자리하는 한 개연성으로만 자리하게 될 것이다. 변한 것이 있다면 '개연성'이라는 학문의 옷을 입혀 '알 수 없는 그 무엇'에 서술어와 의문문으로 정리한다는 것이다. 하지만 시공을 초월하는(빛의 속도를 극복하는) 측량 자가 없는 한 영원히 미개척 문제로 남게 될 것이다. 이것은 과학계나 종교계에 득이자 실이 될 것이다.

영원히 무신론의 개연성을 둘 수 있는 이론이고, 영원히 유신론의 개연성을 둘 수 있는 이론이기 때문이다!

한 명의 유능한 과학자가 한번은 신앙인으로, 한번은 무신론자가 될 수 있는 이론이다.

앞장에서 줄곧 다뤘던 무에서 발생된다는, 무와 유 사이에 개연성이 전혀 없는 무지막지한 이론들과 근본이 비슷하다. 분명한 것은 '있음'인지 '없음'인지 명쾌한 개념 정리조차 쉽지 않지만, 이 둘을 총칭한 어떤 것(장)이 있다는 것이다. 시공에서가 아닌(그래서 기원의 문제를 해결한 듯하지만) 시공을 초월한 어떤 무(無)엇으로 '있음'과 '없음'으로 장(場, field)하고 '있다'는 것이다. 지금까지 설명한 그 어떤 것의 양태(장)를 이상과 같이 언어유희 해 보았다. 유희인듯 하지만 말하고자 하는 모든 의미를 함축시켰다.

> 시공에서가 아닌(그래서 기원의 문제를 해결한 듯하지만) 시공을 초월한 어떤 무(無)엇으로 '있음'과 '없음'으로 장(場, field)하고 '있다.'

이 문장은 우주도 아닌 어떤 영역에서 영원히 있는 중이다. **스스로 있는 존재다.**

어떤 것이, 그것도 영원히 스스로 있다?

어떤 것이 기원도 없이 원래부터 스스로 있는 것이 있을까?

이미 언어도단이며 논리 비약이다. 신비다. 스스로 있는 어떤 것에 의해 발생된 자연과 우주 그리고 사람은 유한의 직선적 시간 동안 존재하고는 엔트로피에 의해 사라지는 역학(力學)을 반복한다. 사라졌다 생성됐다를 반복한다고 해서 근원 문제가 극복된 것은 아니다. 이 패턴 자체는 영원히 스스로 계속 있다. 스스로 있다는 것은 많은 비논리를 함축하는 실유다. 따라서 '스스로 있는 존재'를 신에 비유하기도 한다. 그것 자체가 원인과 결과가 된다. 스스로 있는 것은 결국 신과 같은 존재가 되어 버린다.

발생된 것이라면 어디서, 어떻게, 왜라는 질문을 던지지 않을 수 없게 된다. 앞서 말씀드렸지만, 빅바운스 이론처럼 반복이란 말은 근원의 답이 될 수 없다. 설령 빅바운스의 횟수가 한정적이라 해도 근원의 문제는 여전히 남게 된다.

그 패턴은 영원히 있어도 되는가?

기원의 문제만큼이나 현재의 우주로 결맞음 되기까지 작용된 원리들 또한 신비에 가깝다. 그것을 가능하게 하는 무수히 많은 우연의 **결론적 종합이 현재의 우주이기 때문인데, 우연은 설명될 수 없는 수많은 원리로** 작용하였기 때문이다. 설령 우연들의 수많은 변형이 만들어 낸 것이 원리라 해도, 우연이 너무나도 착실하게 원리를 생산하였다.

'우연'이 무수히 많은 이런 원리를 생산해도 되는가?

마치 둥둥 떠다니는 원리를 '우연'이 잡아챈 듯하다.

다시 장의 기원 문제로 돌아가 보자!

영원에 존재하는 것이라는 추상성으로 설명한다고 해서 기원 문제가 해결되는 것이 결코 아니다. '영원'은 '선형 시간' 입장에서 볼 때 원인과 결과의 문제가 해결되는 듯 보일 뿐이지, 시간의 본질에 접근하면 영원과 선형 시간의 구분은 질량에 의한 것뿐이다.

블랙홀이 보이지 않는다고 해서 없는 것이 아니듯, 영원은 일종의 존재다!

당연히 시원의 물음, 그것을 있게 만든 원인을 물을 수밖에 없는 것이다. 만일 기원 없이 있는 것이라면 '스스로 있는 존재'가 된다. 따라서 영원과 무의 단짝인 자유를 생성의 원리로 보는 것은 '자유'는 '스스로 있는 원리'가 되는 것이다. 무신(無神)과 같다.

필연과 무는 상극 관계 같지만 사고의 흐름상 언젠가는 서로 만나게 되는 신비로운 관계다. 우연과 자유 그리고 진화는 모두 무(無)에 모이게 되고, 무에서 생성으로의 진화라는 구도를 그릴 수밖에 없게 된다. 영원한 유(재료라 하더라도)는 있을 수 없기 때문이다.

다윈의 진화론을 유에서 유의 진화로 이해한다면 오해다. 그의 이론을 계속 소급해 올라가다 보면 무와 만나게 되는데, 그는 인간의 기원에 관해 거의 아무 말도 하지 않는다. 그의 이론은 이미 시작된 진화의 **부분**에서 서술된다. 그 이전의 과정은 진화가 한 참 전개되고 있는 내용을 토대로 해서 추측할 수 있도록 개연성을 배열하는 것으로 대신하고 있다. '과거도 그랬을 것이다'는 식의 개연성이다. 서술의 완성은 청자나 독자의 몫이다. 엄밀히 말해서 이전의 과정은 침묵하고 있는 셈이다.

왜 침묵했을까?

'자연 선택'과 '생존을 위한 변이'에 의해 지금의 고등 생물을 발생시켰다. 그 중심에 마치 입자 물리학의 장처럼 자연의 어떤 힘이 진화의 동인으로 자리하고 있다. 이 힘이 무기물의 발생과 관련해 과거에도 어떻게든 작용했을 것으로 추측할 뿐이다.

다윈의 이론이 단막극인 이유는 무기물에서 유기물로의 진화 단계에 관한 자세한 설명은 없기 때문이다. 유기물의 진화로 바로 넘어간다. 사람들의 관심을 무기물의 기원보다는 유기물의 진화로 바로 옮겨 놓은 셈이다. 무기물은 어떻게 생성되었는지 자세히 살필 겨를이 없다. 그러므로 이 작품을 관람한 관객은 무기물의 기원과 그 무기물에서 유기물로 진화한 이야기는 잘 모른다. 중요한 것은 작가인 다윈도 잘 몰랐다는 것이다.

물론 무기물에서 유기물로의 진화가 가능함을 화학 진화설에서 다룬다. 생명체의 주요 구성 성분인 아미노산, 단백질, 핵산 등이 화학 진화 과정으로 무기물에서 생성될 수 있다고 본다. 하지만 이내 복잡한 문제에 직면하게 되는데, 화학 진화를 통해 생성된 아미노산, 단백질, 핵산이 복잡한 시스템을 갖고 있는 동식물과, 더 나아가서 의식과 감정 그리고 이성 기능까지 두루 갖춘 인간이 되기에는 지구의 나이가 충분하지 않기 때문이다. 물론 45억 년의 나이면 충분하다고 주장하는 사람들도 적지 않지만 그 반대를 주장하는 이들 또한 만만치 않게 많다. 너무 짧다는 것이다. 정신의 문제, 두려움, 슬픔, 기쁨과 같은 감정의 기원 등은 자연 발생적 진화로 설명하기에는 시간 문제뿐만 아니라 물리적(전기 화학 신호의 복잡성이 어떻게 정신을 만들어 내는지) 간극이 대서양만큼이나 넓고 깊다. 결국, 비약을 그 대서양 사이에 둘 수밖에 없게 되는데 셸링이 직면한 문제가 여기서도 공명한다.

우주를 구성하고 있는 원재료들(시공 초월의 양자 공간을 가능케 하는 어떤 것 포함)은 영원히 존재하던 것들로 보아야 하는가?

'장은 영원한 것인가?'라는 질문을 던지게 된다. 무기물의 존재는 기원의 문제를 다루지 않을 수 없게 된다.

기원 없이 스스로 있는 물질이 가능할까?

원래 있던 것이 시간과 공간을 초월해 있음과 없음을 반복한다고 해서 기원의 문제가 제거된 것이 결코 아니다.

반복해서 말씀드리지만, 그렇다!

시간의 개념을 없애보자!
그래서 어느 과학자들처럼 기원이 필요 없다고 해보자!

그 과학자조차 기원의 유무 기준을 24시간의 개념으로 두고는 그러므로 없다는 식이다.

24시간의 개념을 굳이 왜 여기서만 적용하나?
동일하게 영원의 개념, 24시간을 넘어서는 또 다른 차원에서 개념으로 동등하게 적용해야 제대로 된 물리적 척도로 적용한 것이 아니겠는가?
어차피 시간은 존재 개념에 기준이 될 수 없지 않은가?

그러므로 무시간적 존재 그 자체를 물어야 한다.

시간과 무시간, 존재와 비존재의 순환을 일으키는 바로 그 무엇은 원래부터 있던 '**어떤 것**'이다!
반복이라는 영원의 패턴으로 양태를 바꾸었다고 해서 그 '어떤 것'은 원래부터 있어도 되는가?
바로 그것의 '차원'에서는 기원이 없어도 되는가?
영원히 '스스로 있는 것'인가?

그 영원성, 자충분성, 계속성을 함유하고 있는 발생 시스템이 인간이라는 발전되고 **고차원적인 구성물을 만들어 놓고는** 연한의 한계를 지어 주고 언젠가는 끝나야 되는 존재로 만들었다. 원재료, 즉 자신은 다차원의 방향(과거, 현재, 미래, 있음, 없음)이면서 **고차원적 진화의 발생된 결과물은 오로지 단방향**, 즉 늙음과 죽음을 향하도록 하였다.

본래부터 스스로 있을 수 있던 존재를 왜 굳이 비유와 의존적 시공의 존재가 되게 한 후 다시 스스로 있는 존재가 되어야 하는가?
무화되어 완전한 무와 같은 자유의 존재가 되는 것이 목표라면 굳이 사람이 될 필요가 있는가?
그냥 무로 있으면 되는 것을 말이다!

시간의 본질적 입장에서 보면 발전과 진화가 아니라 오히려 퇴보다.
시작도 끝도 없이 영원히 존재하던 어떤 것이라면 그 개념 속에는 이렇듯 엄청난 문제들이 자리하고 있는 것이다. 어떤 것이 시작도 끝도 없이 영원히 존재한다면, 그 자체에 신비와 신성(영존, 스스로 있는 존재)이 부여된 개념이다.
다시 한번 장이론을 소환해 보자!
이 이론에 의하면 총량과 수량이 정해져 있는 양자 공간은 노드와 링크의 출렁이는 확률의 관계를 끊임없이 계속하며 시공과 입자들을 생성 소멸시키며 영존한다. 장(일단 장이란 단어를 사용한다. 장 말고는 아직 통용되는 단어가 없기에)은 이 모든 것의 효시가 된다. 그러면 장은 영원히 있는 실유가 된다. 장은 무(無)와 유(有) 둘 다 가능한데 준거틀(시공, 무시간, 무시공)을 어디에 두냐에 따라 무와 유 사이를 오고 갈 뿐, 전체 그림은 '존재한다'가 된다. 무이며 유다.
영원히 존재하는 장, 양자 공간을 만들어 내는 어떤 역학 반응들, 어떤 원리들!
무(無)임과 동시에 유(有)!
통틀어서 스스로 있는 장이다.
비슷한 논리를 제공하는 책이 있다. 성경이다.
출애굽기에 보면 모세에게 하나님 자신을 소개할 때 이렇게 소개한다.
"나는 스스로 있는 자니라"(출 3:14, I AM THE WHO I AM).

기원이 없고 영원히 '있음'의 존재다. 여기서 기원의 문제를 배제한 장(場, field)을 다시 한번 거론해 보자. 기원이 없고 '있음'과 '없음'의 반복이지만 그것 자체가 '있음'으로 서술될 수 있는데, 스스로 있는 '있음'이 된다.

그것이 논리상 가능할까?

'스스로 있는 존재'가 된다. 주변을 둘러보면 근거 없는 존재를 발견하기 힘들다. 자연은 원인과 결과를 말해 주고 있다. 시공의 사라짐으로 인해 원인과 결과라는 고전 과학이론까지 희석되는 것처럼 보이지만, 양자역학도 엄밀히 말해 원인과 결과의 작용이다. 수많은 충돌이 각 입자의 생성 원인이다. 모든 입자는 장이 원인이 된 양자다. 시공 속의 장이 아니라 장 자체가 시공이기에 기원의 문제를 피하는 듯하지만, 또 다른 우주를 상정할 수 있는 틈새가 된다.

그러면 또 다른 우주가 최소한 현재 우주의 필연과 기원의 틈이 될까?

그것이 아니라면 'IT IS THE WHAT IT IS'가 된다. 하나님처럼 I 'AM'(언제나 현재) THE 'WHO I AM'(내가 그 현재)가 된다.

즉, 스스로 있는 어떤 것!

양자장(스핀 네트워크=양자 중력=시공)은 시공과 물질을 발생시켰다. 양자장이 필연이고 시공과 물질은 결과다. 모든 장은 상호 작용이 원인이 되어 이러한 입자 구조를 나타낸다. 소급해 올라가면 장은 실제 영원에서 작용하는 최초의 원인이 된다. 그리고 영원에 스스로 있다.

성경의 하나님 I AM THE WHO I AM, 자연의 장 IT IS THE WHAT IT IS, 이 둘은 스스로 있는 존재로 한쪽은 역사와 성경에 다른 한쪽은 과학에 기록된다. 우주론적 신 존재 증명은 명확한 증거는 될 수 없지만, 여전히 개연성으로 그 기능을 담당하고 있다. 우주에는 원인이 있고 그 원인의 원인을 거슬러 올라가다 보면 궁극적인 원인을 고려하지 않을 수 없게 된다. 그 원인이 한쪽에서는 신으로, 다른 쪽에서는 장으로 제시된다. 이

스스로 있는 존재를 사르트르는 무(無)로, 데리다는 산종(散種)으로, 동양 철학은 무극과 태극으로 언표하고 있다. 모두 무와 관련 있다.

　스스로 발생하든지, 스스로 있어 왔던지 그러한 것!

　다시 다윈의 진화론으로 돌아가 보자!

　결국, 영원히 존재하는, 신성이 듬뿍 부여된 어떤 재료들로부터, 우발적이고 우연의 원리로, 자연 선택과 적자생존에 의해 유기물의 복잡한 구조로 진화하게 된다. 그렇지 않으면 무(無)에서 유(有)의 발생을 인정해야 한다. 역시나 그 배면에는 무가 자리한다. 엄청난 필연의 바탕 위에 우연이라는 자연 발생이 얹혀 있는 셈이다. 왜 다윈이 기원에 관해 침묵했는지 짐작하게 된다. 기원의 문제는 예나 지금이나 극복하기 어려운 문제다. 기원을 부정하려면 영원히 존재하는 재료를 상정해야 한다.

　'스스로 있는 재료!'

　이 문제를 해결하려고 인류는 무(無)라는 기가 막힌 재료를 상정했다!

　기원과 근원의 문제는 대부분 무(無)로 모여든다. 동양 철학의 발생 근원인 태극과 무극 사상, 사르트르의 자유와 무의 '원리 아닌 원리', 여타 종교(불교 포함)와 주의들에는 무(無)사상이 지리한다. 어쩌면 그렇게 다양한 영역에서 한 곳 무(無)에 모이게 되는지 신기할 따름이다.

　무처럼 기원의 문제를 간단히 종결지을 수 있는 단어도 없는 것 같다.

(1) '발생시키는 알 수 없는 자연의 힘'
(2) '발생의 어떤 차원의 영역인 태극과 무극'
(3) '의미를 생성시키는 자유와 무의 어떤 원리'
(4) '창조하는 신'

　이 네 주장은 '알 수 없는 무엇'이라는 점에 공통 분모를 갖고 있다. 무(無)다. 신이라 이야기하면 종교 같고, 무(無)로 표현하면 고전 철학 내지는 학문 같다. 논리 외연에 있어서는 같다. 즉, '알 수 없는 무엇' 또는 숭고한 무(無)가 된다.

결국, 이 네 가지는 크게 두 범주로 분류되는데 무(無)와 신이다. 인류는 이 두 부류 중 하나를 선택해 한쪽은 종교로, 한쪽은 학문으로 특징지어 왔다. 따라서 기원의 문제를 이 두 부류 중 하나에 귀결시키는 것을 보게 되는데 신과 무다. 무의 몸통이라 할 수 있는 자유가 생성의 주체가 된다면 결국 근원적 필연에 직면하게 된다. 자유는 수많은 필연을 전제한다.

7) 정리해 보자

실존 또는 존재는 우연과 자유만으로 서술될 수 있는 영역이 아니다. 더군다나 무(無)의 개념으로 실존과 존재가 설명되지 않는다. 언표할 수 없는 존재의 영역을 무는 오히려 무화시키는 것이 아니라 유화시켜 언표하려는 시도로 밖에 보이지 않는다. 굳이 무(無)로 표현한 것이다. '없애고 싶어도 없앨 수 없는' 것이 자유의 극치인 무(無)다. 어떤 영역에서 출발하든 자유는 '우연'이라는 경유지를 거쳐 무(無) 또는 그와 비슷한 개념에서 반드시 만나게 된다. 그런 후 무(無)는 유(有)가 되기 참 어렵다는 것을 깨닫고는 알 수 없는 어떤 힘이든, 원리든, 아니면 이것도 저것도 아니면 무(無) 자체에 호소하는 방식으로 유(有)를 개연성의 장에 집어넣는다.

실존과 존재는 결국 필연이라는 거대한 바다를 무해(無海)라 부르며, 다른 분야에서는 장(場, field) 또는 확률들의 구름이라 부르며 그 필연을 대체한다. 모든 존재는 필연에 직면하게 된다. 필연인 신을 없애려 평생을 노력하였던 사르트르는 결국 이름만 바꾼 무(無)를 신처럼 상정하고 말았다. 무신(無信)이다. 차이가 있다면 인격적인 신에서 무인격적 신으로 바뀐 것뿐이다.

여러분은 참 먼 거리를 여행하였다. 시간과 역사의 관계를 관찰하기 위해 '필연으로서의 역사'와 '우연으로서의 역사'를 살폈는데, 특별히 헤겔과 사르트르의 주된 사상을 병렬 자료로 활용하였다. 이 둘의 병렬 자료를 통해 우연과 필연의 외연들을 살폈고, 결국 어떤 길을 걷든지 우연 같은 필연, 즉 무로서의 필연에서 만나게 되는 것을 보았다. 그것은 '스스로 있는' 존재였다.

이제 장거리 여행을 이쯤해서 마무리 하고 다시 '시간과 역사'의 물음으로 돌아가자!

이상의 개념을 염두에 두면서 그러므로 이런 질문을 하게 되는 것이다.

"역사는 우연일까, 아니면 필연일까?"

지금까지 분석해본 결과 무는 이미 필연을 품고 있었다. 만일 무(無)가 무인격이 아니라 인격이라면 신이 된다. 신이 '스스로 있는 존재'라면 역사 문제는 더욱 심연의 자리에 놓이게 된다. 우연이 아니게 된다.

사르트르가 말하는 무(IT IS THE WHAT IT IS), 모세가 만난 스스로 있는(I AM THE WHO I AM) 신이 존재하는 한 모든 존재는 필연과 떼려야 뗄 수 없는 관계가 된다. 무하로 필연을 제거하면 제거할수록 궁극적으로 필연을 만나게 되었다.

시간과 역사는 우연이 아니다!

다음 장에서는 선각자들이 정의한 역사에 관한 생각들을 간략하게 살펴본 후 그다음 장에서 실제 역사의 그림을 그려봄으로 역사의 우연성과 필연성을 여러분 스스로 판단할 수 있도록 도울 것이다. 이것은 여러분이 어떻게 삶을 살아가야 하는지를 다가올 역사를 그려보는 것으로 설계할 수 있을 것이다.

제3장

역사란 무엇인가?

　총 다섯 명의 철학자와 학자의 견해를 살필 것이고, 이들의 사고를 통해 저와 여러분의 사고 실험의 도구로 사용할 것이며, 스스로 역사의 정의를 내려 보려고 한다.

1. 아리스토텔레스의 역사관

　헬라어로 역사는 히스토리아(ἱστορία, 영: history)다. 영어로 번역하면 inquiry(조사, 탐구, 수사), examination(시험, 검토, 검사, 조사), science(과학)가 된다. 어떤 것이 발생했고, 그 배면에 어떤 동인이 있는지에 대한 관점보다는 그 자체, 즉 '그것은 무엇인가'에 역점을 두어 과거의 사건들을 조사하는 것을 말한다. 시간의 흐름에 따라 기술된 사건의 사실 여부를 조사하고 밝히는 데 그 초점이 맞추어져 있다. 신비적이며 초월적 원리를 배제한 지극히 과학적 관점에서 역사를 다루는 것이 히스토리아(ἱστορία)다.

　아리스토텔레스는 이러한 접근을 매우 부담스러워했다. 다소 엉뚱해 보이는 방식으로 역사를 다루는데, 시적인 언어로 다룬다. 시어는 역사를 기술하기에 기능상 전혀 어울리지 않는 언어 도구다. 사실 개념이 아닌 추상과 상징의 개념이 강한 언어이기 때문이다. 그런데도 시어를 선택한 것은 **단일 사건을 단일 역사적 의미로 보지 않았기 때문이다.**

따라서 당시의 사실만을 기록하는 역사적 언어는 그에 의하면 역사의 본질을 담지 못한다. 하나의 역사적 사건은 그 안쪽과 바깥에 공명하는 의미들이 있는 것으로 보았다. 이러한 의미를 담아내려면 직선적 시간 개념에만 적용되는 언어는 안 된다. 역사 언어는 선형 시간에만 관계되는 것이 아니라 궁극과 공명하는 것이어야 한다. 물론 그는 시간을 영원과 연결된 것으로 보지 않았다. 일종의 선형 시간으로 본 것이다. 하지만 그의 철학 전반에서 표출되는 선형 시간은 마치 영원을 품은 듯한 어조로 활용된다. 그것이 바로 그가 말하는 시어다. 시어가 단일 사건에 공명하는 본질적 의미들을 담아낼 수 있는 공명이 되는 것이다.

역사란 시어처럼 안쪽과 바깥의 시공 초월적 역학관계의 어떤 것으로 보고 있는 것이다. 단일 사건은 단일 사건 그 하나의 가치와 의미만 있는 것이 아니라 보편이 공명하는 어떤 사건으로 본 것이다. 하나의 사건은 전체와 공명한다.

그의 역사관은 입자 물리학의 공간의 양자 이론과 공명된다. 모든 입자는 엄밀히 말해서 그 시원이 시공 안에서 시작된 것이 아니라, 입자 자체가 시간과 공간인 '공간의 양자'의 양자 역학에 의해 발생한 것이다. 따라서 만물은 시간과 공간 속에서 발생된 것이 아니라 시간과 공간이 동시에 형성된 개념이다. 다시 말해 시간과 공간이 있고 그 안에 장들과 입자가 있는 것이 아니라 공간의 양자 자체가 시간과 공간이다. 공간과 시간은 있었던 것이 아니라 장이 곧 시간과 공간이 되었다. 공간 안에 있던 장이 아니라 장에 의한 공간이다.

고전 과학에서 말하는 시공은 더 이상 설 자리가 없게 된 것이다. 직선적 시간은 본래부터 있던 것이 아니라 공간의 입자(시간의 입자)들을 멀리서 바라볼 때 출렁이는 바다처럼 보이는 그 바다가 직선적 시간이다. 이런 입자들의 네트워크가 거품처럼 출렁이는 것이 시공이며 물질이다. 그 시원은 장이다.

하나의 사건은 독립적이지 않은 것이다!

공간의 양자 하나와 여러 다른 공간의 양자들이 만나 교차하는 지점이 입자가 되고, 그러한 네트워크 확률들이 공간과 시간이 되는데, 직선적이거나 선형 시간이 아니다. 그 안에서 일어나는 사건들은 전혀 직선이 아닌, 구부러지고 휘고 전후좌우가 모호하고, 심지어 무시간 영역들의 역설들이다. 수로 헤아릴 수 없을 만큼의 무수한 확률의 입자들을 거시적 안목으로 위에서 내려다보면 구름처럼 보일 텐데, 그 구름이 일종의 직선적 시간, 선형 시간으로 보이는 것이다. 그 선형 시간을 형성하는 시간의 세포들은 선형 시간이 아니라 무시간으로서의 시간이다.

그러므로 우리 몸을 구성하고 있는 입자들은 엄청난 시간의 역설들을 품고 있는 것이다. 1초와 45억 년의 기록은 거시적 안목으로 위에서 내려다본 그림이지만, 내부를 들여다보면 시간과 무시간의 충돌과 엮임, 사라짐, 이러한 것들의 출렁이는 무시간 세포들의 작품이었던 것이다. 이것이 자연이고 우리이며 물리학이다. 시간과 공간과 입자는 어떤 의미에서 직선적 시간과 영원을 함께 품고 있는 것이다. 하나의 사건은 단편일 수 없다.

좀 더 자세히 부연 설명해 보자!

세상의 물질을 구성하는 입자란 공간의 양자들이 서로 맞닿아 있는 접점에서 형성되는 꼭짓점이 소위 우리가 말하는 입자다. 입자란 시공 양자들이 서로 만나 교차하는 지점을 말하는데, 이것은 머리를 어지럽게 만들 정도의 무시무시한 이야기이기를 담고 있다. 공간 양자(그 자체가 공간이고 시간인)들의 교차점인 하나의 입자란 무수히 많은 시간과 공간의 만남이기도 하기 때문이다. 그렇게 탄생한 고귀한 몸이신 하나의 입자는 짧은 시간만 생존하고 사라진다.

지금 저는 몸을 이야기하고 있는 것이 아니라 매우 짧게 생존하는 입자 하나를 말씀드린 것이다.

입자 하나가 생성되기 위한 확률도 어마어마한 수치가 예상되는데, 이렇게 탄생한 입자들이 어떤 것은 보손 입자로, 어떤 것은 페르미온 입자가 되기까지 또 얼마나 많은 확률을 뚫어야 했을까?
어디 거기까지뿐이겠는가!
결합을 목적으로 기능하는 보손 입자와 물질이 되는 페르미온 입자가 이렇게 저렇게 조직되어 원자가 되기까지는 또 얼마나 많은 …!

그렇게 생성된 원자들이 이온 결합과 공유 결합을 거쳐 분자가 되고 이 분자들이 모여 무기물이 되고, 무기물이 유기물이 되어 우리 몸이 된다고 생각하면 그 과정에서 춤춘 역설적 시간과 공간들 그리고 그렇게 되도록 무와 같은 영역에서 발생했을 확률들은 도통 정리가 되지 않는다. 무시무시한 과정과 결과다. 여기서 직선적 시간은 고개를 들기 부끄러울 정도다. 구름과 바다로 보면 시작과 끝이 보이지만 구름을 형성하고 바다를 이루는 그 입자 하나하나를 보면 시종이 보이지 않는 무(無)다.
하나의 사건은 단편적이지 않다!
그러니 물질을 구성하고 있는 입자는 시공이면서 시공 초월적 존재이고, 시간과 공간이면서 그것을 초극하는 역설적 하나라는 개념이 가능하다!
어떤 누군가는 이 개념을 인식하는 방식으로 볼 수 있다고 말하는 이가 있는데 바로 아리스토텔레스다. 시어가 이 개념을 담지하기를 기대하였다. 그는 입자 물리학은 모르지만, 그의 관념적 사고에서 도출한 시간 개념은 공간의 양자 이론과 매우 밀접하게 공명된다.
이런 시간 개념을 갖고 있던 그에게 단지 직선적 시간 속에서 서술된 사건들을 조사하고 연구하는 히스토리아(ἰστορία)방식의 언어들은 역사의 본질을, 더 나아가서 존재론적 본질을 담아내는 도구가 전혀 되지 못한다. 그러므로 그는 시 언어로 역사를 다뤘다. 오히려 시가 이러한 총체적 시간을 담아내고, 보편과 그 배후에 있는 이유들을 담아내는 언어가 되는 것으로 보았다.

그의 시간 개념을 한층 더 깊게 살펴보자!

얼핏 보면 그의 시간 개념을 직선적이며 자연적 시간 개념, 즉 물체의 운동과 비례 관계에 놓여 있는 측정 가능한 자연학의 개념으로 오해할 수 있는데 전혀 그렇지 않다. 자연주의적 관점은 아리스토텔레스가 바라본 시간 개념이 결코 아니라는 사실을 모르는 사람들이 많다. 플라톤의 영원 개념을 탈피하고 싶어 했고, 그것을 피할 수 있는 대안으로 자연주의 언어들을 강조했던 것이다. 그의 선형 시간관은 이런 차원에서의 시간이지 플라톤이 강조한 영원성이 아주 배제된 것은 결코 아니다. 마치 중력장에 의해 시간이 변형되듯이 상황과 관계 속에서 차원의 변형이 일어나는 직선적 개념으로 시간을 보았다.

만약 어떤 사람이 단편적인 과거의 사건을 읽고 있다면, 또는 과거의 어떤 이야기를 듣는다면, 그 사건과 이야기는 사건 당시의 시간으로 끝나는 것이 아니라 지금 그러니까 그것을 접하고 있는 독자와 청자의 시간과 무시간적 시간의 장, 다른 표현으로 영원성이 형성되는 개념으로 보았다. 물론 과거는 과거대로 직선적 시간이며, 현재도 현재대로 직선적 시간이지만, 이 두 시간대가 하나의 장에서 카이로스의 시간이 된다.

이 시간대는 있음과 없음으로 명확히 정의 내릴 수는 없지만 '텔레이'(telei 궁극, 완성)와 연결된 어떤 차원이다. 어떤 것을 깨닫게 하는 의미와 그 의미를 인식하는 의식 또한 이 시간 개념에 연계된다. 이 모든 것이 '항상 현재가 되는' 선형 시간에서 발생한다. 그러니 거시적 윤곽으로 그의 시간관을 서술하면 자연과 비례하는 직선과 선형 시간이겠지만, 개념으로 접근하면 그의 시간관에 영원성이 이미 배면에 자리하고 있는 것이다.

그러므로 직선적 시간 개념을 근간으로 하는 히스토리아(ίστορία)식의 역사 탐구는 아리스토텔레스에게 있어서는 시간의 본질을 무시한, 말 그대로 단편적 정보에만 집중하는 방법론이 된다. 그에게 있어 시간은 존재와 함께 움직이는 것으로서 수많은 존재의 근본적 본질과 무시간으로 연결된 어떤 것이 된다. 수많은 단편 사이를 역설해 주는 '사고 공간'이 시간이기도 하며 조금 극단적으로 표현하면 **시간이 곧 본질과 공명하는 생각**이다. 단편들은 이러한 시간의 장에서 텔레이를 드러낸다. 아리스토텔레스가 역사를 시어로 표현한 이유가 바로 여기에 있는 것이다.

그는 역사를 독립적인 것으로 보지 않았다. 그렇다고 어떤 절대자에 의해 발생하는 것으로도 보지 않았다. 역사 하나하나는 그 자체로 독립적이라기보다는 시간, 다시 말해 **생각과 생각에 연계된**, 좀 더 정신이 되게 해 주는 숨결 같은 존재다. 그런 차원에서 단편의 역사는 개별적 우연뿐만 아니라 이성과 정신으로 사유하는 모든 존재에 연계된 필연성이 묻어 있는 사건이다. 그가 바라본 역사는 내부와 외부의 공간이 있는 것이다. 단지 우연에 의해서만 발생하는 내부만 강조하지 않았다.

아리스토텔레스에게 역사란 우연과 필연의, 직선과 무시간적 시간의 공간이다.

2. 플라톤의 역사관

플라톤의 역사관은 유신론의 색체를 띤다. 우연에 의한 역사, 그냥 흘러가는 역사, 내부에만 원인이 있는 역사, 이러한 역사를 고려하지 않는다. 역사를 이끄는 힘은 내부와 외부에 있다. 역사는 원형적 본질에 연결되어 있는데, 그 원형적 본질이란 신의 영역에 있는 어떤 것이다. 따라서 역사란 홀로 흘러가는 우연이 아니라 우주를 관통하는 신의 섭리다.

플라톤에 의하면 역사를 크게 세 단계로 구분할 수 있다.

(1) 인간과 만물이 신의 세계에 연계된 **온전한 상태**의 시대
(2) 신과 인간의 욕망에 의해 **타락**하기 시작하고 타락이 점차 심해져 회복 불가능한 상태
(3) 신의 중재로 **회복되는 태평 성대**의 시대

여기에는 몰락 사관과 발전사관이 동시에 엿보이는데, 주목할 점은 신의 개입이다. 역사의 외부에 신이 자리하며 이데아와 같은 어떤 근원들이 있다. 이 신과 근원적 동인이 역사를 이끌어 간다. 역사 외부에 어떤 동인이 있다는 점에서 아리스토텔레스의 역사관과 전혀 다르지 않다. 무시간의 공간을 열어주는 아리스토텔레스의 시간 개념이 신이라는 구체적 동인으로 대체된 것이다. 두 인물 모두 역사의 외부성을 인정하고 있는 셈이다.

역사를 마냥 우연으로만 보지 않았다!

그렇다고 신의 역할이 크게 부각되지는 않는다. 오히려 인간이 강조된다. 인간을 강조한 플라톤 사상이 자연을 강조한 스콜라 철학(아리스토텔레스 중심)을 밀어내고 르네상스의 시대를 연 것은 우연이 아니다.

타락의 나락으로 빠져들고 있는 인류는 신의 중재에 의해 회복된다. 신은 역사를 무대로, 인간을 등장인물로 하여 태평성대로 이끄는데, 사람이 그 중심 역할을 한다. 신의 중재가 있지만 그것은 보이지 않은 섭리고 사람들의 이성적 활동이 태평성대를 이루게 하는 주체가 된다. 그 이성적 활동에 이데아와 형상이 관여한다. 이 사람은 '현상계'와 '이데아계'가 통일된 사람이다. 이 사람을 철인이라 부른다. 본질과 하나 된 사람, 실상이 된 사람을 의미한다. 일종의 메시아다.

이데아와 형상 이론은 이미 역사 바깥의 어떤 부분임과 동시에 내부의 본질적 지향점이다. 모든 것의 원형을 말한다. 다른 단어로 비유하자면, 실체, 실상, 본질, 물자체, 궁극, 완전이다. 인간은 본래 이데아 세계에 있던 존재였으나 육신을 갖게 되면서 그 세계를 망각하게 되었고, 그것으로

인해 세상은 타락의 길을 걷게 되었다는 것이다. 따라서 사람들은 형상과 이데아를 다시 인식하는 존재가 되어야 하는데, 그러한 사람이 통치하는 국가가 되어야 비로소 회복의 실마리가 보이게 된다. 여기서 철인정치와 국가론이 나오게 된 것이다.

정의 즉 올바름이 실현되는 이상 국가는 다음과 같은 조건들이 충족될 때 세워진다.

(1) **이데아를 인식하는 지혜의 덕**을 갖춘 철인에 의해 다스려짐
(2) **용기의 덕**을 소유한 군인계급에 의해 보호됨
(3) **절제의 덕**을 함양한 농·공·상인들이 성실히 살아감

실상이며 본질인 이데아는 **상기**에 의해 마치 태극과 무극처럼 또는 찰라의 순간처럼 인식할 수 있게 된다. 이데아는 시공간 밖에 있지만 상기에 의해 시공간과 접촉한다. 철인은 이 본질을 상기를 통해 인식할 수 있게 된다.

그러므로 이데아를 인식한다는 것은 시공을 초월한 무시간적 개념을 인식하는 것인데, 이러한 인식은 '현재' 발생하는 각각의 현상을 상기할 때 작용한다. 어떤 알 수 없는 원리에 의해 현재 시간에 겹쳐져 있는 영원을 인식하는 것이다. 이것이 상기다. 그 원리는 현재라는 시간에서 작동한다. 상기를 현재 시간에 일으키는 수단과 도구는 말과 언어다.

또한, 모든 배움과 탐구도 그 수단이 된다. 말과 언어 활동들에서 그리고 배움과 탐구 활동 중 영원이 드러나는데, 사람들의 현재라는 삶에서 그것을 볼 수 있게 된다. 언어와 연구는 일종의 무시간을 여는 도구가 되는 셈이다.

플라톤에게 역사란 인간에 의해 신의 섭리가 드러나는 영역이다!

3. 헤겔의 역사관

헤겔에게 있어서 빼놓을 수 없는 것은 세계정신과 절대정신이다. 이 정신이 개인의 개별적 활동을 수단으로 해서, 다시 말해 개인들의 지식과 의지를 기반으로 해서 세계의 자기 형성의 과정으로 이끈다. 개인의 자유는 세계정신이 의도하는 모양으로 섭리 된다. 개인의 지(知)에서 신의 지(知)로 발전하는 역사관이며 신의 지(知)를 인식하게 되는 때가 세계사의 궁극이 되며, 존재의 궁극이 되는 때이다.

그러므로 헤겔의 정신 개념은 곧 존재론이 된다. 역사는 이 모든 것이 이루어지는 무대가 되고, 당연히 내부와 외부가 공존하며, 모순과 대립 투쟁을 거친 후 궁극에 이르게 된다. 신의 정의가 성취되는 궁극은 인간의 자유가 온전하게 되는 상태를 말하는데, 세계정신에 의한 역사의 완성은 곧 인간의 자유가 된다.

인간의 자유는 내면의 자유를 말한다. 이 내면의 자유는 '나와 너 그리고 그'의 관계에서 찾아진다. 따라서 상호 승인의 관계가 성립되지 않으면 불가능한 것이 자유다. 하지만 상호 승인의 관계란 대립과 모순의 양상을 띠게 된다. 왜냐하면, 인간의 욕망은 관계 그 자체보다는 경제활동에 집중하게 만들고, 진정성 있는 관계보다는 추상으로 혼재한 양상이 되게 하기 때문이다. 결국, '나와 너'의 관계는 모순이 되어 버리고 만다. 이것을 극복하기 위해 뛰어난 사람들을 모방해 계몽하려 하지만 모방은 세계정신의 가치에 훨씬 못 미치고 오히려 모순만 남기게 된다. 모순은 자기소외로 이어진다. 나와 너의 관계는 결국 자기 소외로 이어지고 만다.

이러한 모순과 대립은 결국 '너와 그' 다시 말해 국가적 차원에서 극복되어야 한다. 이러한 국가가 세계정신이 이끌어갈 궁극으로서의 국가다. 이러한 국가에서 신의 정의가 구현되고 비로소 인간의 자유는 온전하게 되어 나와 너의 관계는 욕망에 따른 모순이 아니라 진리의 관계가 된다.

인간 내면의 자유가 성취된다.

　이러한 국가를 형성하기 위해서는 세계정신의 의도를 파악해야 한다. 이 절대정신을 파악하는 개인들에 의해 변증법적 곡선을 그리며 세계정신은 인류의 범위로 확장된다. 세계사는 궁극적 목적을 향해 발전해 나가는 세계정신의 무대가 된다. 이 모든 것이 절대정신을 파악하는 것에서 시작된다.

　절대정신을 파악하는 수단은 철학 함이다. 플라톤의 상기설과 공명하는 부분이기도 하다. 철학 함은 일종의 계시적 기능을 하게 되어 절대정신을 파악할 수 있게 된다. 철학 함은 일종의 무시간의 문을 여는 수단이다. 역사를 이끄는 동력은 세계정신이지만 그것을 이곳에 끌어내는 수단은 철학 함이기에 인간의 자유와 이성은 역사를 이끄는 주체가 되기도 한다.

　결국, 역사를 이끄는 동력은 세계정신과 나 자신이 되는 순환 논증의 오류 같은 **역설** 자체가 된다. **역설이 동력이다!**

　헤겔 철학이 변증법으로 대변되는 이유다. 헤겔의 역사관은 플라톤의 역사관과 매우 비슷하다는 것을 발견하였을 것이다.

　이데아를 보는 플라톤의 상기설, 절대정신을 보는 헤겔의 철학 함!

　역사를 이끄는 플라톤의 신의 섭리, 역사를 이끄는 헤겔의 절대정신!

　이 모든 것들이 닮아도 너무 닮았다. 플라톤에 의하면 몰락해 가는 역사를 신이 개입하여 크로노스 시대, 즉 태평성대로 승화시키는데, 그 역할을 사람이 한다.

　마찬가지로 헤겔의 역사관에서도 절대정신을 인식하는 사람에 의해 세계화가 성취되고 진리의 국가로 향하게 된다. 이데아와 사람이 플라톤의 중심에 있듯이 절대정신과 사람이 헤겔의 중심에 있다.

　헤겔에게 역사란 인간에 의해 절대정신이 드러나는 영역이다.

4. 마르크스의 역사관

　마르크스는 헤겔의 역사관에 농후하게 비춰진 신의 흔적을 지우고 싶어 했다. 아무리 철학적인 언어들로 채색되었다 하더라도 그가 보기에 다분히 신학적이었다. 역사는 외부에 의해 변증법적 발전이 이루어지는 것이 아니라 자연 그 자체에 원인이 있는 것으로 서술하며 신의 자리에 자연을 두었다. 이로써 신의 동력을 배제하였다.

　하지만 그에게도 필연의 동력을 인정하지 않을 수 없게 된다. 정신이 외부냐 내부냐의 차이가 있을 뿐, 마르크스의 유물사관에서는 그 정신이 자연 내에서 작용하고 있다. 자연 자체와 그 내부에 신비적 움직임이 있다. 헤겔과 플라톤의 신학적 어휘들이 우주를 주 무대로 하였다면 마르크스는 자연을 무대로 동일한 논리를 전개하고 있다. 자연 스스로 목적성을 갖고 그 목적을 향해 움직이는 동력은 '왜?'라는 근거를 제시할 수 없는 신비다. '자연은 원래 그런 거니까' 식으로 얼버무리려 한다면 더욱 자연을 신으로 만드는 처사가 될 것이다. 결국 발전사관의 모양새를 품고 있다.

　마르크스는 헤겔과 플라톤의 외부적 동력을 제거하려 하였지만 그 동력을 내부로 들여왔을 뿐 신비적 특성이 사라진 것은 아니다. 신비는 외부에 있든 내부에 있든 근거를 제시할 수 없다는 점에서 동일한 신비다. 자연이라는 껍데기 속에 감추었다고 해서 자연이 신비의 원인이 될 수 없는 것이다. 자연이라는 엄청난 메커니즘으로 정신을 혼미케 해 정작 숨어 있는 신비를 보지 못하게 할 뿐이다. 우주를 마음에 품었다고 우주 전체를 품은 것이 아니듯이, 신비적 동인을 자연 안으로 들여왔다고 해서 신비와 과학의 경계에 놓여 있는 원인을 품은 것은 아니다.

　이 책에서 지금까지 상술한 바와 같이 그 동인은 이미 자연의 범주로 쉽게 설명할 수 있는 영역이 아니다. 그런데 마르크스는 자연이라는 기계로 신비를 누르려 한다. 유물사관이라 부르는 이유는 유물론처럼 말하지만 유물론이 아닌 동력적 역사관이기 때문이다.

유물이 정신처럼 역사를 이끈다!

신학을 자연신학으로 바꾸었다.

마르크스도 헤겔과 마찬가지로 변증법적인 발전사관을 보여 준다. 단지 차이가 있다면 바로 위에서 언급한 것처럼 이념과 정신을 자연으로 대체했을 뿐이다. 그의 역사관을 유물사관이라 칭하는 이유가 여기에 있다. 자연(nature)이 정신처럼 작용한다. 자연의 자기 전개 과정이 역사가 된다. '자연이 정신을 규정한다'는 그의 핵심적 주장은 그의 유물사관을 잘 대변한다. 따라서 사람들이 실제로 살아가는 사회는 자연의 자기 전개 과정의 장이 된다. 자연과 사회는 매우 중요한 가치가 되며 떼려야 뗄 수 없는, 어떻게 보면 일원론적 관계가 된다. 자연의 이치에 따른 삶은 인간의 해방과 직결된다. 자연의 자기규정은 결국 인간을 해방으로 이끄는 '**알 수 없는 무엇**'이 된다. 시스템을 그림으로 그렸고, 그 시스템이 동인이라 말하지만, 그것이 무엇인지 밝혀지지 않는다. 여전히 '무'로 남아 있을 뿐이다.

인간의 해방을 목표로 한다는 점에서 플라톤, 헤겔과 비슷하다. 인간이 온전하게 해방되는 사회가 되는 것이 헤겔과 플라톤이 바라던 국가관이었는데, 마르크스도 해방의 궁극적 상태를 사회에서 찾는다. 다시 말해 사회주의 국가가 그 목표다. 정신을 규정한다는 자연은 노동인을 통해 그러한 국가로 이끌 것이다.

그가 바라본 사회의 모순은 헤겔과 비슷하다. 진정한 관계의 파괴다. 둘다 파괴의 주범으로 물질 관계를 고발한다. 물질 관계 때문에 인간의 자유가 침해된다. 이렇게 침해되고 억압된 인간의 자유를 해방시킬 수 있는 사회가 도래해야 한다. 이러한 국가와 사회란 노동의 가치가 착취가 아닌 순수하게 유지되는 공동체를 말한다.

마르크스에 의하면 인간의 유적 본질은 자유인데, 이 자유는 노동에서 드러난다. 자유와 능동의 도구가 되어야 할 노동이 자유를 실현하는 가치가 아닌 소외의 도구가 되는 것을 고발하였는데, 그 주된 원인은 유대교에서 신처럼 추앙받고 있는 물질관, 즉 화폐 만능주의 때문이라 고발한다.

이 화폐의 신이 서양의 기독교가 되었고, 이 물질관 때문에 자본을 확보한 사람들만이 그렇지 못한 사람들의 노동을 착취해 노동의 가치를 절하시켰고, 인간의 자유를 훼손하였으며, 유적 본질을 파괴한 것으로 보았다. 노동이야말로 자연 내에 있는 그 신비적 동력과 연계되는 매개가 되는 것으로 보았다. 노동은 인간이라는 자연과 세계라는 자연을 연결해 주는 자유와 능동성의 표출로서 자연의 일부로서의 인간이 누릴 수 있는, 그리고 자연을 유물사관에 입각한 본질로 일구어 갈 수 있는 최대의 가치가 된다.

노동 가치설이 여기서 등장하게 되는데, 중요한 것은 노동이 그 자연 내에 있는 신비와 연계되어 있다는 점이다. 따라서 노동의 해방은 곧 인간의 해방이며, 더 나아가서 유물사관의 진보 방향에 주요한 동인이 된다. 인간은 자연이며 사회다. 인간과 자연 그리고 사회는 같은 개념이기에 인간의 노동은 사회를 형성하는 동인이 된다.

인간의 삶은 곧 자연의 활동이 된다. 인간은 곧 자연이다. 유물사관은 인간의 해방이 실현되는 자연, 즉 사회가 되도록 이끄는 사관이다. 노동을 착취당한 프롤레타리아는 혁명을 일으키게 되는데, 이 혁명은 부르주아지의 모순과 대립각을 형성한다. 이 모순과 대립은 결국에는 노동의 참된 가치가 살아나서 프롤레타리아의 사회로 승화되는 과정이 된다.

여기서 '왜?'라는 질문을 하게 된다.

'어떤 동인이 그러한 사회가 되게 하였나?'

소급해 올라가면 자연이 나온다. 한 층 더 올라가면 '정신으로서의 자연'이 나온다. 자연의 자기규정이 정신이다. 마치 헤겔의 변증법 같다.

그럼 마지막으로 질문을 던지게 된다.

'자연은 어떻게, 어떤 원리에 의해, 왜 정신이어야 하나?'

'자연, 사회, 인간, 즉 자연의 종합으로서의 자기규정은 왜 유토피아로 이끌려져야 하나?'

이 숨어 있는 정신이 마치 인격을 갖춘 존재처럼 사회를 한 방향으로 발전시킨다.

'헤겔과 다른 점은 무엇인가?'

필자가 앞에서도 언급하였듯이 방향은 필연이다. 그래서 유물사관의 목적이 성취된다. 그가 꿈꾸었던 무신론은 보기 좋게 유신론이 되었다. 그의 역사관은 언어유희로 표현해 보면 무(無)가 신(神)이 된 무신(無神)사관이다.

이상에서 보았듯이 결국 마르크스도 플라톤과 헤겔의 유신론을 완전히 벗어나지 못한다. 플라톤이 신과 이데아에서, 헤겔이 신과 절대정신에서 역사의 동력을 찾았다면, 마르크스는 자연 그 자체에 역사를 움직이는 동력을 두었다. 하지만 그 동인을 설명할 수 있는 외연을 자연 어디에서도 찾을 수 없었다. 마르크스도 역사를 독립적이지 않고 외부의 어떤 힘이 작용하는 것으로 은연중에 상정하고 있다. 유신론을 부정하기 위해서는 자연을 신격화하는 것이 가장 수월했을 것이다. 전체 그림은 분명히 '어떤 알 수 없는 동인'이 작용하는 역사관이다.

마르크스에게 역사란 정신처럼 작용하는 자연이 그 뜻을 이루는 영역이다.

5. 라인홀드 니버의 역사관

니버(Karl Paul Reinhold Niebuhr, 1892-1971)는 한 때 자유주의와 마르크스 사상에 심취했던 인물이고, 미국 정치인들이 가장 좋아하던 윤리학자이며 신학자였다. 그러므로 라인홀드 니버를 마르크스의 역사관 다음에 다루는 것은 두 인물을 이해하는 데 유용한 순서가 된다.

그는 사회와 세계 그리고 인간에게 집중했던 인물이다. 마르크스가 사회를, 헤겔이 국가를 자신들의 철학 중심에 둔 것 같지만 사실은 그러한 노력만큼이나 인간을 그 중심에 두었던 인물들이었다. 마찬가지로 니버의 사상체계도 사람이 중요한 위치를 차지한다. 하지만 차이가 있다면 긍정의 찬사를 위해서가 아니라 그 반대의 것을 고발하기 위함이었다.

헤겔과 마르크스는 인간을 역사를 움직이는 주요한 존재로 보았다. 헤겔의 절대정신은 인간의 정신에서 완성되는 개념으로 설명하면서 인간의 지위를 거의 신의 자리에 올려놓는다. 마르크스도 자연의 자기규정으로서의 정신이 인간의 능동적 자유에 의해, 다시 말해 인간의 능동적 투쟁에 의해 완성되는 개념으로 봄으로서 인간이 유물사관이 전개되는 과정에 주요한 역할을 한다.

이 둘의 주요 표제어인 절대정신과 자연의 자기규정으로서의 정신개념은 외부적 요소가 된다. 그래서 이들의 역사관은 역사 그 자체로 독립된 사건들이 아니라 외부적 요소가 작용하는 역사로 이해된다. 그렇지만 그 외부적 요소를 실현시키고 풀어내는 주체는 사람의 능동적 자유다. 헤겔과 마르크스에게 인간은 낙관적 존재로 선을 향해 발전해 가는 꽤나 능력 있는 가능태가 된다.

하지만 니버에게 이러한 인간관은 역사를 이해하는데 잘못된 접근법이다. 물론 그의 초기 저작에서는 낙관적 인간관을 어느 정도 수용하는 자세를 취하기도 하지만 1, 2차 세계대전을 경험하고, 또한 마르크스 사상이 소련에서 부정적으로 전개되는 과정을 보면서 인간을 낙관적으로 바라봤던 과거의 입장을 철회한다. 낙관적 인간관을 함유하고 있는 자유주의 철학과 마르크스 사상은 그가 보기에 더 이상 타당하지 않은 오류였다.

이러한 문제성은 니버의 관심을 성경적 세계관으로 돌리게 만들었다. 성경에서 말하는 인간론을 바탕으로 자신의 철학을 정립 발전시킨다.

자본주의의 심각한 병폐를 마르크스주의로 치료하려고 하였으나 그러한 기대를 던져 버리고 그리스도에게서 찾는다. 기독교에서 말하는 사랑이 사회정의로 승화될 때 비로소 역사는 드라마가 되는 것을 깨닫는다. 역사의 중심에 그리스도가 있었다. 그리스도가 시간과 역사의 중심이 된다.

니버가 보기에 그리스도가 역사의 중심이니 당연히 역사를 독립된 시간으로 간주하지 않았다. 한편에서 보면 발전해 나가는 시간이며, 다른 편에서 보면 끝을 향해 달려가는 시간이다. 발전이든 퇴보든 마르크스의 유물사관처럼 자연 그 자체에 있는 알 수 없는 어떤 힘이 역사를 발전의 방향으로 나아가게 하는 것이 아니라, 오히려 윤리와 정의에 따른 심판이 역사의 근저에 자리하고 있음을 직시하였다. 역사는 유토피아만의 영역이 아닌 심판과 회복의 영역이었다.

앞에서 상술한 바와 같이 외부든 내부든 역사를 이끌어가는 어떤 힘들을 대부분의 철학자는 상정했다. 그리고 그 힘을 추상적인 어떤 힘으로 생각하였다. 하지만 이제 니버에게는 더 이상 그 어떤 힘이 추상적 개념이 아니다. 인격을 갖춘 예수그리스도다. 사르트르의 무(無), 마르크스의 자연의 자기규정 또는 알 수 없는 어떤 힘, 아리스토텔레스의 원인을 드러내는 시간의 어떤 원리, 플라톤의 이데아, 이 모든 것은 인격이 없는 개념들인데, 이제 인격을 갖춘 예수그리스도로 바뀐다. 인격을 갖춘 예수 그리스도가 역사의 중심이다.

그에게 역사란 그리스도를 중심으로 '끝'(finis)을 향해 흘러간다. 그러므로 종말사관이라 할 수 있다. 하지만 그가 말한 종말은 더 이상 아무것도 전개되지 않는 종결을 의미하지 않는다. '완성'(telos)을 의미한다. 이 완성은 예수 그리스도에게서 성취되는데 그리스도는 여기와 거기의 역설적 실체가 된다. 다시 말해, 시간과 영원의 완성, 끝을 향해 가는 이곳과 완성으로서의 저곳, 즉 하나님 나라의 역설적 실체, 인간의 자유가 온전히 성취되는, 헤겔과 마르크스가 고대했던 그 국가와 그 사회의 실체, 이러한 모든 것의 실체가 된다.

역시 국가의 개념이다. 플라톤의 태평성대 국가, 헤겔의 세계정신으로서의 국가, 마르크스의 사회주의 국가, 이러한 국가 개념이 이제 니버에게는 하나님 나라다. 하나님 나라로 향하는 역사의 중심에 무가 아닌 그리스도는 자리한다. 여기서 말하는 역사와 시간이란 초월과 현재가 역설되는 신비를 말한다. 이러한 역사는 그리스도의 부활과 연결되며 그것이 곧 완성이다.

그에 의하면 이러한 모든 초월적 사건이 선형 시간에 흘러가지만, 이 시간은 24시간의 시간만을 말하지 않는다. 24시간의 측정 가능한 직선이지만 초월과 영원이 공명하는, 역사의 드라마가 연출되는 장이 된다.

추상보다 현실을 대단히 중요하게 생각했던 그이기에 영원이니, 초월이니, 피안이니 하는 식의 현실성 없는 이론을 혐오했었다. 일상의 시간이 그의 철학의 중심이었다. 심지어 그를 실존주의 철학자라 말하는 이유도 여기에 있다. 과거 자유주의와 마르크스 사상에 심취했던 것을 감안하면 이해되기도 한다. 하지만 이제 그의 사고의 중심에 그리스도가 자리한다. 그의 시간 개념은 더 이상 자유주의의 시간이 아니다.

그가 말하는 현실의 시간이란 초월과 영원이 깃들여 있는 시간이다. 플라톤의 이데아 사상에 엿보이는 영원과 현재의 역설적 시간이 그에게도 공유된다. 아리스토텔레스의 시간 개념, 즉 직선적 시간에서 역사적 사건들이 발생하지만 그 역사 이야기들이 전개될 때 궁극(영원을 내포한)이 드러나는 역설적 시간이 마찬가지로 그에게도 공명한다.

더 나아가서 마르크스의 자연의 자기규정으로서의 시간 또한 그의 역사관에 공명된다. 그런데도 초월과 현실을 주관하며 통치하는 존재는 원리나 힘이 아닌 예수 그리스도다. 그리스도가 역사와 시간의 중심이기에 선형 시간과 무시간적 시간 그리고 영원의 시간을 주관하는 존재가 되며, 역사를 목적하는 방향으로 이끌어가는 중심이 된다.

정리해 보면, 라인홀드 니버의 역사관은 역사의 외부와 내부의 동인이 있는 것으로 보는 지난날들의 철학을 그리스도 교리에서, 다시 말해 성경적 시각에서 찾아낸 그리스도 역사관이다.

이전의 철학자들이 비인격적 에너지, 힘, 동력으로 보았던 역사의 내부와 외부의 힘을 그는 인격적 주체로 보았다. 본질로 이끄는 힘을 비인격적 무로 보았던 사르트르, 투쟁을 이끌어 내고 노동의 가치가 부상되는 사회로 이끄는 마르크스가 말하는 자연의 자기규정으로서의 힘, 플라톤의 이데아에 드러나는 완전으로서의 어떤 것, 이 모든 것은 추상성을 배제하지 못하지만, 니버가 바라본 완전함은 인격을 포함한다.

무신론 철학자인 사르트르도 완전의 개념을 다룬다. 즉자 존재다. 즉자 존재란 대상을 의식하는 것이 아니라 의식하지 않고 인식하는 바로 그것, 진리 자체로 있는 바로 그것을 말한다. 쉽게 말해 스스로 충족되는 진리다.

스스로 있으면서 진리이고, 진리이며 스스로 인식되는 의식은 무엇을 의미할까?

완벽, 완전, 절대, 무, 이러한 것들로 열거될 수 있는데, 이러한 것들은 인격이 전제된다. 시간조차도 대상이 되어 시간의 흐름에 따라 인식하는 것이 아니라, 그냥 있을 뿐인, 그러나 완벽한 진리로서의 인식으로, 현실과 현재에 흐르는 시간으로 설명 불가능한, 있으면서 없는, 없으면서 있는 시간에, 바로 그 순간에, 바로 그 과거, 현재, 미래에 동시에 역설되는 무시간적 시간에 인식되는 인식이어야 한다. 그러한 시간에 인식하는 그 인식자는 의식이어야 하고, 의식은 인격(person, ὑπόστασις-휘포스타시스)을 전제하지 않을 수 없다.

인격에 해당하는 헬라어 휘포스타시스(ὑπόστασις)는 실상과 실체로도 번역된다. 영어로는 substance, 라틴어로는 *subsistantia*다. 종합해 보면 실상, 실체, 본질, 바로 그것, 물자체는 인격과 모종의 관계가 있는 단어들이다.

무인격으로서의 즉자, 무인격으로서의 실상, 다시 말해 무(無)는 실존과 본질이 될 수 없다!

인격이어야 한다!

역사를 이끄는 동력이 있다면 인격이어야 한다. 완전의 개념이 있다면 인격이어야 한다. 놀랍게도 무신론의 입장에서 자유를 논하려는 시도들, 자연과 국가를 논하려는 시도들, 더 나아가서 우주를 논하려는 시도들 중심에 모두 무(無) 또는 그와 같은 개념을 상정하게 된다. 무인격적 즉자, 또는 무인격적 근원을 상정한다. 니버의 역사관은 그 힘을 인격을 갖춘 예수그리스도로 보았다는 점에서 존재론적 타당성과 가치가 있다.

니버에게 있어서 역사란 예수 그리스도의 심판과 구원의 대상이다.

6. 콜링우드의 역사관

콜링우드(R. G. Collingwood, 1889-1943)의 역사관에서도 직선적 시간, 초월과 영원, 무시간적 시간 개념이 배면에 공존하는 것을 발견하게 된다. 이것은 아리스토텔레스의 역사 이해와 상당히 비슷하다. 아리스토텔레스는 역사를 자연 과학 방식으로 탐구하는 것을 꺼려했다.

다시 말해 히스토리아(ιστορία, 영: history)방식의 연구 방법, 즉 사건들을 연대기로 나열하고 사물을 관찰하듯 조사하는 방식이다. 이러한 방식의 언어들과 시간은 그 사건의 본질적 의미와 원인들을 드러내 보이지 못한다. 그러므로 역사를 언급할 때는 전적으로 시어로 표현한다. 시어는 직관이 아닌 묘사이며 시간이라는 흐름을 타고 다양한 정신적 작용을 거친 언어들이기 때문이다. 이러한 사고 언어들이 보편을 잘 반영한다.

왜 아리스토텔레스가 이렇게 생각하였는지 잠시 살펴 볼 필요가 있다. 흔히 아리스토텔레스를 자연 철학의 효시로 생각해 현대인들이 소위 말하는 자연 과학의 방법론을 영위한 철학자로 간주하는 경향이 있는데 잘못된 접근이다. 원형, 본질, 실상은 이데아의 세계에 있다고 주장하는 플라톤의 이원론을 비판하는 것으로 자기 철학을 시작한 아리스토텔레스는 이 이데아의 세계를 초월적 영역으로서 자연의 외부에만 있는 것이 아니라 내부에 있는 것으로 보았다는 것을 간과해서는 안된다.

그러므로 이데아의 세계를 흠모하는 방식이 아닌 자연과 사물을 관찰하는 것에서 시작해 이데아의 영역을 발견할 수 있는 것으로 사고한 철학자다. 자연 안에 이데아가 들어온 셈이다. 그러므로 자연 과학자, 자연 철학자임과 동시에 어쩌면 자연 신학자라는 표현도 어울릴만하다.

이러한 철학적 배경을 갖고 있던 그에게 현대의 자연 과학적 척도와 가치평가 도구들을 기대하는 것은 오히려 오해를 불러온다. 내부에 존재하지만, 그것을 표현할 수 있는 적당한 언어가 없다는 점에서 외부성이 잔존하는 것이다. 외부의 초월적 본질(telos)과 보편을 품고 있는 내부가 되는 셈이다. 그가 시어로 역사를 표현한 이유가 여기에 있다. 이러한 본질(telos)과 보편은 사고하는 기술(techne)을 통해 드러나기 때문이다. 이것은 시간과 관계되는 행위다. 여기서 인식과 관련해 그의 시간 개념을 다루지 않을 수 없게 된다.

그에게 시간은 있음의 개념보다는 양자 역학의 장처럼 마치 본질이라는 입자를 드러내는 어떤 것이다. 따라서 역사적 사건이 시간 내에 발생하지만 시간과 그 사건의 직접적인 인과 관계는 설명되지 않는다. 하지만 역사적 사건들을 상상하며 판단할 때 그리고 시의 언어로 사건들의 다양한 측면들을 묘사할 때, 이 모든 일은 일종의 정신적 작용으로서 시간과 직접성은 없어도 이러한 시간에서 원인과 본질이 드러난다.

이것들이 드러나는 영역은 24시간을 척도로 하는 직선적 시간의 영역뿐만 아니라 또 다른 장(any other arena)이다. 보편적 판단과 사고 및 생각은 이러한 시간의 어떤 작용들이 된다. 이러한 사건들이 자연 내에서 발생하는 것이다. 이데아와 같은 어떤 것들이 시간이라는 어떤 장의 역학에 의해 자연 내로 들어온 것이다.

이러한 역사관은 콜링우드에게 거의 비슷하게 반복된다. 그는 역사를 일종의 과학으로 분류한다. 하지만 역사가 과학의 범주에 속한다고 해서 자연 과학의 접근방식이 요구되지는 않는다. **자연 과학**은 사물을 있는 그대로 관찰하는 것에 그 진정성이 있다면, **역사**는 그러한 방식으로 관찰할 때 인간들의 사건과 사회 과학에서 요구되는 인식 방식에서 벗어나기 때문에 잘못된 결과에 이르게 된다. 역사는 사람들의 이야기이고, 사회에서 발생하는 사건들이기 때문에 당대 사람들의 생각을 반추하는 작업이 먼저 필요하다.

여기서 그는 역사 자료에 신실할 것과, 그 자료를 통해 추체험(re-enact) 할 것을 요구한다. 추체험, 다시 말해 역사적 자료를 신실하게 살핌으로 역사적 사건이 말하고자 하는 당대의 사고, 생각들을 마치 내 것처럼 할 수 있다는 것이다. 아리스토텔레스의 시어의 작용들이 콜링우드에게는 사고, 생각 등으로 대체된 것이다. 사고와 생각은 어떤 보편과 공명하는 장이다.

여기서 질문을 던지게 된다.

무엇이, 어떤 원리가 작용해서 당대 그들의 사고가 잡음이 발생하지 않고 내 것이 될 수 있는가?

여기에 사고(thought)에 대한 그의 생각을 발견하게 된다. 그에 의하면 사고(thought)는 보편적 준거에 의해 작용한다. 따라서 하나의 사고가 있다면 대중과 공유 가능하다. 역사 자료에서 드러난 당대의 사고를 가감 없이 제대로 접근하였다면 그들의 사고는 보편적 준거들에 의해, 사고를 가능하게 하는 하나의 본질적 원리에 의해 공명될 수 있는 것이고, 그들의 생각은 마치 내 것처럼 되어 추체험(re-enact)이 가능해진다.

여기서 또 질문하게 된다.

그럼, 그 원리와 준거틀은 무엇인가?

한 사람의 개별적인 사고는 우주를 반영한다고 하였다. 하나의 사고는 전체의 본질과 연관된다. 헤겔의 정신 개념이 작용하고 있다는 것을 발견하게 된다. 개별적인 사고는 보편의 특징을 함유하고 있는 것이다. 따라서 역사적 자료를 기반으로 그 역사를 상상하고 사고할 때, 우주를 반영하고 전체의 본질과 연계된 사고는 당대의 사고를 그대로 인식자에게 전달해 준다.

콜링우드는 이상의 원리가 무엇인지 명확하게 언급하지 않지만 그가 사용하는 단어들과 문구를 통해 추론할 수 있는데, '선험', '형식', '개별적 사고의 개별적 본질' 등에서 사고(thought)란 시간적, 무시간적, 초월적, 보편적, 언표할 수 없지만 존재하는 어떤 준거틀에 의해 인식되는 의식 작용이다. 이것은 역사를 인식하는 아리스토텔레스의 방식과 매우 흡사하다.

결국, 콜링우드 또한 아리스토텔레스와 비슷한 길을 걷고 있었던 셈이다. 둘 다 초월과 추상보다는 자연과 자연 과학 방식의 접근을 선호하였지만, 역사적 사건 자체에 보편과 초월이 연계된 구도를 그린다. 사고하는 과정에 시간의 독특한 개념이 상정되어 있고, 그 시간은 본질을 드러내는 어떤 것이 된다. 역사는 독립적이지 않다!

콜링우드에게 있어서 역사란 선형 시간의 사건들이지만 사람들의 사고에서 공유될 수 있는 보편성과의 교류다.

7. 토인비의 역사관

토인비(Arnold Joseph Toynbee, CH, 1889-1975)의 역사관은 그의 방대한 저작 '역사의 연구'를 통해 살펴볼 수 있는데, 40년의 준비 기간을 거쳐 27년 동안 집필한 그야말로 인생 작이라 할 수 있는 대작이다. 서구 문명의 몰락이 염려되는 상황에서 그리고 그러한 분위기에 일조하던 슈펭글러(Oswald Spengler, 1880-1936)의 『서구의 몰락』(*The Decline of the West: Outlines of a Morphology of World History, The Downfall of the Occident*)이란 저서에 동의하지 않으며 오히려 희망의 빛을 발견하고자 지난 역사를 면밀히 살폈던 인물이다. 그에게 있어 역사의 연구는 비단 과거의 이야기만이 아니라 현재와 유기적으로 연결되는 섭리적 역사가 된다. 따라서 미시적임과 동시에 거시적으로 역사를 바라봐야 한다. 그럴 때 역사의 그림을 제대로 그릴 수 있게 되는 것으로 생각하였다. 과거와 현재는 시간과 공간에 의해 연결되고 소통하기 때문이다.

그에게 역사 연구의 기준은 국가나 사회가 아니라 문명이다. 문명의 생성과 쇠퇴의 과정으로 역사를 연구하였다. 이집트 시대를 시작으로 현대에 이르기까지 역사 전개 과정에 각 시대를 관통하는 공통된 패턴이 있는 것을 발견하였다. 그 패턴이란 도전과 응전이다. 도전에 의해 문명이 발생되고 응전에 의해 성장 유지된다. 처음에는 응전에 잘 대응하여 문명이 유지되지만 시간이 지남에 따라 지도자의 창의력과 혜안의 부재 때문에 응전에 실패하게 되는데 이때 문명은 쇠퇴의 길을 걷게 된다. 이 단계에서 뾰족한 대안을 제시하지 못할 경우 문명은 해체된다.

총 12권으로 구성되어 더 자세한 과정들로 구분되어 있지만 중략하고 큰 그림으로 대신해 보면 생성-성장-쇠퇴-해체의 패턴을 보이는 것으로 역사를 분석하였다. 이것이 그가 발견한 각 시대를 호령했던 문명 단위의 역사 전개 양상이다. 다른 사학자들이 **국가**나 **사회**를 역사 연구의 주요한 단위를 보았다면 그는 그 모든 것들을 **문명**으로 본 것이다. 이러한 패턴의 중심에 도전과 응전이 자리한다.

이러한 패턴은 먼저, 미시적인 시공간에서 각 세포 단위로 다음은 인류 역사 전체를 하나의 단위로 보는 거시적인 시공에서 마치 미시적 공간의 세포 하나가 거시적 몸체가 된 것처럼 거대한 하나의 유기체에서 공명한다.

미시 공간의 하나의 세포에서 일어난 일이 곧 거시적 세계의 전체를 하나의 단위로 보았을 때 동일하게 일어나는 것이다. 미시적으로 볼 때 각 시대의 문명은 다양한 시대와 여러 지역에서 동일하게 반복된다. 그리고 미시적 패턴이 반복되며 거대한 그림을 그려 가는데, 이 거대한 그림은 역사 전체가 되며, 전체 역사로서의 그림은 크게 보면 발생-성장-쇠퇴-해체 그리고 세계 국가의 형태가 된다. 작은 단위에서 발생한 지엽적 패턴이 역사 전체에 공명된다.

이집트 시대부터 로마 시대까지 이 패턴이 거대한 그림으로 1회 그려진다. 그 후 이 패턴은 유럽과 전 세계에 걸쳐 국지적으로 반복된다. 그러나 역사를 전체 그림으로 그려 볼 때 거대한 그림으로 생성-발전-쇠퇴-해체 패턴이 그려지고, 종국에는 하나님 나라에서 완성 된다. 예를 들어, 이집트 시대에 이 패턴이 회전되고, 영국에서 회전되었다면, 전체 역사에서 거대한 그림으로 회전된다. 궁극적으로 마지막 단계에 등장할 웅전의 문명은 신에게 귀의한 나라다. 작은 소용돌이들이 지엽적으로 회전하고, 이러한 각자의 소용돌이가 하나의 커다란 소용돌이가 되어 하나로 회전하며 궁극에 이르게 된다.

이 그림을 현미경으로 들여다보면 두 문명 군이 공존하는 것을 발견하게 되는데, 작은 소용돌이들이 하나의 군으로 그리고 이 소용돌이들이 모여서 형성된 하나의 큰 소용돌이가 또 다른 하나의 군이다. 작은 소용돌이들은 각각의 시대와 지역에 반복되는 세속적 문명들이다. 이 문명들은 각각이지만 전체 그림으로 볼 때 문명의 거대한 소용돌이가 되어 하나의 목적과 방향을 두고 진행한다. 이 두 문명이 역설적으로 공존하는 영역을 역사로 보았다. 따라서 역사는 외부와 내부의 동력이 공존한다.

그의 역사관에는 신성의 자리가 엿보인다. 이런 분위기로 토인비를 신학을 기반으로 하는 사학자가 아닌가 생각할 수도 있지만 전혀 그렇지 않다. 한평생 역사를 연구한 결과 그러한 사고를 갖게 된 것으로 사료된다.

아리스토텔레스를 생각해 보자!

자연 철학자라 일컫는 그의 역사관에서 조차 신성의 영역이 분명히 자리하고 있었다. 그의 시간과 사고개념에 이미 이러한 여지가 곳곳에 스며 있었다. 아리스토텔레스에게 시간이란 보편이 전개되는 초월임과 동시에 일반 개념이다. 시간은 그에게 있어서 자연 과학임과 동시에 선형 시간만으로 정의내릴 수 없는 역설적인 어떤 영역이다.

아리스토텔레스뿐만 아니라 의식과 사고(thought) 분야를 연구하는 학자들과 특별히 자유를 논하는 대부분의 학자도 신성을 배제하려 노력하였지만 비슷한 여지를 남겨두게 되는 것을 발견하게 된다. 그들에게 사고란 절대적 시공 작용만이 아니라 영원으로서의 시공 반응이 자리하는 것을 보게 된다. 어쩌면 의식을 갖고 있는 모든 존재의 숙명인지도 모른다. 아리스토텔레스와 이상 학자들의 어쩔 수 없이 채용할 수밖에 없는 신성의 자리가 토인비에게서도 보이는 것으로 생각하면 된다.

그의 역사 연구의 흐름을 살펴보면 이러한 신성의 자리가 분명히 엿보이는데, 집중해서 관찰하지 않으면 보이지 않을 정도다. 대체로 공간과 시간의 주제에 은닉해 있다. 특별히 8권과 9권에서 그러한데, 8권 『공간에서의 문명들과의 만남』(Contacts between Civilizations in Space)과 9권 『시간에서의 문명들과의 만남』(Contacts between Civilizations in Time)에서 역사의 외부 동력이 엿보인다. 그는 시간과 공간을 있음 그대로 보지 않고 우주 정신이 작용하는 자유이면서도 어떤 신성이 작용하는 공간으로 보았다.

그리고 그의 저작 12권 모든 책에도 어느 정도 은닉해 있기도 하다. 공간대 공간의 만남과 시간대 시간의 만남의 관점에서 바라본 9권과 10권에서는 노골적으로 신성의 공간을 감추지 않고 있는데 이 두 권은 12권 전체를 가로질러 관통하는 전체 역사관의 화살 역할을 한다.

총 12권으로 구성된 『역사의 연구』는 크게 둘로 나뉜다.

첫 번째 그룹은 1~6권이고, 두 번째 그룹은 7~12권이다. 첫 번째 그룹은 반복되는 문명의 역사를 다루고, 두 번째 그룹은 보편 교회의 역사를 다룬다. 이 둘이 구분되어 있는듯하지만 서로 동떨어져 있지 않고 어떤 신비에 의해 연계되어 있다.

이것이 그가 바라본 시간과 공간 개념이다. 작은 소용돌이들은 역사 내에 반복되어 진행되지만, 보편 교회로서의 역사는 하나의 거대한 소용돌이로서 반복이 아닌 궁극적 목적과 목표를 향해 진행된다. 역사는 이 두 힘에 의해 진행되며, 거시적 안목으로 볼 때 신성의 자리가 그 배면에 있고, 역사는 이 외부(신성)의 힘에 의해 내부의 힘이 작용되어 진행되는 것으로 보았다.

토인비에게 있어서 역사란 신의 의도가 성취되는 문명들의 역설이다.

8. 정리해 보자!

역사를 독립적 사건으로 보기 시작한 때는 그렇게 오래되지 않았다. 사람들은 역사란 우연히 흘러가는 무상으로 간주하지 않았다. 문화와 역사를 글로 기록하기 시작한, 공개된 2,500여 년의 서지학적 자료들은, 역사와 시간을 자연 그 자체의 영역이 아닌 초월과 초극의 알 수 없는 어떤 것과 직간접적으로 연계된 것으로 보았다. 우주와 시공간은 별개의 것도 독립적인 것도 아닌 알 수 없는 무엇과 모두 연계되어 있는 영역이다.

플라톤은 직설 화법으로 묘사된 신을, 아리스토텔레스는 은유의 옷을 입고 있는 신을, 헤겔은 비유의 언어로 표현되는 신을, 마르크스는 자연 그 자체를 신처럼, 니버는 마르크스 사상에 실망해 직설 화법으로 드러낸 신을, 콜링우드는 사고(thought) 작용에 스며있는 신성을, 토인비는 대놓고 신을 드러낸다.

이상에 열거한 인물 모두는 직간접으로 신 또는 신성을 자기 작품들에 드러낸다. 비단 이들뿐만 아니라 언어로 궁극을 연구하는 대부분의 인물은 자의건 타의건 신의 공간을 자기들의 작품에 열어 두는 것을 보게 된다. 심지어 신을 인정하지 않는 사람들조차 다른 언어로 대체된 신, 그와 같은 개념들을 다양한 은유들로 마치 음계의 배음(倍音)처럼 사용한다. 사실 논리상 완전한 무신론자를 찾기 힘들 정도다.

16세기에 이르러서야 본격적으로 역사를 독립체로 보기 시작하였다. 물론 그 이전에도 무신론자가 없었던 것은 아니지만 그들이 설 자리는 크지 않았다. 자기들의 정체성과 철학을 유지하기 위해서는 종종 죽음을 각오해야 했다. 무신론자라는 호칭은 때로는 죽음을 각오해야 하는 꼬리표였다. 자유롭게 무신론을 주장할 수 있었던 것은 그리 오래된 역사가 아니다.

무신론에서 보는 역사란 오로지 우연에 의해 전개되는 인간과 사회 활동의 산물일 뿐이다. 역사의 동력이 있다면 역사 내에만 있다. 배면이나 이면, 바깥에서 역사를 움직이게 하는 어떤 외부적 존재는 없다. 하지만 그렇게 주장하는 학자들도 의식의 궁극, 자유의 궁극, 정의의 궁극에 몰두하게 되면 결국 신성의 개념을 끌어와 자연주의의 옷을 입히고 자연 현상처럼 서술하는 것을 보게 되는데 참으로 흥미롭다.

이 점을 사르트르의 자유사상을 통해 앞에서 살펴보기도 하였다. 철저한 무신론자라 할 수 있는 데리다도 마찬가지다. '저절로', '밑도 끝도 없는 비약', '신성' 이러한 개념들로 원인과 결과의 빈 공간을 채우며 자신들의 논리를 마무리한다. 인문학의 영역은 그 주체가 모든 것을 해체하는 완전 해체가 아닌 이상 대부분의 개념은 외부의 동력을 어떻게든 끌어들이게 되어 있다. 위에서 살펴본 인물들의 역사관도 마찬가지였다.

유신론이든 무신론이든 모두 신성의 영역을 두게 된다!

최고의 대체어가 무 또는 무화다. 만물(관념의 세계 포함)의 존재를 비존재, 다시 말해 무로 대체하기 전까지 존재란 신성의 어떤 것을 바깥에, 안에, 곁에, 뒤에, 모든 언저리에 두지 않을 수 없다. 그 사실을 알기까지 학문적 작업은 그렇게 긴 시간을 필요로 하지 않는다. 관련 주제 연구를 시작한 지 오래지 않아 결국, 원인과 결과의 빈 공간을 메워야 하는 신성에 도달하게 된다. 완전한 자유와 무신론적 존재는 무를 상정하게 된다. 신의 자리를 대체할 수 있는 최고의 개념인 무는 그러나 자유의 개념을 파괴시켜 이러지도 저러지도 못하는 상황을 만들고 만다.

역사뿐만 아니라 모든 존재는 그것이 우연의 개념에 호소하든, 필연과 절대의 원리를 말하려 하든 놀랍게도 우연과 필연 모두 **언표할 수 없는** 어떤 근거를 배제하지 못하게 된다. 이것이 소위 말하는 자연의 원리다. 극단적으로 말해 우연과 필연은 같은 말이 되는 셈이다.

진술한 자연주의는 그러므로 아리스토텔레스의 견해를 뛰어 넘을 수 없게 된다. 자연주의자로 알려져 있지만, 사실은 신처럼 움직이는 자연을 연구한 자연 '신학자'의 면모를 가득 채우고 있는 철학자가 바로 아리스토텔레스다. 엄밀히 말하면 '신학적' 자연주의자가 되는 셈이다.

이처럼 신성과 자연은 서로 떼려야 뗄 수 없는 관계다. 역사란 내부 독립적으로만 전개되는 사건이 아니다. 초월과 24시간이 역설되는 시공간에서, 영원과 24시간이 상기되는 시공간에서, 시간이 공간이 되며 공간이 시간이 되는 다소 신비적 영역들과 인간이 상응하는 영역에서 발생되는 것이 역사다. 이제 '역사란 무엇인가'를 정리할 때가 되었다.

그렇다!

역사란 '발생'의 개념과 '무엇'의 개념 둘 다를 포용하는 만물의 진보(다른 면으로 볼 때는 퇴보) 과정이다. 따라서 독립체일 수 없고 외부와 내부에서 동인들이 배움으로 울리는 무시간이든 시간이든 시간이라 언표할 수 있는 종합적 시공간에서의 만물(관념의 세계 포함)의 진보(다른 면으로 볼 때는 퇴보)다. 역사는 그러므로 왜곡되지 않은 사실에 입각한 역사 그 자체에 대한 철저한 연구와 더불어 역사를 움직이게 한 수많은 동인에 대한 연구가 병행되어야 하는 자연적이며 초월적 시공간의 연구이어야 한다. 사실들에 대한 연구라면 초월에 대한 공명이 함께 자리하는 것을 발견하게 될 것이다.

이러한 역사 연구의 특징을 잘 표현할 수 있는 독일어 단어가 있다. 게쉬히테(Geschichte)와 히스토리에(Historie)다. 전자는 '발생'의 의미가 있고, 후자는 사건을 객관적으로 보려는 '무엇'의 개념을 갖는다. 후자가 직선적 시간에 따른 연구에 가깝다면 전자는 다양한 시간(영원 포함) 개념의 적용에 따른 접근에 가깝다.

이 두 단어가 양자 역학의 대칭성의 구조처럼 서로가 따로 구별된 개별이면서도 하나의 공통된 무시간적 공유 영역에 어떤 방식으로든 점유되듯, 히스토리에 관점으로 사건 하나하나를 객관적으로 면밀히 살펴보지만 어떤 누군가의 시점에서는 게쉬히테(발생)의 단서들을 보게 된다. 역으로 무시간적이며 초월적 관점으로 발생(게쉬히테)의 외연들을 보는 누군가는 히스토리에 역사의 의미를 발견하게 된다.

역사는 직선적 시간에서 인간의 자유에 의해서만 발생되는 우연적 개념만이 아니라 **발생**이기도 한 것이다!

역사는 독립적일 수 없다!

제4장

실제 역사 그림 그리기

역사는 결코 우연일 수 없다!

소위 우리가 알고 있는 아원 입자가 스핀 네트워크들의 노드(접점)이며, 그 스핀 네트워크 하나는 그 자체가 시간이며 공간이고, 힉스장에 의해 그 노드(입자)가 형성되어 우주와 우리 몸과 같은 형질을 이룬다니, 물질과 관념 그리고 역사는 개별이 아닌 영원과 연계된 거대한 출렁이는 바다가 된다. 이들은 정말 바다처럼 한 몸이다. 이 거대한 바다 같은 역사를 그려내기 위한 도화지의 범위를 A.D. 1년에서 현재(필자 기준 2022년)까지로 한다.

1. 헬라와 예수와의 만남

B.C.(before Christ)와 A.D.(*anno domini*) 사이에 두 세계와의 만남이 자리한다. 앞으로 유럽 전 역사를 이끌어갈 기독교 세계와 헬라와의 만남이 그 사이에 있다. 바로 예수의 출생이다. 예수는 신비로운 인물로 평가될 수 있는, 두 진영의 역설이 된다.

'예수'는 헬라식 이름이다. 전통과 민족성을 중시하던 히브리인들이 아무리 헬라 문화가 풍미하던 로마 시대라 하더라도 자국어로 여호수아라는 발음이 있는데도 예수라는 헬라식 발음을 사용하는 것을 보면 무언가 복선이 깔려 있는 느낌이 든다. 지금도 전 세계인들은 예슈아나 여호수아를 사용하지 않고 예수(Jesus)라는 헬라식 표기를 사용하는데, 이는 기독교와 헬라의 만남이 지속되고 있는 방증이기도 하다. 스콜라 철학, 르네상스, 인문주의는 중세와 근대를 가로지르는 예수와 헬라의 만남이기도 하다.

예수의 출생은 헬라 문화와 묘하게 철학적 동선을 같이 하며 지금까지 한 번도 이별한 적이 없다!

예수 출생 당시 지중해를 둘러싸고 있던 땅들은 로마의 지배를 받았다. 다양한 민족, 문화, 종교를 갖고 있던 그들을 하나로 통합하는 것은 쉬운 일이 아니었다. 그러나 그것을 가능하게 한 고급 문화가 있었는데 바로 헬레니즘 문화였다. 헬라 철학은 당시 종교의 물음들, 숙명론, 행복론에 답을 제시하고자 노력하였다.

아리스토텔레스 철학, 에피쿠로스학파, 스토아학파 그리고 예수 당시 부활한 플라톤 사상은 사람들에게 적지 않은 영향을 행사하였던 정신적 흐름들이었고, 행복론과 존재론 물음에도 중추적 역할을 한다. 에피쿠로스학파의 금욕주의, 스토아학파의 자연 철학은 당대를 넘어 현대에 이르기까지 서양 철학사의 원소 같은 구실을 한다. 3세기 신플라토니즘으로 부활해 스콜라 철학과 르네상스의 사상적 배경을 형성해 주기도 하였다.

에피크로스 학파는 행복이란 욕망과 번민에 따르는 고통을 최소화하는 것에서 얻게 되는 것이라고 주장한다. 따라서 욕망을 최소화하는 절제와 금욕이 행복으로 이끄는 수단이 된다. 금욕은 의지의 문제이고, 이 의지는 개인의 자유의 꽃이다. 절제하는 의지가 곧 행복으로 이끄는 인본주의적 지혜가 된다.

이 의지의 문제는 후대에 가서 다양한 인물들의 철학 주제로 그 맥을 이어가는데, 관념에서 시작되는 의지는 비단 정신에만 국한된 것이 아니라 존재론으로 연계된다. 즉, 관념은 정신이면서 물질이라는 주장을 하기도 한다.

'자유'와 '의지'는 필연과 우연(자유와 의지)이라는 거대한 주제로 양분되어 서양 철학사의 두 기둥이 되었고, 지금까지 논쟁의 중심이 되는 동시에 수많은 갈등과 분쟁을 일으켰다. 첫 번째 세계대전이라 할 수 있는 유럽의 30년 전쟁도 이 주제와 무관하지 않다.

도대체 이 주제가 무엇이기에 이렇게도 뜨거운 감자가 되었던 것일까?

쉽게 말해 '자유의지로 본질에 이를 수 있다'와 '없다'의 논쟁이다. 자유와 의지의 활동을 통해 이데아(본질)에 이를 수 있는지의 물음에서 칸트(19세기)는 불가능한 것으로 보았고, 리츨(19세기)은 가능한 것으로 보았으며, 토마스 아퀴나스(13세기)는 가능한 뉘앙스로 서술하였고, 흄(18세기)과 트릴쉬(19세기)는 불가능한 것으로 보았다.

고대의 플라톤은 철인을 제외한 범인은 불가능한 것으로 보았고, 아리스토텔레스는 가능한 것으로 보았다. 이 논쟁은 지금까지 이어지고 있다. 현대인들은 이 논쟁에 답을 제시하기보다는 해체하여 '~일 뿐'으로 서술한다. 유럽의 30년 전쟁은 앞서 말씀드린 데로 이 주제와 전혀 무관하지 않은데, 자유와 의지에 역점을 둔 가톨릭과 필연에 무게를 둔 개신교 간의 싸움이기도 하였다.

스토아학파는 에피쿠로스학파와 동일한 유물론이지만 행복에 접근하는 방식이 다르다. 그들은 보다 구체적인 존재론의 양상을 띠며 행복과 본질을 추구한다. 그들에게 존재란 두 종류의 재료로 구성되는데 질료와 정신이다. 정신은 질료를 움직이게 하는 동인이고 이렇게 움직인 재료들이 형질을 만들어 간다. 우리의 몸과 우주는 이런 정신에 의해 형성된 형상이다. 이 정신(프뉴마)은 자연과 인간을 만들어 낸 일종의 신성 가득한 영(프뉴마)다.

이 정신이 인간 내면에 있기 때문에 외부에서 본질과 실상을 찾을 필요가 없다. 의지가 본질에 도달할 수 있는지의 여부도 고민할 필요가 없다. 이미 자연과 사람 안에 있기 때문에 그것으로부터 찾으면 된다. 플라톤의 이데아(본질) 개념이 피안의 경지에 있는 것이 아니라 사람과 우주 안에,

곁에, 옆에 있는 셈이다.

이 개념은 3세기의 신플라토니즘이 출현할 수 있도록 아리스토텔레스, 플라톤 철학에 효모 구실을 한다. 다시 말해 플라톤, 아리스토텔레스, 스토아 철학이 융합되어 신플라토니즘이 출현하는데 일종의 업그레이드된 스토아 사상이다. 이데아계와 이데아의 비유인 현상(image)계가 이원론으로 분리된 것이 아니라 하나의 개념으로 통일된다. 한마디로 내 안에 신이 있다.

이러한 신플라톤 사상은 11~12세기에 아리스토텔레스 사상에 강조를 둔 스콜라 철학으로 부활하고, 12~16세기에 플라톤 사상에 강조를 둔 르네상스로 부활한다. 그리고 지금까지 존재론 물음의 핵이 된다. 그러니 예수 출현 당시의 헬라 문화는 곧 2천 년 서양 철학사의 모체가 되는 셈이다. **예수와 헬라와의 만남은 비단 예수 출현 당시만이 아닌 전 역사이기도 한 것이다.**

일원론으로 서술되었다고 해서 이데아(본질, 물자체)와 현상계(비유, 불완전, 부족)가 하나의 통일된 존재로 극복된 것은 결코 아니다. 일원론으로 서술된 것이지 입증된 것이 아니기 때문이다. 논리적으로 전개해 나가다 보면 수많은 문제에 봉착하게 되고, 실제로는 극복하지 못한 채 또 다른 서술로 이전의 극복하지 못했던 서술의 자리를 대신한다.

쉽게 말해 완전과 불완전은 하나 될 수 없는 역설적 존재다. 하나 되는 순간 불완전은 형상을 잃게 되기 때문이다. 질량을 부여받기 전의 입자들이 대칭성으로 인해 구별이 불가능하였지만 질량을 부여받음으로 빛 이하의 속도에서도 입자가 유지되어 대칭성을 깨뜨리고 존재로 유지될 수 있었던 것처럼, 불완전이 질량을 얻은 입자처럼 형상을 유지해 완전(대칭성)과의 대면에서 흡수되지 않고 남게 되지 않는 한 완전과 대칭되어 구별과 형상은 사라지고 만다. 한마디로 완전에 흡수(대칭)되고 만다.

이데아계와 현상계의 통일을 고려하는 스토아 사상은 여전히 수많은 문제를 떠안은 채 호기심 많은 학자들과 사람들을 괴롭혀 왔고 지금도 괴롭히고 있다. 다시 말해 존재론 물음은 여전히 현재 진행형이다. 예수는 이러한 물음의 한복판에 출현하였던 것이다. 그런 후 21세기를 살아가는 지금의 사람들, 다시 말해 여전히 그러한 물음을 던지며 답을 찾고 있는 사람들에게 자신과의 만남을 주선하고 있다.

예수와 헬라와의 만남은 2천 년 동안 계속되고 있으며, 전 역사를 아우르는 존재론 물음 한복판에서 여전히 성사되고 있다. 이 물음이 한창이던 B.C.와 A.D. 사이에 출현하여 이런 말을 던진다.

"나는 사람이면서 신이다." 즉, 다시 말하면 이런 말이다.

"내가 이데아이면서 현상입니다."

콘스탄티누스 대제가 324년 로마의 국교를 기독교로 공인할 즈음 기독교 사회는 두 진영으로 나뉘고 있었다. 그리스도의 신성과 인성이 어떻게 존재론적 타당성을 유지할 수 있는지에 대한 몰이해가 초래한 결과였다. 이것을 기독론 논쟁이라 한다. 다시 말해, 예수는 인간이면서 동시에 신이라 하였는데 신성과 인성이 어떻게 '존재'가 될 수 있느냐는 것이다.

사실 이 물음은 헬라인들이 자기들의 철학에서 자주 묻곤 하던, 위에서 언급한 문제들이었다. 플라톤은 이원론으로 구분하였고, 스토아와 신플라토니즘은 일원론으로 융합하였다. 하지만 일원론으로 융합하였어도 여전히 문제는 남는다. 완전(신성)과 불완전(인성)은 **통일**의 개념이 아닌 **흡수** 또는 **사라지는 개념**이기 때문이다.

따라서 사르트르 같은 인물이 출현하는 것이다. 즉, 불완전(즉자이면서 대자인)인 내가 조금 더 완전(즉자, 그다음 즉자, 그다음 즉자와의 만남의 연속)한 즉자와 지속적인 만남이라는 일종의 단계를 두게 된다. 하지만 이러한 단계는 시간을 벌어 두었을 뿐 애매한 관계로 귀결되는 것은 시간 문제였다. 지금의 즉자와 최후의 즉자는 의식적 측면에서 어떤 상태인지 설명할 길이 없기 때문이다. 완전한 즉자라면 그냥 신이 되기 때문이다.

이 논리로는 신은 본질상 1자가 되기 때문에 '나'라는 개별은 애매하게 된다. 즉, 나는 완전에 흡수되어 내 인격은 애매하게 되고 만다. 신이 아닌 개별성을 조금이라도 남겨두기를 원한다면 무(無)라는 표식이 훨씬 비신화화에 어울린다. 이러한 존재론적 문제를 **헬라 사람들은 이데아와 현상계의 통일**에서, **기독교인들은 예수**에 대한 이해에서 직면하였다.

'인간(현상계)이면서 신(이데아)이 어떻게 예수(존재)가 될 수 있단 말인가?'

인성이 사라지든지, 철저하게 분리된 두 개의 인격이 되어야 한다. 통일이 아닌 두 존재가 되어야 한다.

이 물음을 극복하지 못한 사람들은 예수를 이렇게 이해하였다.

(1) 신성과 인성이 섞임
(2) 신성에 인성이 흡수됨
(3) 신성과 인성이 완전히 구분됨

셋 다 신성과 인성이 그 특성을 그대로 유지한 채로 하나의 인격이 되는 데 실패하고 만다. 신성만 남든지, 신성과 인성이 조금씩 파괴되든지, 아니면 만날 수 없는 양극으로 독립된다.

'신성과 인성 어느 한쪽이 전혀 손상되지 않은 채 그 특성들이 유지되면서 한 인격(존재)이 될 수는 없단 말인가?'

이는 헬라 문화로 이야기하면 이런 질문이 된다.

'이데아와 현상계가 서로 그 양태의 파괴됨 없이 그대로 유지되면서 존재가 되는 방법은 없단 말인가?'

이러한 물음에 예수의 대답은 자신은 사람이면서 신이라는 것이다. 다시 말해 신성이 조금도 변형되지 않고 인성 또한 전혀 손상되지 않은 상태로 역설적으로 하나의 인격적 존재가 되었다는 주장이다. 자신이 스토아의 완성이고 존재론의 양태라는 것이다.

 이것을 액면 그대로 기술하면 1위 2성이 된다. 하나의 인격에 둘의 본성이 섞이지도, 결합되지도, 흡수되지도 않고, 그 둘이 전혀 손상됨 없이, 무(無)라는 애매한 표식으로 흐리지 않은 채, 하나의 인격(위)으로 존재하는 것을 말한다. 예수는 그러한 신비로운 존재로서 영원히 극복할 수 없는 '이데아계'와 '현상계'의 통일을 바로 자신으로 설명한 것이다.

 예수는 1위 2성으로 헬라 세계에 출현하였다. 헬라(이데아계와 현상계의 관계)와 예수(1위 2성)의 만남이 B.C.와 A.D. 사이의 간막극이 되어, 과거를 Before Christ, 미래를 *Anno Domini*로 표기하게 만들었고, 이러한 존재론 물음은 지금 까지 이렇게 이어지고 있다.

 "현상계의 인성이 파괴되지 않은 자아를 유지하면서 동시에 이데아계의 본질이 될 수 있다."

 "이데아계의 완전에 불완전인 인성이 흡수되지 않은 채로, 다시 말해 우리의 인성을 유지한 채로 이데아계의 철인이 될 수 있다."

 "불완전의 인성이 전혀 손상됨 없이 나 자신 그 자체로 완전에 흡수됨 없이 완전을 향유할 수 있다."

 "나 예수가 그 예표이며 나를 믿는 자는 그렇게 된다."

 헬라와 예수와의 만남은 이러한 만남이었고 존재론의 만남이었으며, 이 만남은 지금도 계속된다.

 이 만남을 거부하는 사람들은 완전을 제거하고, 모든 것을 상대성으로 분산시켜 해체하고는 '~일 뿐'들이 모여 형상이 되기를 기대한다. 해체주의는 여기서 태동한다. 답이 없는 질문을 더 이상 하지 않겠다는 것이며 문제를 야기한 잘못된 물음들과 그 근거들을 해체하는 것이 바람직하다는 것이다. 간단하다. 이데아를 없애면 모든 것이 해결된다. 현상계만 남으면 된다. 절대의 제거는 상대만을 남긴다. 하지만 '역사는 필연일 수 없다'에서 상대성의 실체를 낱낱이 파헤쳐 보았듯이 '~일 뿐'은 놀랍게도 절대성을 친구로 삼고 있었다.

  헬라와 예수와의 만남은 현재 진행형이고, 여전히 예수는 이렇게 말하고 있다!

  '나는 사람이면서 신입니다.'

  여기서 잠시 믿음에 관해 이야기하지 않을 수 없다!

  믿음은 일종의 관념으로써 인식과 의식이다. 기독교 성서 히브리서 11장 1절에 보면 믿음의 양태가 다음과 같이 기술되어 있다.

> 믿음은 바라는 것들의 실상이요 보이지 않는 것들의 증거니(히 11:1).

  이 말씀은 믿음(인식 또는 의식)이 실상을 의식한다는 것이다. "실상"에 해당하는 원어가 의미심장하다. 휘포스타시스(ὑπόστασις, hypostasis)인데, 이는 두 가지 의미를 함유한 단어다. 즉, ὑπό(under) + στασις(stand)의 합성어다. '사물의 기초가 되다'(under+stand), '이해하다'(understand)는 뜻으로 사용된다. 관념의 관점에서 보면 '이해'이고, 존재론의 입장에서 보면 '근본', '본질', '그것 자체', '물자체'가 된다. 그래서 라틴어로 서브스텐시아(*substantia*, 실재)로 표기하기도 한다. 결국, 믿음은 관념과 존재의 의미를 모두 포함하는 단어다.

  정리하면 이렇게 된다. 믿음에서 관념과 존재가 별개의 것으로 구분되지 않고, 관념이면서 존재(실재)가 된다. 히브리서 11장은 바로 이것을 말하고 있는 것이다. '믿음은 바라는 것들의 실상(휘포스타시스, understand)이요 보이지 않는 것들의 증거니' 의식은 실재와 별개의 것이 아니었다. 그것이 믿음이라는 독특성이다. 조금 억측 같지만 믿음이라는 관념은 물질과 존재론과 깊은 관련이 있다.

  불완전한 나의 인식이 실재(이데아)를 인식한다. 그런데도 흡수되지 않고 나는 나로 남을 수 있었고, 더 나아가서 본질로서의 존재, 즉 이데아계의 존재와 존재론적 관계를 맺었음에도 나의 인성은 1자에 흡수되지 않고 나의 인격 그 자체로 남아 있었다. 인성 자체가 손상됨 없이, 완전에 흡수되지도 않으면서 이데아계를 의식하였다. 그리고 나의 인성으로 실재가 되었다. 이데아계와 관계하였을 뿐만 아니라 그러한 존재와 모종의 존재론적 하나가 되었다.

이것이 믿음이다. 이보다 더 역설이 없을 것이지만 이상의 것들을 가능하게 하는 것이 믿음이다. 그러므로 믿음은 사실(fact)을 믿는 것 이상의 존재론적 관념론이다. 사실(fact)을 넘어 본질(subsistantia)을 의식하는 관념이다. 관념인데 실재가 되었고 관념인데 존재론이 되었다.

예수는 헬라와의 만남에서 이 믿음이라는 인식을 통해 이데아계와 현상계의 통일을 볼 수 있다고 하며 그러한 믿음을 선포하였다. 바라는 것들의 실상 즉 휘포스타시스(ὑπόστασις, 이해와 존재)가 믿음(관념)이라는 시공(직선 시간과 영원)에서 '된다'는 것이다. 결국, 믿음은 예수의 신비로운 존재론(1위 2성)처럼 그 예수의 존재론이 그러한 시공에서 내 것이 되게 하는 존재론적 관념이 된다.

이 믿음은 예수를 인식할 때 발생하며, 이데아와 현상계는 이 믿음에 의해 존재론적으로 하나가 된다. 예수를 알 때, 다시 말해 로고스(Logos)와 의식적으로 반응할 때 그 의식 곧 믿음(의식과 인식)이 예수 자신 안에서 존재론 통일이 이루어진다. 관념이면서 실재가 되는 것이다. 예수 이외에는 그러한 존재론적 실체가 없기에 예수의 존재론적 시공(영원)에 내가 참여하는 형국인데, 그 시공의 인식이 믿음이다.

예수와 헬라의 만남은 역사 내에 다음과 같이 계속되고 있다.

- 데카르트는 마음과 대상은 연계되어 있다고 봄으로 관념과 실재의 연계성을 찾으려 하였다.

- 스피노자는 사고와 외연은 자연과 직결되는 것으로 무한실체인 자연은 관념 그 자체는 아니지만 관념과 분리된 것도 아닌 것으로 서술한다.
- 버클리는 관념은 영원하며 보편적인 어떤 것으로, 심지어 자연은 신의 마음 안에 있는 관념이라 하였다.
- 칸트는 물자체는 알 수 없지만 도덕 감, 다시 말해 감정은 도덕이라는 렌즈를 통해 실재를 어느 정도 볼 수 있는 기관으로 보았다. 관념과 실재를 분리하지 않은 것이다.
- 셸링 또한 자연과 정신을 따로 구분하지 않고 정신의 발전해 가는 과정에서 자연이 출현하는 것으로 보았다. 관념이 곧 자연이 된다.
- 헤겔은 사고의 법칙이 곧 사물의 법칙이라며 관념과 자연을 하나로 보았다.
- 리츨은 감정을 통해 실재에 접근하려는 것에서 칸트와 비슷하지만 그와 달리 물자체를 알 수 있다 하였고, 마찬가지로 관념과 실재의 연계성을 둔 것이다.
- 마르크스는 자연을 아예 정신으로 보아서 자연이 정신을 규정한다고 말한다. 유물사관이 여기서 태동한다. 자연이 곧 관념이고 관념은 자연의 정신이다.

이상에서 언급한 인물들과 사상들의 배후에 자리하고 있는 '이데아계'와 '현상계'의 통일을 염원하고 있다는 것을 짐작하셨을 것이다.

이상의 주의들과 주장들은 헬라의 근본적 물음을 해결한 듯한 어조의 단어들로 각자 역설하지만, 사실 근본 문제는 다양한 비유와 은유의 옷을 입고 은둔해 있을 뿐 해결되지 않은 채 본래의 자리에 그대로 위치하고 있다. 다양하게 적용된 비유와 은유로 인해 마치 해결된 듯한 착각을 불러일으킬 뿐 근본 문제는 변화된 것이 없다. 즉, 이데아계와 현상(image)계가 어떻게 존재가 되는지의 물음은 여전히 회피된 상태다. 그만큼 이 둘의 통일을 인류는 염원하고 있는 것이다.

　마르크스를 하나의 예로 든다면 자연이 정신이며 이데아가 자연에 있는 것인데, 자연 안에 이데아를 둔다고 해결된 것이 아니다. 그것 자체가 모순이다. 이미 궁극을 불완전의 개념과 은유로 덧쒸워 두고 마치 통일된 듯한 어조로 마무리하고 있기 때문이다. 그것이 바로 자연이란 은유이며, 노동인이라는 비유다. 쉽게 말해, 자연에 궁극을 은둔해 두고 자연 그 자체를 이데아처럼 그리고 있다. 이러한 언어 기술에 이데아의 원리가 희석되어 마치 자연이 이데아인 것처럼 인식된다. 그 자연을 움직이는 힘은 은둔해 있는 어떤 것이다. 무와 다를 것이 없다. 결국, 이데아가 현상계에 섞여 버린 꼴이 되었다.

　이들은 이 힘이 결국에는 공산 국가를 도래하게 만들 것이라 하였지만 기대와 달리 민중은 조용했다. 따라서 이론을 합리화하기 위해 공산 국가로 가는 중간 과정을 상정하게 되는데 그것이 바로 사회주의다. '이데아계'와 '현상계'가 통일되지 못하고 있는 전적인 방증이기도 하다. 인류의 염원은 이렇게 다양한 스펙트럼으로 드러나고 있는 것이다. 예수와 헬라의 만남은 아직도 현재 신행형이다.

　입자 물리학으로 접근해 보아도 관념과 물질은 그 구분을 설정하기 쉽지 않다. 아원 입자를 쪼개 스핀네트워크로 나누고, 이 스핀 네트워크 하나를 살펴보면 그것 자체가 시간이며 공간이 된다. 따라서 스핀 네트워크는 시공간 안에 있는 것이 아니라 그 스핀 네트워크 하나가 시간과 공간이 된다. 그 자체가 시간이며 공간인 스핀 네트워크가 또 다른 네트워크와 만나는 점(노드)이 소위 말해 더 이상 쪼갤 수 없는 아원 입자가 된다.

　만나는 점은 힉즈장을 통한 만남이며 점(노드)이 형성되었다는 것은 곧 질량을 부여 받았다는 것을 말하고, 이렇게 질량이 부여된 점(노드)들의 양자적 반응들에 의해 발생된 원자들이 원소가 되어 나라는 형질이 된 것이다. 이것을 역순으로 다시 소급해 보면, 우리 몸을 구성하고 있는 원자는 아원 입자들의 양자 반응이며, 아원 입자는 그것 자체가 개별 시간과 공간의 입자인 스핀 네트워크들의 만남이고, 스핀 네트워크는 곧 장들의 양자 현상이다.

결국, 우리 몸은 시공간에 있는 어떤 것이 아닌 그것 자체가 시공간인 장들이 만들어 낸 거시적 세계의 시공간, 비로소 마치 시간과 공간이 있는 것처럼 보이는 그러한 시공간에 있다. 미시 세계로 진입하면 우리 몸을 구성하는 스핀 네트워크는 그 자체가 시공간이며 이러한 시공간들의 입자들이 만나 거대한 바다를 형성해 출렁이는 것이 비로소 우리가 시공간이라 부르는 영역이다. 그렇다면 이렇게 구성된 우리의 뇌는 개별 시간과 공간이 출렁이는 바다임을 알게 된다. 장만 남는다. 장은 물질도 에너지도 아닌 에너지에 가까운 어떤 것이다.

모든 것이 연계될 수 있는 …!
그렇다면 관념과 물질의 차이는 무엇이란 말인가!
관념과 물질은 장으로 모이게 된다.

이제 장의 출처만 밝히면 되는 것일까?
장은 어떻게 존재하게 된 것일까?
최소한 장은 대칭성인데!
다시 말해 모든 것이 동일한 것들인데!
시공 초월이며 그 자체인데!

그것이 스스로 본래부터 있던 것이라고들 주장한다. 그러면 장은 신이 된다.
사르트르가 말한 즉자 존재!
즉 스스로 그것이게 하는 근거가 필요 없는 그냥 그것!
그렇다면 장은 언어가 된다!

우연이든 필연이든 방향을 찾았고, 찾아진 방향(의미)들과 목적(의미)들이 각종 시스템과 형질(의미들의 종합)이 되었기에, 더 나아가서 유기물이 되어 언어를 구사하는 인간이 되었기에, 장은 의미론의 효시가 된다. 소급해 올라가면 의미가 먼저인지, 의미를 발생시키는 장이 먼저인지, 마치 닭이 먼저냐 알이 먼저냐 식의 존재론 물음이 발생하지만, 아무튼 의미는 우연이든 필연이든 그곳에 남는다. 다른 말로 언어 곧 로고스(Logos)다.

의미는 우연히 발생된 것인가?
아니면 필연으로 본래 있던 것인가?
인간이 의미를 불러 주기 전에는 하나의 몸짓에 불과하였나?
사랑을 불러 주었을 때 비로소 사랑의 의미가 되었나?

그러면 엄밀히 말해 의미가 있는 것이 아니라 사람의 의식만 있을 뿐이고, 인류가 사라지면 의미도 사라진다. 그러나 사람이 있기 전에 의미 활동이 있었기 때문에 지금의 우주와 사람이 있게 되었다.
그러면 장이 의미를 발견한 것인가, 의미가 장을 움직이게 만든 것인가?
여기서 셸링과 헤겔 그리고 마르크스는 의미가 본래 있던 것으로 본다. 그러면 장이 의미이던지 아니면 의미를 발견한 의식적 존재가 된다. 의미를 발견하였다면 의식 있는 존재가 되고 만다.
그러나 그럴 리 만무하고 …!
그러나 장이 과학자들의 주장처럼 어떤 에너지로서 시공을 초월해 영원히 스스로 있는 것이라면 그것 자체가 의미, 즉 로고스(Logos)가 된다!
장이 로고스처럼 작용하였기 때문이다. 장 자체가 가능성으로서의 의미이든, 스토아 철학에서 말하는 것처럼 정신(의미)이 장을 움직여 그 의미 활동의 결과로 우주와 각종 형질이 있게 하였든, 소급해 올라가면 '**의미 활동하는 장**'에 이르게 된다.

예수는 헬라와의 만남에서 스스로를 이렇게 말한다.
"저는 Logos입니다."
기독교 성서 요한복음 1장 1절에 보면 이런 구절이 나온다.

> 태초에 말씀(Logos)가 계시니라 이 말씀(Logos)이 하나님과 함께 계셨으니 이 말씀(Logos)은 곧 하나님이시니라(마 1:1).

예수는 헬라와의 만남에서 자기를 로고스(Logos)라고 말한다. 다시 말해 이데아계와 현상계의 만남이 예수 자신이며, 물질이며, 역사라는 말이다. 영원이 시간으로 드러난 존재가 예수라고 말한다.

2. 역사가 보여 주고 있는 큰 그림

성경에 따르면 헬라와의 만남에서 철학 물음의 중심에 자신을 해답으로 제시한 예수 그리스도는 새로운 물리 구조의 몸으로 변화된 후 모두가 보는 앞에서 하늘로 승천한 것으로 기록하고 있다. 그는 이런 사건이 있기 오래전에 유대인들에게 의미심장한 말씀을 했다.

> 이 성전을 헐라 내가 사흘 동안에 일으키리라(요 2:19).

그들은 예수를 정신 나간 사람으로 간주하였다. 이 성전은 건축을 매우 좋아하였던 유대의 분봉 왕 헤롯이 46년 동안 건설하였기 때문이다. 그런데 그 성전을 허물고 3일 만에 재건한다고 하니 이보다 더 정신 나간 사람은 없었다.

히브리 문학에서 성전은 존재론이기도 하다. 그 효시는 모세 오경, 특별히 출애굽기와 레위기로 거슬러 올라가는데, 국가와 세상의 중심을 성전으로 보았다. 여기서 성전은 예수의 십자가 사건이 중심이 되어 의가 확보된 관념과 물질을 말하는데, 이러한 그림이 구약과 신약 전체를 관통하는 거시적 윤곽이다. 그 물질의 핵이 성전이고, 그 성전의 핵이 예수의 십자가 사건이 된다.

따라서 십자가 사건으로 확보된 의는 만물의 존재 근거가 된다. 예수는 거시적 그림으로서의 성전을 이야기한 것이고, 그 중심에 자신의 십자가 사건이 있음을 역설한 것이다. 단지 46년 동안 유대라는 시공의 자리에 협소한 자태로 서 있던 헤롯 성전을 말한 것이 아니라 자기 십자가 사건을 중심으로 온 세상이 성전이 될 것을 주장한 거시적 그림이었다. 성전은 곧 물리의 완성을 의미한다. 예를 들어, 헬라와의 만남에서 자신을 답으로 제시하였던 존재론의 완성을 말한다.

즉, 어떻게 하면 인간이면서 완전과 통일을 이룰 수 있을까?

(플라톤, 아리스토텔레스, 신플라톤 사상 등) 여기에는 윤리로서의 의만 관여되는 것이 아니라 총체적 의미로서의 의가 관계한다. 의를 윤리석 측변으로만 접근하여 도덕, 공의, 정의와 연관해서만 생각하는 경향이 있는데, 의란 존재론으로 이야기하면 물자체를 말한다.

그것이 그것 되게 하는 바로 그것!

이것이 가능하기 위해서는 십자가 사건이 필수이고, 그 후 모든 존재(알갱이, 입자, 아원 입자, 각 장, 등등)가 그 의와 관계되어 통일되는 것으로 예수는 역설하고 있었던 것이다. 헬라와의 만남은 계속되고 있었다.

'제가 신이면서 사람입니다.'

예수는 십자가 사건 후 새로운 물리 구조로 부활하여 승천하였고, 이 승천으로 모든 물리 구조는 이제 완성의 때를 향한 역사로 진행된다. 관념과 물리 구조가 아직은 완성으로서의 양태는 아니지만 새로운 관념(믿음)에 의해 어느 정도 맛볼 수 있고, 어떤 때(영원과 시간의 역설적인)에 의로 가득 찬 물자체가 될 것으로 성경 전체는 그리고 있다. 그것을 성전의 완성으로 기록한다.

그러므로 '그날'에는 세상에 성전이 없다고 말한다. 세상이 존재론에 있어서 완성되었기 때문이다. 예수는 바로 이 성전 개념을 오로지 규모와 눈에 보이는 물질적 부에만 혈안이 되어있던 유대인들에게 만물과 역사는 바로 이 성전의 개념으로 진행될 것이라 말했던 것이다. 기독교인들은 역사적인 이 완성의 때를 예수의 재림으로 보고 있다. 그 사이에 이미(already)와 아직(not yet)의 개념으로 미리 맛볼 수도 있고, 아직은 완전하지 않는 개념으로 만물과 역사를 기대한다.

이런 주장을 근거로 실제 역사가 어떤 그림을 그리고 있는지 거시적 안목으로 살펴보자!

1) 예수 승천 직후

다소 의아한 충돌과 만남이 형성되면서 기독교 국제화의 발판이 마련된다. 어떻게 설립되었는지는 자세히 모르겠지만 예루살렘 교회가 세워졌다. 그 안에 두 집단이 있었는데, 유대교에 뿌리를 두고 있던 정통파 신도들과, 헬라 문화권에서 살다가 귀향한 헬라파 신도들이 있었다. 헬라파 과부들이 교회의 구제 사업에서 종종 제외되는 일이 발생하였다. 섭섭한 이들을 지도부가 모두 관리하기에는 그들의 사역의 범위가 넓고 업무는 과중하였다.

이러한 문제를 해결하기 위해 일곱 집사를 선임하였다. 사도들과 업무를 효율적으로 나누어 교회 내에 발생하는 문제들을 보다 수월하게 처리할 수 있게 하려는 의도였다. 강조하고 싶은 것은 그 일곱 명 모두가 헬라파 사람들이었고, 그들이 유럽에 기독교 문화를 퍼뜨리는 데 주요한 역할을 하였다는 점이다. 그중에 스데반이란 인물이 있었는데, 그는 헬라파 기독교인답게 정통 유대교에서 자유로울 수 있었고, 그들이 주장하는 율법주의에 정면으로 반대할 수 있었다. 이것이 빌미가 되어 유대인 법정에 고소되고 투석 형에 처하게 된다.

이 사건을 계기로 유대인들의 핍박은 심해지고 그것으로 인해 대부분 흩어지게 되는데, 이 중 몇 사람에 의해 안디옥에 처음으로 이방인 교회가 세워진다. 지금은 튀르키예(터키)의 작은 도시에 불과하지만, 당시 안디옥은 국제도시였다. 터키는 동서가 만나는 역사적으로 주요한 완충 지대로, 헬라와 서양이 만나는 교두보가 되기도 한다. 실제로 스콜라 철학과 르네상스는 이 지역이 각종 자료의 교두보가 되었기 때문에 가능했다. 그곳에 최초 외국 교회가 세워졌다는 것은 지정학적 위치 자체가 예수와 헬라의 만남을 의미했다.

신기하다!

지리까지도 여전히 헬라와 기독교의 만남을, 예수와 헬라와의 만남을 그려주고 있다. 유럽 역사에 주요한 획을 그은 인물 중 한명은 바울이다. 그에 의해 서양의 기독교 제국이 시작되었다고 해도 과언이 아니다. 하지만 의미심장하게도 그의 신앙 여정의 시작은 기독교가 아니었다. 오히려 기독교 박해 집단이었던 정통 유대교였다. 유대교 사상이 뼛속 깊이 스며 있던 인물이었다.

신의 철저한 의도였을까?

신기하게도 그의 출생지조차 헬라 사상의 중심지였던, 특별히 스토아학파 가르침의 중심지였던 다소였다. 유럽을 기독교 제국으로 만든 효시적 인물의 출생지가 스토아학파 중심지라니 어딘지 모르게 예수의 출현과 공명한다. 그는 그 예수를 철저히 거부했다. 그리고 예수 믿는 사람들을 물색해 관가에 넘겨서 사형에 처하도록 하는데 일종의 거룩한 뜻을 품고 있던 인물이었다.

그런 그에게 유럽 역사의 흐름을 바꿀 사건이 일어난다. 신약 성경 사도행전에 의하면 그는 예수 믿는 사람들을 잡아다 사형 언도를 받게 하려고 길을 떠난다. 그런데 다메섹으로 향하던 도상에서 자기가 그렇게도 혐오하던 예수를 감당할 수 없이 밝은 빛 가운데 만났다. 그에게는 엄청나게 충격적인 사건이었다.

'예수가 신이었다니!'

그 사건 후 그는 예수처럼 헬라와의 만남의 문을 열기 시작한다. 헬라와 예수를 가장 혐오하던 정통 유대교 출신 바울이 가장 예수를 닮은 사역, 즉 헬라를 향한 발걸음을 내딛게 된다. 그의 헬라와의 만남으로 기독교 문화는 서양사뿐만 아니라 철학사에 원소 구성 원자가 된다.

스콜라 철학과 르네상스 및 인문주의는 기독교 문화와 결코 무관하지 않다. 그의 문서와 문화 사역들을 통해 그리스(헬라)를 비롯해 로마 제국의 대부분 지역은 예수 문화의 영향을 크게 받아 중세와 근대 그리고 현대에 이르기까지 서양사에 주춧돌 역할을 하게 된다. 서양 문화는 예수 문화라 해도 과언이 아니다.

2) 태양 탄생일이 성탄절 되다 (의미심장한 징후들)

1~3세기 기독교 확장이 이루어진다. 소아시아, 시리아, 마케도니아, 그리스, 로마에 확장되기 시작하였고, 심지어 이집트까지 기독교가 존재하게 되는데 그 이유는 잘 모른다. 그 정도로 기독교는 마치 바람이 임의로 부는 것처럼 퍼져 나갔던 것이고 그 원인을 명확히 기술하기 어려울 정도로 자연스러웠다.

기독교 고대 문서 또한 비슷한 방식으로 퍼져 나갔는데 현재 우리가 접하고 있는 성경의 각 권으로 모이기까지는 마찬가지로 마치 필연과 우연의 바람이 부는 것 같았다. 각 권이 취합되기까지 어떤 누구의 강제도 없었다. 중앙집권적 힘이 작용하지 않았고, 어떤 특정인과 단체의 강압이나 주도적 움직임에 의한 것이 아니었다. 거의 2세기에 걸쳐 수많은 논의가 있었고 그 결과 기준들을 설정해 그것에 부합하는 자료들을 정경으로 인정하기 시작하였다. 기준들이 고려되었지만, 이것이 규범이 되어 단번에 형성된 것이 아니었다. 200년이란 긴 기간이 소요 되었다.

이처럼 기독교 문화는 원인과 결과를 과학적 방식으로 서술하기 힘들 정도로 살며시 헬라 문화에 스며들어 가고 있었다. 일종의 바람이었다. 이 바람을 로마 제국은 역풍으로 보지 않고 순풍으로 여기게 된다. 오히려 기독교 바람을 타고 항해하게 된다. 예수의 헬라와의 만남은 악수례를 넘어 친교의 관계가 되었고, 친교를 넘어 헬라의 안방을 내주는 분위기가 형성되기 시작한다.

이를 방증이라도 하듯 로마의 사회, 정치, 경제, 군사력과 직결되는 주피터(제우스)의 자리를 예수에게 양보한다. 그 대표적인 예가 12월 25일 성탄절이다. 현대인들은 12월 25일이 되면 자연스레 예수의 탄생을 기념하지만, 사실 이날은 예수의 출생일이 아닌 태양 축일이었다. 이 역사적 사실을 이단들이 사용하며 기독교의 정통성을 훼손하려 하지만, 그들의 이러한 악용은 오히려 자기들의 이권을 위한 인본주의적 발상에 지나지 않는다는 것을 쉽게 알 수 있게 된다. 예수 탄생일을 의문에 부친 하늘의 섭리를 오히려 망각하고 정확성을 꾀하려는, 오히려 인본주의적 발상에 지나지 않는다.

왕을 신격화 하는 문화는 단연 로마에서 돋보였다. 3세기의 황제들은 자기를 신들의 아들로 여겼다. 이 문화가 발전하여 태양 숭배로 이어진다. 태양은 만물의 근원이고 생명을 주는 신의 상징물이 된다. 심지어 태양신에게 바치는 웅장한 신전을 건축하기도 하였다. 아우렐리우스 황제 시절에 12월 25일을 태양신의 탄생일로 지정하여 후대에 전수한다. 그리고 동방에서는 1월 6일을 디오니소스의 탄생일로 여겼다.

하지만 영향력이 커져 가던 기독교 문화는 이 둘을 흡수한다. 만물의 근원이며 생명과 구원을 가져다주는 신은 로고스, 즉 예수 그리스도이며, 로마의 신을 상징하던 것에서 그리스도를 상징하는 태양으로 바꾼 것이다. 4세기 초 어느 때 부터인가 로마 사회는 12월 25일을 제우스의 태양이 아닌 예수 그리스도를 상징하는 태양으로 탈바꿈하여 성탄절로 기념하기 시작한다. 어느 순간 제우스를 상징하는 태양에서 예수를 상징하는 태양으로 살며시 바꾼 것이다.

그뿐 아니라 1월 6일을 디오니소스 탄생일이 아닌 그리스도의 메시아로서의 드러난 사건, 즉 주현절로 바꾼다. 예수와 헬라의 만남은 서로에게 엄청난 영향력을 행사하는 만남이었다.

심지어 제우스의 자리를 예수에게 양보하다니!

3) B.C.와 A.D.로 나뉘다

각 나라별 날짜를 계산하는 기준들이 있었다. 우리나라는 1950년대까지 단기를 사용했고, 로마는 건국 원년을 기준으로 하는 AUC를 사용했다. 중국은 기원전 700년부터 자기들만의 중국력을 사용해 오다가 21세기 접어들면서 그레고리력으로 대체하였다. 이처럼 각 나라는 자기들만의 기원력을 사용하였다.

하지만 현재 국제 표준은 기원전, 후로 나뉘는 B.C.와 A.D.다. *Before Christ*(예수 탄생 전)와 *Anno Domini*(주의 날)로 구분된다. 대부분의 국가가 기원을 하나의 시작점에서 계사했던 것과 달리 햇수를 세는 기준을 둘로 나눈 것이다. 좀 말이 안 되지만 사실이다. 그 기준이 바로 예수다. 그리고 전 세계는 이 기준을 사용하고 있다. 예수를 그 기준으로 하는 것에 부담을 가졌던 사람들은 이 표기법을 좋지 않게 생각하여 C, 즉 그리스도를 상징하는 첫 글자를 Christ가 아닌 Common(공통)으로 해석하여 구분하기도 한다. 하지만 굳이 그렇게 구분할 필요가 있겠느냐는 생각이 든다.

왜냐하면, 그런데도 여전히 예수를 기준으로 연대를 나누고 있고 상징만 바뀌었을 뿐 그 구분법의 효시는 여전히 예수라는 것을 대부분의 사람이 암묵적으로 알고 있기 때문이다. 원천적으로 변경하기 원한다면 아예 표기 자체의 변화를 가져와야 한다. 필자를 기준으로 2023년이 아니라 7777년 이런 식으로 말이다. 세상은 예수를 기준으로 기원전과 후로 나뉘고 있다.

이런 구분이 가능했던 역사적 이유는 역시 기독교 문화 때문이었다. 커져가는 기독교 문화는 이러한 구분을 사용하는데 무언의 허용 세력이 되어 주었다. 기원후 525년경 신학자 디오니시우스 엑시구스에 의해 도입되었는데, 그레고리력과 율리우스력에서 처음으로 기원후(anno domini) 구분법을 사용하였던 인물이다. 그 후 유럽과 전 세계는 이 구분법을 따르게 된다.

이 구분법을 부담스러워하는 많은 학자와 사람들은 그 이유를 유럽을 휩쓴 기독교 문화에 돌림으로 우연에 의한 것이고 인위적인 현상으로 이해하려 하시만, 이 구분법이 진 세계적 현상이 되기까지 그 역의 우연 또한 작용할 수 있었는데 작용하지 않았다. 아무튼 이유야 어떠하든 전 세계인은 이 기원력을 기준으로 날짜와 시간을 사용하며 일상을 공유한다. 시간의 중심에 예수가 자리한다. 예수와 헬라와의 만남은 현재 진행형이고, 그 외연은 시간에까지 연장된다.

4) 제우스와 주피터가 예수로 바뀌다!

두 가지 의미심장한 사건이 또 발생한다. 로마 제국을 재건해 줄 것으로 기대했던 로마의 주신 제우스를 왕좌에서 내리고 그 자리를 예수에게 돌린 것과, 별로 강력하지 않은 군사력으로 막센티우스와의 전투에서 승리한 사건이다. 이 두 사건 모두 콘스탄티누스에 관한 이야기다.

　기울어져 가던 로마를 다시 강력한 제국으로 재건하려던 디오클레티아누스는 행정 구역을 네 지역으로 분할해 사두정치(四頭政治) 체제를 도입한다. 또한, 공동 황제와 부황제 제도를 실행해 네 분할 지역을 통치하게 하였는데, 이것은 군대를 효율적으로 정비함으로서 보다 넓은 지역을 관리할 수 있게 만들고 속주의 범위를 확장하는 데 그 목적이 있었다.

　디오클레티아누스는 자신의 부황제로 갈레리우스를 선임하였고, 서로마 지역의 공동 황제로 막시미안을, 부황제로 콘스탄티누스의 아버지인 콘스탄티우스 1세를 임명하였다. 디오클레티아누스 황제는 기독교에 중립적 태도를 취했지만, 부황제인 갈레리우스는 황제와 달리 기독교에 적대적이었다.

　결국, 기독교와의 마찰이 수면 위로 올라왔다. 군대를 수호하는 주피터에 대한 기독교인들의 태도가 발단되었는데, 로마 사회에 이미 기독교인들이 활동하고 있었기 때문이다. 특히, 로마군에 복무 중이었던 그들은 주피터를 인정하지 않았는데, 로마인들이 보기에 이런 행동은 로마 신에 대한 모욕이었다. 이런 분위기는 신전의 사제들에게도 고스란히 전달되었는데, 그들의 심기가 불편해서였는지 점괘가 잘 나오지 않았다.

　제국의 부활을 꿈꾸던 디오클레티아누스 황제는 더 이상 이런 혼선을 묵과할 수 없었다. 기독교에 더 이상 중립적 자세를 취할 수 없었고 자신의 부황제의 노선에 동참해 기독교를 박해하기 시작한 것이다. 궁정과 군대에서 기독교인들을 제거하였고 로마 전역에서 기독교인들을 지우기 위해 정치적으로 움직이기 시작하였다. 결국, 기독교 박해를 공인하는 칙령을 세 번에 걸쳐 발표한다. 교회 건물들은 파괴되었고, 종교인들은 투옥되었다. 로마의 다양한 신을 섬기는 신전 제사에 참여할 것을 강제하였다. 일부 신도는 이러한 박해로 인해 죽음을 피할 수 없었다. 예수와 헬라와의 만남이 파국으로 치닫는 듯했다. 마치 제우스가 사자후를 하며 예수를 향해 돌격하는 것 같았다.

그런데 어떤 이유 때문이었을까?

디오클레티아누스 황제는 건강이 악화하고 만다. 결국, 황제로서 더 이상 정권을 유지하기 힘들게 되어 정치 일선에서 물러나는 것 외에는 딱히 다른 방도가 없었다. 하지만 그는 혼자 물러나지 않았다. 자신의 부황제(서로마 황제 막시미아누스)를 함께 하야시킴으로써 추후에 발생 가능한 힘의 균형의 문제를 예방하였다. 자연스럽게 서쪽 지방은 부황제였던 콘스탄티우스 1세가 황제의 자리에 오르게 되는데 그는 기독교에 호의적이어서 서로마는 종교의 자유가 허락된다.

하지만 디오클레티아누스가 통치하던 동로마는 사정이 달랐다. 선왕 대신 황제 자리에 오른 갈레리우스와 그에 의해 새롭게 임명된 부황제 막시미누스다이아는 기독교 박해노선을 이어갔다. 멈추지 않고 계속해서 기독교인들을 박해한다.

그래서였을까?

마치 디오클레티아누스가 그랬던 것처럼 이번에도 갈레리우스는 중병에 걸리고 마는데, 급기야 자기가 죽음병에 걸린 이유는 기독교 박해 때문이라고 스스로 생각한다. 그 생각으로 인해 동로마 제국 내에서 더 이상 기독교가 박해받지 않도록 행정적 조처를 취한다. 그렇게 하면 자신의 병이 나을 것으로 생각하였지만 그의 염원과 달리 끝내 죽고 만다.

갈레리우스의 죽음은 힘의 공백을 만들었고, 그 공백으로 리키니우스 진영과 막시미누스다이아의 진영으로 나뉘게 된다. 그런데 막시미누스다이아는 기독교 박해 정신을 이어 받아 동로마는 종교의 자유가 확보되지 않는 듯한 분위기가 조성된다. 하지만 313년 두 진영 간의 전투에서 기독교에 우호적인 리키니우스가 승리함에 따라 동로마에도 기독교 자유의 서광이 비춰게 된다.

그런데 서로마에 문제가 발생한다. 새롭게 황제 자리에 오른 콘스탄티우스 1세가 갑자기 죽었기 때문이다. 콘스탄티우스 1세 사후에 그의 군대로부터 신임을 얻은 콘스탄티누스(콘스탄티우스의 아들)는 군대에 의해 황제의 자리에 오른다. 하지만 그의 등극은 합법적이지 않았다. 황제의 법적인 정당성은 세베르투스에게 있었기 때문이다.

이것은 결국 문제를 일으켰는데, 디오클레티아누스 황제가 서로마 지역의 공동 황제로 임명했던 막시미아누스의 아들인 막센티우스가 콘스탄티누스를 폐위시키고 황제의 자리에 올랐던 것이다. 그리고 기독교 박해 정책을 선호한다. 예수 문화가 안정되려던 서로마에 갈등의 불씨가 지펴지게 된 것이다. 콘슨탄티누스는 쉽게 물러서지 않았다. 결국, 서로마는 둘로 나뉘게 되어 콘스탄티누스와 막센티우스 사이에 수차례에 걸친 전쟁이 일어난다. 어떻게 보면 태양신(주피터, 제우스)과 예수와의 전쟁이기도 하였다.

이 둘은 여러 차례 전쟁을 치르게 되는데, 콘스탄티누스 군대는 보다 적은 전력으로 막센티우스 군대를 여러 차례 이긴다. 이제 최후의 전투만 남았다. 이 전투는 앞으로 전개될 1,400년 기간의 세계사를 결정짓는 주요한 사건이 된다. 예수와 헬라와의 만남에서 예수가 중심이 되는 사건이며, 제우스와의 대결에서 왕좌를 예수에게 넘겨준 사건이 되기 때문이다.

이 둘은 티베르강을 가로지르는 몰비안 다리를 사이에 두고 대치한다. 이제 이 마지막 전투만 승리하면 서로마는 콘스탄티누스의 손아래서 통일된다. 그는 기독교를 박해하지는 않았지만 그렇다고 예수를 신앙하는 인물도 아니었다. 선대와 마찬가지로 로마의 주신을 상징하는 태양을 숭배하던 인물이었다. 어쩌면 마지막 전투를 앞두고 제의를 갖춘 숭배 의식을 치렀는지도 모른다. 그런데 전투가 있기 하루 전날 밤 그는 한 꿈을 꾼다. 그 꿈에서 글자들을 보았는데 "이 표시에 의하여 승리하리라"는 문구였다. 이 꿈이 그에게 신선한 충격을 주었던 것 같다.

비록 기독교 신앙은 없었지만 성녀 헬레나가 그의 친모였기에 그 영향이 조금이라도 있었기 때문인지 이 마지막 전투는 태양신이 아닌 예수에게 승부를 걸어 보기로 한다. 예수를 상징하는 머리글자 키(Chi)와 로(Rho)를 병사들의 방패에 그려 넣고 전쟁터로 나간다. 결과는 승리였다. 막센티우스는 전사하였고, 서로마는 콘스탄티누스에 의해 통일된다.

이 전투를 계기로 예수에 대한 인식이 바뀐 그는 로마를 더 이상 주피터(제우스)에게만 의탁할 수 없게 된다. 로마를 다시 재건하고 관련된 모든 사업을 성취해 주는 신은 이제 제우스가 아니라 예수다. **태양신(주피터, 제우스 등을 상징)의 자리가 예수로 바뀌는 순간이다.** 12월 25일이 태양이 아닌 예수 탄생일로 바뀐 사건보다 더 파격적이다. 국가의 주신이 태양이 아닌 예수가 되어 12월 25일은 이제 더 이상 태양 축일이 아닌 국가적 차원에서 성탄절로 바뀔 수 있는 배경이 된다.

기독교 문화는 로마에 불기 시작한 작은 바람이었지만 콘스탄티누스에 의해 주류로 거세게 부는 바람이 되어 간다. 그런데도 곧 전 유럽을 강타할 거센 바람에 비하면 콘스탄티누스는 시작에 불과했다. 앞으로 이 바람은 폭풍이 되어 전 세계를 휩쓸게 된다.

서로마에서 정리된 기독교의 영향력은 당연히 동로마에도 미치기 시작한다. 콘스탄티누스는 처음에 동쪽의 승리자 리키니우스와 협정을 맺고 한동안 협치를 하지만 기독교에 소극적인 자세를 취하는 그를 못마땅하게 여기기 시작한다. 기독교에 대한 이해 차이가 심화되었고 기독교 문제뿐만 아니라 정치적 이유로 인해 결국 리키니우스와 전쟁에 돌입하게 된다. 콘스탄티누스는 동로마로 진격하여 승리를 취한다. 전쟁에 패한 리키니우스는 데살로니가에서 제거된다. 결국, 324년 콘스탄티누스는 로마 전체를 예수 문화로 평정해 명실상부한 로마 전체의 황제로 등극한다.

이 사건을 시작으로 유럽은 기독교 공화국의 면모를 형성하기 시작한다. 예수 왕정 시대라 해도 과언이 아닌 역사가 전개된다. 제우스는 이 전투를 계기로 자기 자리를 예수에게 넘겨주었다. 헬라와 예수와의 만남에서 헬라는 잠시 예수에게 자기 모든 것을 넘겨주고 겨울잠을 잔다. 추후에 보게 되겠지만 사망한 것은 아니었다.

5) 세계가 둘로 나뉘다!

콘스탄티누스 대제가 명실상부한 로마의 황제가 되어 거대한 포부를 품고 자신의 과업을 기독교 문화로 진행하려 하던 바로 그때 그가 접한 상황은 쉬운 문제가 아니었다. 공교롭게도 기독론 논쟁이었다. 헬라의 존재론 물음이 고스란히 예수의 존재론으로 옮겨온 셈인데, 기독론이란 쉽게 말해 예수의 존재론을 말한다. 신이면서 인간인 예수가 어떻게 하나의 인격을 가질 수 있는가에 대한 론(論)이다.

철학적 표현을 빌리면 기독론은 예수 존재론이 된다. 실제로 철학의 존재론과 본질적 물음이 같다. 앞장에서 다룬 스토아학파 사람들의 고민과 흡사한 이런 물음이다.

'이데아계와 현상계가 어떻게 통일될 수 있는가?'

이러한 물음을 던지고 있던 헬라와의 만남에서 예수는 '나는 사람이면서 신입니다'라고 말하며 그 본질적 물음에 답을 제시하였다. 다시 말해, 이렇게 말하고 있는 것이다.

'나는 이데아계와 현상계가 통일된 존재입니다.'

사실 이 말은 진술하기 매우 어려운 비논리적 언담(어떠한 태도나 느낌으로서의 말)에 가까운 말이다. 사람이면서 동시에 신이라는 단어의 조합과 서술은 이미 비논리성을 내포하고 있기 때문이다. 앞에서 다뤘듯이 완전과 불완전은 불완전을 억지로 그 양태를 보존시키지 않는 한 완전에 흡수된다. 불완전을 억지로 보존시켜 그 자체로서의 특성을 보존하였다 하더라도 그것은 통일이 아닌 결합에 불과하다.

따라서 신(완전)이면서 동시에 사람(불완전)이라는 개념에서 파생된 어떠한 명제도 통일을 설명할 수 있는 외연은 없다. 흡수 또는 결합으로, 아니면 완전 분리로 밖에 개념 정리가 되지 않는다. 흡수되면 완전(신)의 인격이 되고 분리되면 개별(신성 따로 인성 따로) 인격이 되는데, 하나의 인격이 사라지든지 두 개의 개별 인격으로 남든지 해야 한다. 통일이 아니라 변형 아니면 별개일 뿐이다.

하나로 남게 되는 것을 단성론이라 부르고 개별로 남지만 통일만큼은 포기하지 않고 꿈꾸려는 것을 위격적 결합이라 한다. 전자는 불완전(인성)이 증발 되는 것이기에 통일이 아닌 하나를 버린 경우가 되고, 후자는 마치 양성 인격처럼 두 인격이 개별적으로 분리되어 결합된 것이기 때문에 통일이 아닌 껴 맞춘 상태에 불과하다. 그러므로 사람이면서 신이라는 예수의 존재론적 서술은 논리적 외연을 전혀 찾을 수 없는 역설 중의 역설이 된다. 이것은 헬라인들이 고민하였던 이데아계와 현상계의 관계 물음이기도 하였다.

예수는 헬라와의 만남에서 그들에게 헬라에만 머물지 말고 자기를 이해하라고 한다. '나는 사람이면서 신이다' 이 말은 엄청난 주장이기에, 그리고 그 의미를 담지할 외연이 없는 언어이기에, 이것을 이해하는 인식은 시간과 공간을 포함하면서도, 그것을 역설하는 시간이면서 시간이 아닌, 공간이면서 공간이 아닌, 그러한 영역에서의 인식이 필요하다. 우리나라의 태극기가 상징하는 '극', 즉 시간과 영원의 경역적 경계를 역설하는 인식이 필요한 의식이다. 그것을 예수는 믿음이라 말하며 이 믿음을 소유할 것을 선포한다.

믿음이라는 인식은 마치 예수 자신의 존재론처럼 사람이면서 동시에 신인 존재의 인식임을 여러 가지 비유로 주장하면서 말이다. 따라서 이 인식을 갖게 되면 이데아계와 현상계가 인식 내에서 통일되는 것을 경험하게 된다는 것이 예수의 가르침이다.

기독교인들은 둘로 나뉘기 시작하였다. '사람이면서 신일 수 없다'는 집단과 '사람이면서 신일 수 있다'는 집단이다. 전자를 단성론 또는 합성론이라 부르며 테오도루스, 네스토리우스, 유티케스 같은 사람들이 이 입장에 서 있다. 후자를 1위 2성론자라 부르며 터툴리안, 키릴(동서 모두 관계됨), 대부분의 후대 서양 신학자가 이에 해당된다.

여기서 잠시 1위 2성을 간략히 설명하면 이렇다. 1위는 휘포스타시스(ὑπόστασις, 인격)을 말하며 2성은 신성과 인성을 말한다. 그러므로 서술하면 이렇게 된다.

(1) 신성과 인성이 **변형 없이** 그 자체로 **하나의 인격**으로 존재한다.
(2) 신성과 인성이 **섞이거나 변형됨 없이** 그 자체로 그대로 있으면서 **하나의 인격이 되는 것**이 본질이며 실상이다. 인격에 해당하는 휘포스타시스는 본질과 본체를 말하기 때문이다. 그래서 실상이 된다. 엄청난 서술이다. 만물이 이데아계와 현상계의 통일성으로 존재할 수 있다는 의미이기 때문이다. 끝으로 이렇게도 서술된다.
(3) 신성과 인성이 **하나의 인격**으로 있다는 것은 다른 표현으로 **이데아계와 현상계가 통일된** 만물로 있는 것을 인식하고 있다는 의미이기도 하다. 이 의식을 '믿음'이라 한다. 인격으로 해석되고, 본질과 본체, 다시 말해 실상으로 해석되는 단어 휘포스타시스는 '이해하다'는 의미로도 사용되기 때문이다.

그러므로 이 세 가지 진술을 종합해 보면 이렇게 된다.
그리스도의 신성과 인성이 인격 안에서 통일된 것과 같이, 만물의 본질과 물자체는 그리스도의 통일된 '**인격 양태**'와 공명된다. 인식이란 이데아계와 현상계의 통일을 이해할 수 있는 의식이다. 그리고 이러한 의식을 믿음이라 한다. 따라서 믿음은 어떤 존재 대상의 사실 여부를 믿는 것이 아니다. 본체론과 연계된 의식이다.

그러므로 1위 2성의 기독론은 물자체에 대한 본질적 답인 셈이다. 이와 같이 만물까지 포괄하는 이상의 의미를 내포하고 있는 것이 바로 1위 2성론이다. 따라서 1위 2성론은 관념론과 존재론을 통틀어 아우르는 실상이 된다. 물자체가 된다. 예수 그리스도를 만물의 중심이자 통일의 근거로 보는 이유가 여기에 있다.

온 세상은 이것에 대한 이해 차이로 둘로 나뉘게 된 것이다. 사실 예수 출현 이전에도 있었던 철학적 나뉨이기도 하지만 말이다. 이 기독론 이해의 차이에 따른 분리는 비단 관념상에서만의 나뉨이 아니라 지리적 문제임을 곧 알게 된다. 이 이해의 문제로 세계는 크게 두 진영으로 나뉘는데, 동과 서의 분열이 바로 그것이다. 물론 분열의 원인에는 정치적 이유도 있었지만 시초와 중심에 기독론이 자리한다.

이 문제를 콘스탄티누스 황제가 이제 막 기독교 제국을 건설하려는 시점에서 접하였으니, 자신의 뿌리였던 헬라 철학으로서의 존재론 물음을 기독론 입장에서 대면하게 된 셈이다. 헬라는 사라지지 않고 오히려 그리스도와 더욱 가깝게 대면하고 있던 셈이다. 예수와 헬라와의 만남은 이때도 계속되는 중이다. 칼케돈 공의회를 거치며 단성론과 합성론은 단죄를 받게 되고 1위 2성이 정통 그리스도론으로 인정받는다. 다시 말해 사람이면서 신일 수 있다는 입장이 정통 그리스도론이 된 것이다.

하지만 이러한 결정은 이집트 교회들과 네스토리우스파 교회들에 적지 않은 반감과 반목의 정서를 불러일으켰다. 이들에게 **예수는 신이면서 인간일 수 없다**. 결국, 네스토리우스 분파 교회가 형성되어 페르시아에 정착하게 되고, 많은 동방 주교는 이들을 은근히 인정하는 분위기가 조성된다. 동서 분리의 그림이 그려지기 시작한 것이다. 동로마는, 신플라톤주의(자연에서 이데아계와 현상계가 하나 됨을 바라는)에 영향을 받아 많은 저작을 남긴 디오니시우스(가짜 이름으로 판명됨)와 세베루스에게 영향을 받게 되는데, 그 영향으로 단성론이 휩쓸게 되고 서로마와 각을 세우게 된다. 더 나아가서 시리아, 아르메니아, 이집트, 에티오피아, 러시아에 영향을 미친다. 후대에 가서는 심지어 모스크바가 제2의 예루살렘이란 주장이 나오기까지 한다.

결국, 큰 그림을 그려보면 서로마는 1위 2성으로, 동로마는 단성론 아니면 합성론, 이 둘 중 하나를 선호하는 것으로 동과 서가 나뉘는 것을 보게 된다. 서로마의 예수는 신성과 인성이 섞이지 않고 그 특성을 그대로 유지한 채로 하나의 인격으로 존재할 수 있는, 다시 말해, 신이면서 인간일 수 있는 1위 2성의 예수가 되는 반면에, 동로마는 신성과 인성은 그런 방식으로 존재할 수 없기에 흡수되든지 합성되든지 아니면 결합되는 방식으로 예수의 존재론을 이해한다. 동방의 기독론은 어떻게 보면 스토아학파의 연장선이 되는 셈이다. 동방은 예수와 헬라와의 만남에서 예수보다는 헬라의 입장에 서 있는 셈이다.

스토아학파의 정신 개념을 물려받아서 일까?

자연이 정신을 규정한다는 마르크스 사상이 동방에서 출현한 것은 상당히 의미심장한 사건이 아닐 수 없다. 볼셰비키혁명 이후 종교는 자연히 사라질 것이라 기대했던 그들의 염원과 달리 러시아와 중국 내에 상당히 많은 기독교도가 활동하고 있고 심지어 러시아는 토착화된 그리스정교회의 본고장으로 남는다.

이런 분위기는 신학적 문제를 넘어 정치적 반목의 흐름으로 이어진다. 1위 2성을 주장하는 서로마의 성장은 샤를마뉴 대제와 오토 제국을 거쳐 신성 로마 제국으로 부활한다. 기독론 문제와 얽히고설킨 동서의 갈등이 결국 충돌하는 사건이 발생하는데, 개혁 세력으로 급성장한 로마(서방) 교황청이 동로마 주교에게 종무서신을 요구한 데서 발단이 되었다. 종무서신이란 일종의 알현 제도로 동로마의 총대주교가 선임되면 그것을 서로마 교황에게 보고하는 서한을 말한다. 기독론 갈등에 정치적 자존심이 덧붙

여져 반목의 골은 더욱 깊어만 갔고 결국 동과 서는 A.D. 11세기에 완전히 분리되어 지금까지 그 형태를 유지하고 있다. 조금 극단적으로 표현하면 대륙(동) 세력과 해양(서) 세력으로 그 형태를 유지하고 있고, 공산주의(동)와 민주주의(서)의 정치 형태로 나뉘는 것을 보게 된다.

B.C.와 A.D. 사이에 예수는 헬라와의 만남의 장에 출현한 이후 세계는 예수 중심으로 재편되었고, 심지어 헬라 철학의 핵심이기도 한 이데아계와 현상계의 논쟁의 자리에 기독론이 대체하게 되어 세상이 둘로 나뉘게 되었다. 헬라 사상으로 나뉜 곳에 기독론이 침투하였고, 그 나뉨의 문제를 기독론으로 고민하게 되었으며, 이러한 기독론 고민을 통해 존재론의 해답을 제시하고 있다.

12월 25일이 태양 탄신 축일에서 성탄절로 바뀐 것처럼, 제우스와 주피터의 자리가 예수로 대체된 것처럼, 기원이 예수(B.C., A.D.)를 중심으로 재편된 것처럼, **이데아계**와 **현상계**의 **논쟁**의 자리에 마치 그 **논쟁**의 근본은 **예수 자신**임을 말하듯 기독론 논쟁으로 바뀌었다.

주피터의 자리를 예수에게 내어준 초대 세속 왕 콘스탄티누스 대제가 첫 번째로 직면한 논쟁은 바로 이러한 기독론 논쟁이다. 어떻게 보면 콘스탄티누스는 예수에 관해 여유를 갖고 생각해 볼 틈도 없이 예수 문화의 폭풍에 직면하였던 것이다. 예수와 헬라와의 만남은 계속되고 있고, 헬라의 물음은 놀랍게도 예수에 관한 질문들이기도 하였다. 다만 예수의 '신성'과 '인성'이 '이데아계'와 '현상계'라는 은유로 달리 표현되고 있었을 뿐이다. 이 둘의 역설을 인정할 수 없던 사람들은 동쪽으로 갔다.

6) 예수 공화국이 되다!

예수 승천 후 헬라파 유대인들에 의해 생명력을 놀랍도록 유지한 채 기독교 문화는 유럽을 잠식해 들어갔다. 심지어 이집트에까지 영향을 미친

것은 불가사의할 정도다. 사료에 의하면 당시에 많은 수는 아니었지만 로마 곳곳에 기독교인들이 있었고 그들의 영향력은 무시하지 못할 수준이었다. 오죽했으면 로마 재건을 꿈꿨던 디오클레티아누스 황제와 갈레리우스 부황제는 왕정까지 침투한 기독교인들의 행태가 로마의 주신의 분노를 초래할까 걱정되어 기독교 박해를 공인했겠는가!

인간의 숙명적 아픔이라 할 수 있는 서로 간의 반목과 전쟁, 잊을만하면 고개를 드는 살인과 흉악 범죄, 이러한 사건·사고들로 가득한 세상에 침투해 들어오는 예수 공화국은 정말로 오묘하고 기묘한 방식이었다. 인간의 숙명적 범죄들과 공의와 심판이 역설의 시간에서 마치 뒤죽박죽된 듯하면서도, 심판과 공의와 구원의 거대한 그림이 분명하게 그려지는 방식으로 예수 공화국은 역사의 중심에 침투해 들어왔다.

그러므로 예수 공화국은 역사적 단편을 칼로 떠서 보여 줄 수 있는 방식이 아니다. 그 단편의 역사는 피비린내 나는 암투와 권모술수의 난투극으로 보이지만, 각각의 단편은 하나의 시어가 되고 전체를 보여 주는 상기가 되어 모든 역사와 공명하고 개별 역사의 공의와 심판과 공명하는 방식으로 거시적이고 큰 그림으로서 예수 공화국을 드러낸다.

앞으로 더 자세하게 다룰 '⑥ 예수 공화국이 되다!'는 역사 전체를 가로지르는 내용이기에 광의적 시점으로 2천 년 역사를 살피려 한다. 마치 기상관측 비행기를 타고 높은 고도에서 내려다보는 방식이 될 것인데, 광의적 시점으로 볼 때 미시적 관점에서 보이지 않던 것들이 보이기 때문이다. 이제 마음을 다잡으시기를 바란다. 조금은 긴 여행이 될 것이다.

지금부터 예수 공화국의 2,000년 역사를 보게 될 것이다. 꽤 많은 지면을 할애할 것이다. 지루할 수도 있지만 하나님의 오묘한 섭리를 발견하는 것은 큰 즐거움과 감격이 될 것이다.

가독성을 위해 주요 사건별로 단락을 나누도록 하겠다!

그 방식은 ⑥-1, 2, 3…, 의 방식이 될 것이다.

(1) 예수 공화국의 기초가 형성되다!

앞에서 말씀드렸듯이 A.D. 313년 콘스탄티누스 대제의 승리는 예수를 주신으로 앞세운 승리였다. 다소 놀라게 된 그는 A.D. 324년 기독교를 공인하게 된다. 비로소 예수의 왕좌가 공식화된 셈이다. 그러나 예수 문화에 친숙해지기도 전 그는 다루기 힘든 상황을 접하게 된다. 기독론 논쟁이다. 사실 이 논쟁은 헬라의 존재론 논쟁이기도 하였지만, 그 논쟁의 자리에 예수 존재론으로 자리바꿈하게 되면서 헬라 논쟁과 대화하게 되는 양상이 우연히 형성된다. 신성과 인성이 전혀 변형됨 없이 한 인격 안에서 통일됨을 인정할 수 없었던 이들은 동쪽으로 본거지를 옮기게 된다.

헬라의 강력했던 존재론 논쟁이 예수 존재론으로 옮겨 옴으로서 스콜라 철학과 르네상스의 복선을 그리며 강력한 인상을 남기게 되는데 동서를 분리시키면서, 더 나아가서 전 세계를 이등분시키면서 말이다!

A.D. 324년 기독교 공인 후 로마의 기독교는 A.D. 324-500년대에 그 저변이 확대된다. 로마를 침략했던 사람들이 오히려 기독교로 개종하기도 한다. 그 일례로 훈족이 로마를 침략하였을 때 왕 아틸라는 교황을 만나고서는 기독교의 최고 성직자를 만난 것에 크게 만족해 전쟁을 중단하라는 명령을 내렸다고 한다.

이것은 당시 유럽 각 지역의 분위기를 보여 주는 좋은 예가 된다. 이민족들의 침략과 새로운 세력들이 등장함에도 교황은 그 중심에서 구두점 역할을 하는 분위기가 형성된다. 정치와 국가 존립 형태가 예수 공화국의 형태를 띠지 않으면 존속할 수 없는 상황이 만들어지고 있었다. 교황은 유럽의 중심이 되어 간다.

그러나 영원한 제국은 없는 법!

로마는 4세기 이후 서서히 저물기 시작한다. 다양한 부족이 영향력을 행사하기 시작하였고, 야만족들의 침입은 더 이상 로마의 건재를 어렵게 만들었다. 로마는 꼭 무너지는 것 같았다. 하지만 로마 쇠망사를 시기별로 명확하게 서술하기 힘든 이유에서 알 수 있듯이 로마는 관점에 따라 있기도 하고 없기도 한 모습으로, 애덤 스미스(Adam Smith, 1723-1790)의 보이지 않는 손이 시장 경제를 이끌어가듯 로마는 그렇게 세계를 이끌어 갔다.

로마와 같은 영국이 4, 5세기에 일어나 마치 로마 같은 역할을 한다. 그 중심에 예수 문화가 자리한다. 영국뿐만 아니라 로마와 같은 프랑크 왕국이 8세기에 일어나 로마 교황청과 긴밀한 관계를 형성하며 세계를 주도한다. 중요한 것은 새롭게 태어난 로마들의 정치 형태다. **왕과 교황** 이 두 사이에 필요충분적 관계가 묘하게 형성되는 것이다. 신생 국가들은 교황청과 연계하려 하는데, 그것이 자신의 왕권에 유익이 되기 때문이다. 교황도 왕과 연계된 관계가 이익을 가져다주는 것은 마찬가지였다.

이렇게 정치와 국가 존립 형태가 예수 공화국의 형태를 띠지 않으면 존속할 수 없는 상황이 만들어진다. 이러한 정치 형태를 구축하고는 로마의 정신을 잇는 국가로 자처하고 싶어 한다. 예수 공화국의 기초가 다져지고 있었던 셈이고, 그 시작은 실제 로마의 황제였던 콘스탄티누스로부터 시작되었다. 신성 로마 제국의 그림이 그려지기 시작한다.

(2) 예수 공화국의 실재가 형성되다!

자기 왕좌를 합법적으로 인정받기 위해 교황의 권위가 필요하였던 페핀!

마찬가지로 자신의 입지를 견고히 하기 위해 황제의 권위가 필요하였던 교황!

이 둘의 상생으로 8세기에 신성 로마 제국 건설의 발판이 마련된다. 페핀은 프랑크 왕국의 법적 왕위 후계자는 아니었지만, 정황상 교황과 공생의 관계를 형성하며 왕위에 오르게 된다. 교황은 그에게 왕관을 씌워 주고, 황제는 교황의 세속적 통치권과 권위를 인정해 준다.

페핀에 의해 형성된 '세속권자+교황권자' 이 둘의 시스템이 공고화되고 세계화되는 역사적 사건이 발생되는 순간이다. 중세의 느부갓네살왕이라 칭할 수 있고 성 아우구스티누스(St. Augustinus, 354~430)의 『하나님의 도성』(De civitate Dei)을 자신의 정치 철학으로 삼았던 샤를마뉴(페핀의 아들) 황제가 역사의 무대에 오를 수 있는 발판이 페핀에 의해 마련되었기 때문이다.

샤를마뉴는 어거스틴의 『하나님의 도성』을 정치 철학으로 세팅한 기독교 연방을 구축해 국제화하는 것에 자기 인생을 걸었던 인물이었다. 신성 로마 제국이 탄생한 것이다!

여기서 신성은 기독교를 말한다. 로마는 무너지지 않았다. 신성 로마 제국으로 부활해 예수 공화국이 실재가 되어 버린다. 콘스탄티누스 대제 이전의 로마가 주피터의 로마였다면 그 후의 로마는 예수의 로마가 되었다. 그것이 '신성 로마'라는 칭호의 의미다. 샤를에 의해 영토는 확장되고 기독교 문화는 꽃을 피운다. 8세기는 세상을 향한 예수 공화국의 실제 포문을 연 해이며 신성 로마 제국은 천 년 이상을 이어가고 크고 작은 기독교 문화의 헤게모니를 형성한다.

역시나 샤를 왕가(王家)도 몰락의 길을 걷게 된다. 바이킹족, 사라센족, 데인족, 스웨덴족 등 외세의 침입이 있게 되어 왕조와 제국이 분산되지만, **여전히 교황은 정치의 중심에 자리하여 통일의 기폭제 역할을 하고 새로운 왕조와 신성 로마 제국의 연대를 이어간다.** 신성 로마 제국은 상징성과 실제성을 오가며 그 헤게모니를 유지하는 것이 신기할 따름이다.

9세기에 오토 제국이 신성 로마 제국을 이어받는다. 제국의 지도자와 주인은 바뀔지 몰라도 신성 로마 제국의 틀, 즉 **교황과 황제가 국가의 수장이 되는 형태**는 천 년 이상을 유지하며 예수 공화국의 면모를 과시한다.

신성 로마 제국은 유럽의 모체라 해도 과언이 아니다. 여기서 가지처럼 뻗어 나와 후에 큰 민족을 이루어 유럽의 중심이 되는 프랑스, 독일, 영국 등 오늘날 유럽의 지형을 형성하게 하는 모체가 되기 때문이다. 1800년대

제국의 종식을 전 세계에 알리기 전까지 유럽을 예수 공화국으로 이끈 주력이며, 여전히 해양 세력과 대륙 세력의 중심된 정신으로 작용하고 있다.

(3) 예수 공화국의 국제적 확장

9-11세기에 기독교 확장의 규모가 확대된다. 공국들은 자국의 생존을 위해 기독교를 받아들일 수밖에 없는 상황이 펼쳐진다. 영국, 프랑크 왕국, 비잔틴 왕국의 기독교가 스칸디나비아의 노르만족, 중앙 유럽, 발칸 반도의 슬라브족에 까지 확장된다. 서로 이기고 이기려는 욕망과 성스러운 목적이 교차되면서, 다시 말해 성과 속이 분리되지 않은 채 군사력에 의해, 문화에 의해, 선교활동 들에 의해 확장된다.

황제의 세력이 커지면서 힘의 역학관계가 복잡해졌다. 그 결과 11세기에 동과 서는 완전히 분리된다. 그 과정이 조금은 우스꽝스럽다.

신성 로마 제국의 황제 하인리히 3세는 부패한 로마 교황청을 자기 주도하에 개혁하려 한다. 이 과정 중 독일인 교황을 세운다. 아무래도 자신의 뜻에 동참해 협업할 수 있는 인물로 독일인이 적합한 것으로 생각한 듯하다. 무엇보다 황제의 주도하에 진행되는 개혁을 감행하는데 안성맞춤으로 생각한 것이다. 하지만 역사 내에 항상 그래왔듯이 교황은 그러한 겸손한 위치에 만족하지 못했다. 그들 입장에서는 당연히 제국의 통치자는 베드로의 후손으로 자처한 교황이었기 때문이다.

그런 교황의 자생력 때문이었을까?

역시나 교황 세력이 커진다. 급기야 개혁의 주도권을 왕이 아닌 교황이 거머쥐게 된다. 로마교황청의 개혁은 막강한 세력을 앞세운 황제에 의해 시작되었고 어느 정도 성공을 거두었지만, 공은 교황에게 돌아가고 오히려 점점 커져만 가는 교황 세력을 황제는 견제해야 했다.

묘하게 성장한 신흥 교황 세력은 동로마 콘스탄티노플의 대주교 케롤라리우스의 심기를 불편하게 만들었다. 기존의 질서를 깨뜨리고 등장한 새로운 힘은 생각지 못한 곳에서 충돌을 일으키는 법이다. 동방을 서방의 권위 아래 종속시키려 했던 것이다. 그 수단으로 종무서신을 요구한다. 일종의 서로마 권위를 인정하라는 강제이기도 한 서신이다. 결국, 동과 서는 영구히 분리되고 만다. 하지만 이러한 분리는 동구권에서도 기독교 공화국이 서방과 분리된 채로 형성되는 계기가 된다. 러시아와 모스크바가 자칭 제2의 예루살렘이라 불리는 이유가 되기도 한다.

동과 서의 헤게모니는 분리로 해결되었지만, 황제와 교황 간의 세력 충돌은 분리될 수 없는 필요충분 관계이기 때문에 힘겨루기가 진행된다. 문제는 서임권 쟁탈전에서 비롯되었다. 서임권이란 주교를 임명할 수 있는 권한을 말하는데, 권력을 보다 쉽게 취할 수 있는 수단이 된다. 주교는 교황을 선출할 수 있는 선거인단이 되기 때문이다. 자기 사람이 주교로 임명되면 교황을 자기 사람으로 세울 수 있는 가능성이 커지는데, 교황은 황제를 인준해 주는 인물이다. 따라서 서임권을 갖는 사람이 권력을 갖게 되는 셈이다. 이것은 교황도 마찬가지다.

따라서, 누가 서임권을 갖느냐에 따라 자신의 입맛에 맞는 권력 구도를 구축할 수 있게 된다. 결국, 여기서 둘은 출동하게 되는데 황제가 **무릎**을 꿇는다. 11세기 그 유명한 카노사의 굴욕이다. 이 사건을 계기로 황제의 세력은 약해지고 서로가 상생하는 관계가 된다.

황제와 교황의 서로 이기고 이기려는 헤게모니 경쟁은 묘하게도 예수 공화국의 성벽 구실을 한다. 이 둘의 경쟁으로 자연스럽게 기독교 문화가 보존된다. 황제나 교황 중 어느 한 사람이 이교주의자가 아닌 이상 기독교 문화는 오히려 그 경쟁에서 강력해지는 역설적 결과들이 초래된다. 심지어 신심이 깊지 않더라도 이기기 위해서는 **기독교화 되어야 했다.** 묘하게 이 둘의 헤게모니는 예수 공화국 확장에 기여하는 형국이 된다. 예수 공화국은 점점 국제적 형태를 띠게 된다.

(4) 관념의 공간에서의 예수 공화국

동서가 분리되어 단성론이 동쪽으로 이동할 즈음 11-12세기 스콜라 철학이 발흥한다. 일종의 존재론 물음들이다. 실재론과 유명론 논쟁이기도 하다. 이때 아리스토텔레스가 소환된다. 아리스토텔레스의 범주론이 사상적 기틀이 되어주는데, 현상계 쪽에서 바라본 본질과의 관계 연구다. 쉽게 말해 신플라톤의 물음, 즉 '이데아계와 현상계는 어떻게 통일을 이룰 수 있는가'의 물음에 현상계의 입장에서 통일을 논하려는 시도다. 범주란 현상계에서부터 이데아계에 접근한 양태를 말한다.

스콜라 철학으로 인해 예수 존재론이 사람의 입장에서 서술되기 시작한다. 다시 말해 현상계 우위 서술이다. 자연, 물질, 감각, 의지, 이성이 존재론 물음의 소재로 거론된다. 스콜라 철학으로 인해 현상계와 계시가 만난다. 기독교 문화에서 계시란 완전을 보는 매개(미디어)를 말한다. 아리스토텔레스, 유대, 아랍, 신플라톤 사상이 대략 섞여 기독교에서 말하는 특별계시와 대화를 하게 된다.

토마스 아퀴나스(Thomas Aquinas, 1224-1274)는 이성적 측면에서 믿음의 초월성을 연계시킨다. 둔스 스코투스(Duns Scotus, 1266-1308)와 오캄(William of Ockham, 1287-1347)은 의지에 가치를 부여하여 본질에 접근하려 한다. 이들이 말하는 의지는 신비에 가깝다. 오캄은 좀 더 구체적으로 직관적 인식을 강조했다. 이 사람을 기준으로 전기와 후기 스콜라주의로 분류되는 데 상당히 의미 있는 구분이다. 개별의 본질을 잘 분석해 주었기 때문이다.

개별은 본질상 보편(완전, 이데아)에 직면하면 실속이 사라지기 때문이다. 그래서 직관이란 개별의 실속이 사라지지 않으면서, 즉 현상계이면서 실재를 보는 인식을 말한다. 은연중 1위 2성이 서술되고 있다.

인성을 유지한 채 신성을 유지하고 있는, 신이면서 인간인 예수!

예수의 1위 2성의 구도가 관념에 적용되고 있는 셈이다.

개별이 사라지지 않으면서 보편을 인식하는 직관!

그에게 직관은 관념의 1위 2성이 된다. 따라서 그의 논리에서는 계시가 수면 위로 올라온다. 계시란 현상계의 이성이 사라짐 없이 이데아를 인식하게 만드는 어떤 것이 된다.

계시는 기독교 문화에서 로고스 곧 예수 그리스도를 말한다.

우연일까?

예수는 계시의 구도와 같은 1위 2성이다. 이렇게 되므로 B.C.와 A.D.사이의 예수와 헬라와의 만남이 11세기에 와서도 계속되고 있는 것인데, 그 만남의 장이 이번에는 관념이었다. 이렇게 되어 존재론의 입장에서 볼 때 좀 더 구체성이 확보된 셈인데, 이데아계와 현상계의 만남, 즉 존재론의 중추에 예수가 자리하게 된 것이고, 그 만남의 영역이 관념이기 때문이다. 존재론의 대상은 관념과 물질이다. 이 둘 중 하나를 제거하면 반쪽짜리 존재론이 된다.

14세기에 등장한 신비주의운동은 이데아와의 만남에서 그 인식 수단인 계시의 존재를 다시금 생각하게 만든다. 에크하르트(Meister Eckhart, 1260-1323)는 인간의 영혼 안에 하나님의 영역이 있기 때문에 직접 인식이 가능하다고 하였다. 영혼은 창조된 것이 아니라 영원 전에 하나님과 함께 있던 것이기 때문에 영을 통해 하나님과 신비적 연합이 가능하다고 하였다.

오캄의 주장을 소환하여 생각해 볼 때, 인간 내면에 있는 개별 영혼은 하나님이라는 전체와 관계할 때 실속이 사라지고 만다. 어떤 조처가 있지 않고는 개별 영혼은 하나님이라는 완전과 절대 영역에 흡수되거나 사라진다. 개별이 유지되면서 전체(하나님)와 하나 될 수 있는 방식은 개별 그 자체에는 없다. 그 점에서 스토아학파의 한계를 그대로 유지한 셈이다.

신비주의는 헬라와의 만남에서 헬라 사상을 그대로를 채용한 셈이다. 에크하르트의 방식대로라면 단성론과 다를 바 없다. 무한한 존재에 흡수되고 만다. 오히려 에크하르트로 인해 1위 2성의 가치가 비교된 셈이다. 유한, 즉 개별이 사라지지 않고 실존하면서 무한과 관계하는 1위 2성은 스토아학파와 신비주의의 문제 정면에 서 있는 셈이다. 인류가 찾던 바로 그 존재론이다.

에크하르트의 제자 타울러는 이점을 명확히 간파하여 신비주의에 존재론의 한계를 명확히 긋는다. 무한한 존재에 흡수되는 것이 아니라 하나님이 수여한 수단에 의지해 무한과 관계됨을 서술한다. 의지를 그 수단으로 본다. 인간의 의지와 신의 의지와의 연합에서는 개별이 존재하면서 완전과 관계될 수 있는 것으로 본다.

의지는 일종의 매개가 되는 셈이다. 이러한 매개 없이 직접적인 방식의 통일은 현상계를 사라지게 만든다. 이 점을 또 다른 신비주의자인 주조(Heinrich Seuse, 1295-1366)도 동조하여 연합은 의지의 연합이며, 무한과 유한은 지울 수 없는 본질적 차이가 있음을 역설하였다. 이로써 관념의 영역에서 1위 2성의 예수 존재론이 신비주의(헬라의 연장)와도 만나 존재론의 실상을 다시금 드러낸다. 관념의 영역에도 예수 공화국이 자리하고 있었다.

단성론과 2위 2성의 본고장이었던 동방의 비잔틴 기독교 제국은 13-15세기에 터키와 이슬람에 의해 무너진다. 패배로 인해 더욱 동쪽으로 이동하게 되는데, 결국 러시아에서 재생된다. 모스크바를 심지어 제2의 예루살렘이라 부르기도 한다. 단성론, 흡수론, 합성론, 2위 2성론은 이렇게 멀리 떠나간다.

훗날 동방의 관념에서 단성론의 모습을 띤 공산주의가, 서방의 관념에서 1위 2성의 모습을 띤 민주주의가 태동한다. 민주주의와 공산주의를 보수와 진보의 입장에서 어느 한 극단에 서는 극단적 해석은 하지 않겠다. 예수 공화국의 시각에서 볼 때 이 둘은 인본주의라는 같은 배를 타고 있기 때문이다. 후반 부에 이것을 자세히 다루겠다. 흑백으로 나눈다면 예수 공화국을 이쪽에, 민주주의와 공산주의를 하나로 묶어서 저쪽에 위치시켜야 한다.

(5) 교황권 전성시대 저물고 민주주의 서광이 보이기 시작하다

관념의 영토에도 예수 공화국이 지배하게 되어서 그런가?

로마 교회의 전성시대가 12-14세기 찾아온다. 하지만 황제 세력이 그것을 가만히 두고 볼 리 만무하다. 교황과 황제 사이에 세력 다툼이 어느 때보다 강렬하게 발생한다. 신성 로마 제국의 실권이 흔들릴 정도다. 때마침 각 지역마다 민족 지향성이 고취되기 시작하였고, 중산층이 나타나기 시작하였다. 이들의 교육 수준은 증진되었고 말 그대로 중산층을 형성할 정도로 부를 축적하였다. 이러한 현상은 고스란히 정치적 영향력으로 이어졌다. 이제 평신도 법률가들도 대거 등장하게 된다. 이 모든 분위기가 교황보다는 왕권이 강화되어야 하는 상황을 만들어 갔다.

결국, 신흥 강국인 프랑스에서 교황 세력 저하 운동이 일어난다. 카노사의 굴욕이 교황과 황제 간 결투의 1라운드였다면, 이제 곧 2라운드가 발생할 분위기가 고조되었다. 마침내 사건이 터지고 만다. 국가의 전반적인 분위기는 국왕의 권위가 최고조에 이른 상태다. 따라서 이런 사회적 분위기를 등에 업고 국왕이 된 필립 4세와 비운의 교황 보니파키우스 8세가 맞붙게 된다. 결과는 교황의 패배다.

보니파키우스 교황은 세속 권력에 어떤 누구보다 강렬한 열의를 갖고 있던 인물이었다. 필립의 행보는 그에게 있어서 정면 도전이나 다름없었다. 이 둘의 이기고 이기려는 싸움은 치열했다. 왕은 교황이 자신에게 보낸 교황청 대사 베르나르 사이세를 체포한다. 교황은 이에 대한 대처로 세속 권력에 대한 지배권을 집약한 대칙서 우남상탐으로 공격하지만, 필립은 의회를 등에 업고 여러 가지 죄목으로 교황을 고발한 후 체포한다. 교황은 얼마 지나지 않아 자유의 몸이 되지만 결국 죽는다. 보니파키우스 교황의 후임도 오래가지 못하고 죽는다. 추기경들은 프랑스인 베르트랑 드고(Bertrand de Goth[Papa Clemente V], 1305-1314)를 교황으로 선출하였는데 클레멘트 5세라는 이름으로 불리었다. 하지만 안타깝게도 왕의 꼭두각시에 불과했다. 필립 5세를 능가할 수 없었다.

결국, 왕에게 유리한 상황으로 치닫게 된다. 꼭두각시에 불과한 그는 왕에게 불리한 법적 조건들을 하나둘 철폐시키고 국왕에게 유리한 조건들이 되게 만든다. 심지어 로마 교황청을 1309년부터 1377년까지 아비뇽으로 옮기는 비운의 교황이 된다. 그 유명한 '아비뇽 유수' 사건이다. 2라운드는 교황의 완전한 패배다. 이때부터 역사에서 교황의 권위는 저물게 되고 왕권과 국가 그리고 국민의 개념이 우위를 점하는 시대가 도래한다.

앞 장에서 언급했듯이 교황과 황제의 권위는 어느 한쪽이 쉽게 무너질 권력이 아니었다. 아비뇽 교황청은 기대를 저버리지 않고 불리한 조건 속에서도 서서히 중앙 집권화의 움직임을 보이기 시작한다. 재정 확장을 위해 각종 세금을 고안해 낸다. 교황청에서 고안한 각종 세금 정책은 고스란히 민생고로 이어졌다.

이들의 만행을 문학인들이 침묵하지 않았다. 단테(Dante Alighieri, 1265-1321)는 민중에 의한 정치를 글로 호소한다. 마르실리우스(Marsilius Patavinus, 1275-1324)는 군주와 교황의 전제적 정치 구조를 비판한다. 이러한 민중 운동에 의해 황제와 교황이라는 강력한 권력의 두 중심 구도에서 국민과 교인에게 권력을 분산시키려는 움직임이 일어난다. 13-15세기는 권력의 패러다임이 변화하는 시기였다.

그즈음에 교황 그레고리 11세는 궁극적인 이익을 위해 1377년 1월 교황청을 아비뇽에서 로마로 다시 환원시킨다. 4개월 뒤 교황이 죽고 만다. 정책이 정착되기 전에 리더가 단명한 셈이다. 당연히 권력 투쟁이 발생한다. 실권을 로마인에게 돌리고 싶었던 주교들은 로마 교황을 원한다. 이들의 강요에 결국 로마인 우르바노 6세를 신임 교황으로 세웠으나 행정력이 현저히 부족했던 그는 아비뇽 지지자들과 갈등을 빚고 만다.

결국, 다시 아비뇽 지지자인 클렌멘트 7세를 새로운 교황으로 세우지만 이것은 분열의 도화선이 되고 만다. 로마 교황청 지지파, 아비뇽 지지파로 나뉘며 분열 양상이 된다. 마침내 피사 공의회를 거쳐 제3의 교황이 새롭게 생겨나는 촌극이 발생하고 만다. 유럽의 40년 대분열의 문이 활짝 열리고 만 것이다.

이 분열을 잠재우려 각고의 노력을 기울이지만 결코 쉽지 않았다. 대안으로 공의회 제도를 신설하여 중재를 시도한다. 하지만 공의회라는 새로운 세력이 하나 더 생겨나는 또 하나의 촌극이 되고 만다. 이젠 공의회도 또 하나의 세력이 되어 분열 양상은 다각도가 된다.

결국, 교황과 황제의 권력 싸움은 많은 민중의 피로감만을 높이게 된다. 사람들의 생각은 점점 이 둘에게서 멀어진다. 민주주의의 서광이 비취기 시작한 것이다. 카노사의 굴욕이 황제가 패하는 1라운드라면, 아비뇽 유수는 교황이 패하는 2라운드였는데, **3라운드는 둘(황제와 교황) 모두의 패배였다.** 사람들의 피로감이 민중으로 향하고 있었기 때문이다.

앞으로 이 둘의 자리를 **국민**과 **법**이 차지하게 될 것이다. 예수 공화국은 이제 개인에게 집중되어 그 개인들이 공동체를 이루어 기독교 국민이 되고, 입법자가 되어 새로운 패러다임의 예수 공화국, 다시 말해 자유민주주의 형태의 공화국을 생산할 것이다.

(6) 르네상스 고전으로 돌아가자! 관념과 땅의 지형도가 바뀐다

피로감은 12-16세기를 살아가는 사람들의 사고에 새로운 바람을 불러 일으켰다. 사실 새바람이기보다는 옛것의 소환이었다. 르네상스운동이 이탈리아를 중심으로 유럽 전역으로 일어나기 시작한 것이다. 그렇다고 전신인 스콜라 철학과 완전히 다른 별개의 운동은 아니었다. 르네상스운동의 뿌리 중 상당수는 스콜라 철학이다. 아리스토텔레스를 소환함으로 현상계를 자연에 집중시킨 것이 스콜라 철학이라면, 플라톤을 소환하여 현상계를 인간에 집중시킨 것이 르네상스다.

이제 선각자들은 존재론의 중심을 신과 왕 그리고 교황의 권위보다는 인간 자신에게 두고 싶어 한다. 신을 인간처럼 간주하던 고대 그리스와 로마 문화를 부활시키고 싶어 한다. 대표적 인물이 페트라르카인데, 아우구스티누스와 플라톤을 가장 위대한 철학자로 여기며 하나님과 인간의 관계를 포함한 인간 중심의 철학을 개진함으로 현상계와 이데아간의 관계를 인간 중심으로 고찰하였다.

어떤 면에서는 다시 B.C.와 A.D. 사이의 예수와 헬라와의 만남이 르네상스(재생, 부활)한 셈이다. 로렌조 발라(Lorenzo Valla, 1407-1457)는 <콘스탄티누스 기증장>(간단히 말해 교황이 왕이다)가 위문서임을 밝혀냈고, <디오니시우스 아레오바고> 저술이 가짜임을 천명했는데 이러한 발견은 인간 중심의 사고로 전환하는데 일조한다. 피치노(Marsilio Ficino, 1433-1499)는 기독교와 신플라톤주의를 플라톤적 신학에 결합시켜 인간을 존재의 거대한 위계 질서의 중심에 둔다. 그에게 예수 그리스도란 물질과 영적 세계를 연계하는 매개다.

사상의 흐름이 이러한 사상가들의 작품들을 통해 인간에게 집중된다. 르네상스란 곧 고대 존재론의 부활인 셈이다. 고대와의 차이를 굳이 말한다면 이데아와 현상계의 만남을 좀 더 인간에게 집중시킨 점이 다르다. 이러한 흐름 속에서 1위 2성 중 인간 예수와 헬라의 인간상이 만난다.

A.D.와 B.C. 사이 헬라와 예수와의 만남이 16세기 다시 성사된 것인데 좀 더 근대화된 만남으로 부활한 셈이다. 이것과 관련해 에라스무스(Desiderius Erasmus, 1466-1536)는 고대 철학자들이 기독교를 예견하였고 예수의 산상수훈에서 절정에 이른다고 봄으로 인간론에서 이데아계와 현상계의 통일을 기대하였다.

르네상스 하면 의례 인쇄술의 발달을 떠올린다. 인문주의와 함께 인쇄술이 현격하게 발전한다. 이것은 곧 고전을 일반 대중이 접할 수 있는 기회가 된다는 의미다. 고전에는 성경도 포함된다. 이제 성서는 더 이상 성직자들의 전유물이 아니다. 대부분 교회와 시스템을 통해서만 접할 수 있었던 성경이 이제는 개인 스스로 볼 수 있게 되었다. 모든 면에서 개인 중심, 인간 중심으로 변모한다. 이러한 분위기는 신성 로마 제국이 유지될 수 있는 토양이 아니다.

인문주의 영향으로 군주론이나 사회계약설이 태동하여 권력 분산의 움직임이 보이기 시작한다. 하지만 과도기적 단계로 잠시 왕권이 강화되는 국가 형태가 등장한다. 먼저는 황제와 교황의 신정정치 제도를 왕이 와해시키는 역할을 하게 되고 국가에 이전보다 높은 가치를 부여한다. 황제, 교황 중심이 아닌, 왕, 국민, 국가 중심이 된다. 독일은 그들만의 독특한 반중앙집권적 형태를 띠지만, 영국, 프랑스, 스페인 등은 왕권이 강화된 국가 체제가 된다. 왕권에 의한 기독교 국가가 된다.

신정 국가를 무너뜨리기 시작한 이 형태의 국가는 훗날 종교 자유법이 설치되는 민주주의를 태동시킨다. 이제는 **시스템 자체가 예수 공화국이라**기보다는 인본주의 시스템에 진입한 다수 또는 핵심 **기독교인들에 의한 예수 공화국**이 된다.

16세기 예수와 헬라와의 만남은 철학과 신학 양쪽의 토양에 지각 변동을 일으키기 시작한다. 특별히 예수 공화국의 패러다임의 변화가 일어난다. 역점의 이동이 인간과 평등으로 이동하면서 교황권 재고에 대한 사회 운동이 일어난다. 돈과 연결된 지도자들의 타락, 분수에 넘치는 삶을 유지하기 위한 교황청의 부패일로, 각종 세금, 요금, 벌금 등의 지나친 세법 설치, 성직 매매, 친족 등용, 성직 겸직 등, 그들의 타락상은 심각한 수준에 이르게 된다. 당연히 각종 성례전 의식은 부패의 사슬에 묶이게 되고 성도들은 그것에 얽혀 있는 부패는 보지 못하고 성례전이라는 감투만 보게 되어 최대의 피해자가 된다.

예수와 헬라와의 만남은 이런 종교 정치적 시스템에 파격적인 변형을 일으킨다. 역점이 자연과 시스템, 황제와 교황에서 **개인으로** 이동하게 만든다. 존재론적 일치를 사람에게서 묻고 답하려는 시도가 다방면에서 일어난다. 이것은 시스템을 향한 도전장이다. 에라스무스와 인문주의에 영향을 받은 개혁자 루터(Martin Luther, 1483-1546)가 이때 역사의 무대에 등장하여 지난 1,300년 동안 지속되었던 견고한 시스템에 일격을 가한다.

16세기 예수와 헬라와의 만남(르네상스)은 엄청난 파장이었다. 루터의 사상은 먼저 스콜라 철학의 특징인 '시스템'과 '총체성으로서의 자연'을 무너뜨리고, 그 자리에 개인의 믿음을 둔다. 그 시스템이란 성례전, 전통적인 교황권에 대한 신학적 교리들, 계층 질서 이러한 것들인데, 이 시스템이 순기능을 발휘할 때는 많은 장점이 있지만, 부패한 욕망이 가미되면 시스템이 발휘하는 막강한 힘이란 이루 말할 수 없을 정도였다.

그 힘을 등에 업고 욕망은 부패의 범위를 무한대로 넓혀 갔다. 오로지 은행 빚을 청산하기 위해 고액의 면죄부를 판매한 것에서 볼 수 있듯이 이 힘이 악용될 수 있는 영역은 세미한 곳에서부터 광범위한 영역에 이르기까지 다양했다. 이런 시스템에 둘러싸인 개인은 부패한 지도자들의 욕망의 먹잇감으로 유린당하고 말았다.

16세기 **헬라와 예수와의 만남**은 기꺼이 이런 시스템을 무너뜨리는 사조의 바람이 된다. 이 바람은 루터의 개혁 사상에 강력한 순풍이 되어 족쇄같이 변모해 버린 썩은 시스템에 일격을 가하는 사조가 된다. 이제 의를 확보하는 것은 성례전과 시스템에 의한 것이 아니라, 개인의 믿음을 도구로 한다. 사실 이것이야말로 성서에서 말하는 의를 확보하는 방식이었다. 하지만 이권과 결탁된 교회와 지도자들은 순기능을 담당해야 할 시스템을 지나치게 강조해 자기 욕심을 채우기 바빴었다. 좋은 시스템이 부패하게 된 이유다.

A.D. 313년 헬라와 예수와의 만남(콘스탄티누스의 전쟁 승리)이 헬라의 제우스신을 무너뜨리고 예수 자신이 왕임을 온 천하에 드러내는 사건이었다면, 16세기의 만남은 **제우스신처럼 되어버린 교회의 시스템을 무너뜨리고**

다시 예수의 왕권을 그 자리에 드러낸 사건이다. 이 사건이 가능하도록 개인주의 물결을 일으킨 르네상스는 일종의 지각 변동이었다. 독일에서 루터의 개혁 운동(르네상스)은 성공하여 개신교를 정식 종교로 인정하게 만든다. 로마 교황청과 루터파가 동등한 위치를 점하게 된다.

이 강력한 개혁의 바람은 독일에만 국한되지 않았다. 인문주의 바람을 타고 스위스에도 강력하게 분다. 츠빙글리(Ulrich Zwingli, 1484-1531)는 교회와 교황의 권위보다 성경의 권위를 강조하였고, 구원은 오직 그리스도의 공로에 의한 것임을 천명하면서 면죄부 무용론을 주장한다. 하지만 정치 소용돌이에 휘말려 뜻을 제대로 펴지 못하고 능지처참당해 생을 마감하게 된다.

스위스 종교개혁의 성공 주역은 파렐(Guillaume Farel, 1489-1565)과 그의 친구 칼빈(Jean Calvin, 1509-1564)이었다. 인문주의와 루터 사상에 영향을 받은 이 둘은 루터와 마찬가지로 성례와 시스템에 역점을 둔 구원관이 아니라 하나님과 개인의 연합을 가능하게 하는 개인의 믿음에 있음을 강력히 주장하였다. 스위스의 정치 상황도 칼빈의 개혁에 도움이 되는 방향으로 흘렀다. 결국, 칼빈과 정부가 승리하게 되어 제네비는 한 때 이민자들이 급격하게 모여들던 18세기의 미국처럼 되어 개신교 국가가 된다.

개혁의 바람은 영국에도 부는데 영국은 다소 희한한 역사가 전개된다. 예수와 헬라와의 만남의 직접적인 장이 되어 개혁의 바람이 자생적으로 일어난 것이 아니라 서큘레이터 역할을 한다. 독일과 스위스처럼 바람을 일으킨 인물도 없었다. 있었다면 그저 정치적 이권과 그에 결탁된 여성 편력에 가까운 추문만 있었다. 그런데도 얽히고설킨 일련의 이런 정치적 사건과 환경들이 개혁의 바람을 사방으로 흘려보내는 서큘레이터 구실을 하게 된다.

영국 왕 헨리 8세(Henry VIII, 1491-1547)는 형의 미망인 캐서린(Catherine of Aragon, 1485-1536)과 명목상 결혼을 하지만 애정도 자녀도 없는 관계를 청산하고 싶어 한다. 궁녀 엔볼레인에게 매료되었기 때문이다. 문제는 합법성이다. 교황에게 여러 차례 간청하지만 돌아온 대답은 캐더린과의 결혼관계 유지였다. 결국, 그가 빼든 칼은 고취되고 있던 민족성을 등에 업고 교황청의 지배로부터 벗어나는 행동을 감행하는 것이었다. 적중했다. 스페인과 프랑스와 같은 주변 국가들과의 긴장 관계 때문에 자국에 대한 민족성 고취는 당연한 결과였다.

이 틈새를 노려 헨리 8세는 교황 존신죄를 들먹이며 자국 내의 성직자 전체를 고소한다. 교황 존신죄란 교황이 왕위보다 우월하다고 보는 죄를 말한다. 열세에 놓인 성직자들은 결국 왕의 권위를 인정하게 되고 왕이 교회의 입법권을 장악하게 되는 것을 바라볼 수밖에 없었다. 더 나아가서 로마에 호소하는 항소 제한법을 통과시켜 모든 법적 권위를 손에 쥔다. 법적 파워를 손에 거머쥔 헨리는 캐서린과의 합법적 이혼을 성사시킨 후 엔볼레인과 재혼한다.

욕망에 탄력받은 헨리는 로마 교황청과의 충돌 중 급기야 영국 교회의 최고 지도자로 공인받는 수장령을 통과시킨다. 이제 명실공히 교황의 위치에 왕이 등극하게 된 것이다. 이제 자신의 왕위를 이을 아들만 있으면 만사가 평온해지는 듯하였지만 안타깝게도 엔볼레인은 아들을 낳지 못했다. 이에 분개한 헨리는 결국 간음죄로 그녀를 참수시키는 만행을 저지른다. 그러고는 세 번째 부인인 제인 세이모어와 결혼해 드디어 고대하던 아들을 얻는데 성공하지만, 그의 행위를 하늘이 심판해서인지, 세 번째 부인의 명도 길지 못했다. 출산 12일 만에 죽고 만다.

일련의 이런 과정에 헨리는 로마 교황청과 충돌하지 않을 수 없었다. 이 충돌은 역설적으로 개신교의 저변이 확대되는 결과를 초래하였다. 헨리왕의 오른팔과 왼팔이었던 크롬웰과 크랜머 또한 개신교였기 때문이기도 하였고, 그들은 기독교 저변 확대에 크게 공헌하는 역할을 톡톡히 하였기 때문이다. 헨리의 욕망을 이루기 위해 필요했던 이들은 왕과 달리 개신교 옹

호자들이었다. 이 둘에 의해 성서 번역이 이루어지고 일반 대중을 대상으로 한 성경읽기운동이 일어난다. 희한하게도 이런 모든 상황들이 유럽에 불고 있는 인문주의 바람을 순환시키는 서큘레이터 역할을 하게 된다.

영국 특유의 써큘레이터 구실은 계속된다. 여왕 메리(Mary I, 1516-1558)는 스페인 왕과 결혼하게 되는데, 스페인은 강력한 가톨릭 군주국이었다. 메리적 가톨릭이 부활하는 계기가 되었고, 피의 숙청이 이어진다. 하지만 그럴수록 개신교는 그러한 난국을 서로 결집하는 계기로 삼는다. 엘리자베스 여왕 때에 이르러서야 두 사이의 팽팽한 긴장감이 조금은 수그러드는데, 그녀는 중용을 선택하였기 때문이다. 가톨릭과 개신교의 하이브리드인 성공회가 출현하는 순간이다.

하지만 이것은 근본적인 해결책이 되지 못했다. 하이브리드는 양쪽의 급진파를 만들고 말았는데, 가톨릭은 더욱 전통적으로 되려 하였고 개혁파는 더욱 급진파가 되려는 결과를 초래하고 말았다. 이러한 충돌에 따른 틈새에서 적지 않은 저항 세력이 등장하였는데 그중의 하나가 청교도들이다. 이들은 앞으로 미국을 건국할 씨앗이 된다. 미국은 르네상스가 낳은 **아들인 셈이다**.

이렇듯 영국은 참으로 희한한 역사적 가치를 드러낸다. 욕망에 얽힌 정치 상황이 서큘레이터가 되어 타국에서 불어오는 인문주의의 바람을 자국에 불게 하였고 그뿐 아니라 앞으로 건국될 미국으로 불게 하였기 때문이다.

정리해 보자!

르네상스(고전으로 돌아가자)는 1천 년 동안 지속된 **황제와 교황이라는 거대한 종교적 권력의 두 기둥을 무너뜨렸다**. 힘을 두 기둥(황제와 교황)에서 왕권과 개인으로 옮겼다. 고대 아테네, 로마의 정치 형태인 공화정이 고개를 들기 시작하는데 이것이야말로 르네상스의 핵심이다. 신성 로마가 아닌 로마가 부활하였다. 부활한 로마는 20세기와 21세기를 거쳐 오히려 좀 더 세련미를 갖추었다.

로마의 부활인 미국이 여전히 기독교 우위 국가인 것이 신기하다!

로마를 부활시켜 개개인들에 의해 영위되는 예수 공화국이 펼쳐지고 있는 셈이다.

(7) 르네상스는 죽지 않았다

16-17세기 프랑스, 영국, 스코틀랜드, 스페인, 이 네 국가 간의 왕족과 귀족들 사이에 복잡하게 얽히고설킨 혈연관계(예를 들어, 프랑스의 프란시스 2세의 아내 메리는 스코틀랜드의 여왕이기도 하며 자칭 영국의 여왕이라 부르기도 하였다), 이러한 관계에 엮여 있는 가톨릭과 개신교 간의 복잡한 헤게모니는 유럽 전역에 전운을 감돌게 하였다.

이러한 상황들은 기즈공에 의한 위그노들의 예배 현장 공격 같은 야만적인 수많은 유혈 사태를 일으켰고, 개신교와 가톨릭 간의 전쟁의 불씨를 지피게 만들었다. 심지어 캐서린에 의한 대학살로 3천 명의 개신교도가 죽는 사건이 발생하였다.

결국, 세계의 정치, 경제, 문화, 종교의 패러다임을 바꾸는 전쟁으로 이어진다. 가톨릭과 개신교 간의 헤게모니 그리고 그것에 얽히고설킨 정치적 문제로 인해 최초의 세계 대전이라 할 수 있는 30년 전쟁이 발발한 것이다.

30년 전쟁은 단순히 구교와 신교 간의 충돌로만 본다면 또 다른 면을 보지 못하게 된다. 그 배면에서 진동하고 있는 르네상스 정신과 그에 따른 개신교와 구교 간의 충돌을 볼 수 있어야 한다. 인문주의 물결에 합세한 종교개혁은 가톨릭(전체주의)과 개신교(개인주의)의 충돌을 르네상스라는 거대한 전장에서 일으켰다. 이 충돌은 유럽의 역사를 바꾸는 지진과 같았다. 황제와 교황의 시대에서 국민주권이 중심이 되고 국가 자체가 중요시되는 시대로 바뀌었기 때문이다.

루터의 종교개혁은 독일, 스위스, 스코틀랜드, 네덜란드 등으로 확산일로를 걷고 있었고, 이를 예의 주시하던 가톨릭은 보고만 있을 수 없었다. 종교개혁은 교리상의 개혁만을 의미하지 않는다. 교황의 지배권으로 부터의 자유를 의미했다. 이것은 1천 년 이상 유지되던 금기를 깨는 행위이기도 하였다. 아직도 일부 가톨릭 신자들이 개신교라 부르지 않고 열교(분열되어 나간 자들)라 부르는 이유가 여기에 있다. 교황은 교회의 지배권자이기 때문이다.

　루터의 개혁은 독일에서 성공하여 정식 종교로 인정받는다. 하지만 종교의 자유가 주어진 것은 아니었다. 봉건 제도 특성상 지역을 다스리는 제후가 개신교와 가톨릭 중 하나를 선택할 수 있는 자유가 주어졌을 뿐, 제후에게 소속된 개인은 여전히 그들의 선택을 따라야 했다. 개인의 자유가 아닌 제후들의 자유였던 것이다. 자연스럽게 가톨릭을 수호하는 제후들과 개신교를 지지하는 제후들로 세력이 양분되기 시작하였다.

　이것은 신구 종파 간의 갈등이 예견되었음을 의미한다. 더군다나 정식 종교로 인정받지 못했던 칼빈주의 개신교 세력이 영국, 스코틀랜드, 프랑스, 네널란드에서 확산하고 있었으니, 가톨릭은 더 이상 이러한 확산일로를 보고만 있을 수 없었다. 반동 종교개혁이 가톨릭 내부에서 일어난 것이다. 자신들의 부패를 청산하기 시작하였고, 특별히 개신교에 대한 대대적인 반대 운동이 일어났다. 30년 전쟁의 불씨가 지펴진 셈이다.

　전쟁의 불씨는 결국 개신교 지역이었던 보헤미아에서 발화하게 된다. 반미치광이 황제였던 루돌프 2세(Rudolf II, 1576-1612)는 자기 실권을 동생 마티아스에게 물려주는데, 자식이 없던 동생도 실권을 가톨릭 대변인 페르디난트에게 이양한다. 결국, 신구간의 갈등이 첨예한 곳에서 개신교 황제(루돌프 2세)의 황당한 행동으로 가톨릭 부황제가 등극하는 촌극이 벌어진 셈이다.

개신교 지역이었던 보헤미아에서 소동이 일어나는 것은 시간문제였다. 분노한 개신교도들은 가톨릭 섭정 두 명을 프라하의 라드카니 성채의 높은 창문에서 밀어 떨어뜨린다. 역사는 프라하의 투척 사건으로 기록한다. 이 사건을 기점으로 4차에 걸친 승자도 패자도 없는 지리멸렬한 세계대전이 30년간 지속되는데 이것이 바로 그 유명한 30년 전쟁이다.

이 전쟁은 유럽의 역사를 뒤바꿔 놓는다. 1차에서 3차까지는 개신교가 패한다. 개신교 국가였던 덴마크, 스웨덴의 참전은 승리를 가져다주지 못하였다. 정작 승리를 가져다준 국가는 아이러니하게도 가톨릭 국가였던 프랑스였다. 신성 로마 제국의 왕가인 합스부르크 사람들의 세력이 커지는 것을 견제하던 프랑스로서는 개신교 편에 서서 4차 전쟁에 참전하여 가톨릭 세력인 합스부르크 왕가를 칠 수밖에 없었다. 결과는 프랑스와 스웨덴 연합군의 승리였다. 엄밀히 말하면 승자도 패자도 없는 이기고 지기를 반복하는 지리멸렬한 전쟁이었다. 종합적으로 볼 때 개신교의 이익이 더 많았기에 개신교의 승리로 본다.

지루한 전쟁에 지친 신성 로마 제국의 황제 페르디난트 3세는 1641년 종전 협정을 제안한다. 이 전쟁에서 패한 스페인은 역사의 중심에서 사라지고, 천 년 이상 지속되었던 신성 로마 제국의 장구한 역사는 그 대장정의 막을 내리게 된다. 엄청난 사건이었고, 이것이야말로 진정한 르네상스였다. 신성 로마에서 '신성'이 삭제되고 다시 '로마'로 바뀌는 전쟁이었기 때문이다. 고대 로마의 부활을 확정짓는 사건이었다. 물론 나폴레옹 시대까지 신성 로마는 명맥을 유지하지만, 명목상의 제국이었을 뿐 실권은 사실 이때부터 무너졌다.

전쟁을 종식하기 위해 최초의 세계 협정이라 할 수 있는 베스트팔렌 조약을 1648년 체결하는데, 주목할 점은 **개인의 종교 자유가 허락되었다는** 점이다. 이것은 새로운 패러다임의 국가와 정치 형태의 출몰을 확실하게 하는 기폭제가 된다. 힘의 중심이 **황제와 교황**, 그와 관계된 시스템에서 국민과 국가 자체로 이동하는 문이 활짝 열리게 된 것이다. 국가의 주인은 서서히 국민이 되어가고, 국가의 **통치권자는** 교황과 황제 그리고 왕이 아니라 법이 그 자리를 대신하게 된다. 이것을 가능하게 한 전쟁이 30년 전쟁이다. 르네상스라는 장군이 군사들을 일으켜 30년 전쟁을 일으켰고 자기가 목표하는 것을 전리품으로 얻었다. 그 **전리품은 자유였다.**

종합적으로 고찰해 볼 때 르네상스는 역사의 뒤안길로 사라졌던 것이 아니었다. 본질에 대한 물음의 역점이 인간에게 옮겨왔고, 이 인간 중심의 정신은 거대한 통치 구조인 교황과 황제를 무너뜨렸고 잠시 왕권 국가로 이행한 후 모든 권력은 국민으로부터 나온다는 입헌 군주제 정신을 불러 일으켰다.

단테의 군주와 교황의 평행론, 마르실리우스의 국민 주권주의, 페트라르카의 하나님과 인간의 관계를 인간 중심에서 보려는 시각, 피치노의 기독교와 신플라톤주의의 합성을 통한 인간 중심주의, 에라스무스의 교회와 국가의 비행을 풍자한 『우신예찬』과 기독교와 철학의 만남 추진 등, 수많은 르네상스 학자의 언어들이 거대한 바람이 되어 사회, 정치, 경제인들의 정신에 불었다. 그리고 30년 전쟁에 의해 승자가 누구인지 명확히 하였다.

위에 열거된 인물에서 알 수 있듯이, 대부분 주요한 르네상스 인물의 중심 이론에 예수와 헬라와의 만남이 자리한다. 신성 로마 제국의 황제와 교황 시스템이 사람들의 정신과 물리적 세계를 지배하고 있을 때, **르네상스 (rebirth, 부활)는** 고대의 **헬라와 로마를 부활시켰다.** 공교롭게도 헬라의 정치 형태는 민주정이다. 이 정신은 교황과 황제를 향한 개혁의 불씨가 되어 종교와 정치권에서 개혁의 바람을 불러일으켰다. 인간의 욕망과 만나 최초의 세계대전이라 할 수 있는 30년 전쟁을 일으켰는데, 르네상스의 주적인 신성 로마 제국의 시스템을 무너뜨렸다.

그리고 인간이 중심이 되는 세계로 진입하는 개선문을 활짝 열어젖혔다. 어떤 역사가들은 주장하기를 르네상스는 역할을 다하고 역사의 뒤안길로 사라졌다고 주장하지만, 그 정신과 목적은 오히려 실물로 드러나고 있었던 것이다. 르네상스와 베스트팔렌 조약은 서로 분리해서 생각할 수 있는 것이 아니다. 조약이 가능했던 것은 그것이 있기까지 역사 과정에 르네상스가 배음(倍音)으로 울리고 있었기 때문에 가능했다.

르네상스는 죽지 않고 아들을 낳았는데 그 이름이 자유다.

신성 로마 제국 시스템으로 부터의 자유, 종교의 자유다!

대표적인 국가가 기독교가 우위에 있는 나라인 미국이다. 미국과 동맹 관계를 유지하면서 힘의 기반을 다지려는 국가들에는 영국, 캐나다, 호주, 뉴질랜드, 이스라엘, 대한민국, 일본, 싱가포르, 이탈리아, 프랑스, 독일, 포루투갈, 네덜란드, 노르웨이, 덴마크 등으로 나열될 수 있다. 더 많은 국가들이 열거될 수 있지만 지면상 줄이도록 한다.

여기까지만 보더라도 기독교 우위 국가라는 것을 알 수 있다. 일본과 싱가포르를 제외하면 모두 기독교가 압도적이든지, 전체 종교 대비 1위를 차지하는 국가들이다. 제외된 싱가포르 또한 비록 1위는 아니지만, 기독교가 18퍼센트나 된다. 이스라엘은 미국과 떼려야 뗄 수 없는 공생 관계로 기독교의 뿌리가 되는 국가다. 르네상스가 낳은 아들 '자유'는 아직 기독교와 친하고, 이 자유는 예수 공화국의 보이지 않는 시스템, 개인들에 의해 취합되는 무형의 시스템 구실을 하고 있다.

(8) 르네상스가 낳은 21세기 아들

르네상스의 기간과 지역을 명확히 살피는 것은 쉽지 않다. 그만큼 학자마다 다양한 견해를 가질 수밖에 없는 독특한 특징을 갖고 있다. 폭풍은 강력한 힘을 발휘하지만 바람 자체는 볼 수 없듯이 르네상스가 그와 비슷하다. 폭풍이 물체들을 강타하여 그것들이 흔들리고 부서질 때야 비로소 그 존재가 보이듯이, 르네상스 그 자체는 명확히 보이지 않지만, 그 바람에 의해 기존의 많은 시스템이 흔들리고 변형을 일으키고 때로는 무너질 때에 가서야 비로소 르네상스의 흔적을 보게 된다.

그러므로 이 사상을 마치 한 공간을 차지하고 있는 독립체로 보아서는 안 된다. 수소 원자 두 개와 산소 원자 하나가 결합하여 물이 되듯이 르네상스는 그 안에 있는 다양한 사상적 원자의 결합이다. 예를 들면, 르네상스 안에는 플라톤, 아리스토텔레스, 스토아, 신플라톤 사상들이 결합되어 있는데, 때로는 이온 결합으로 때로는 공유 결합으로 형체를 이루면서 고대 시대부터 지금에 이르기까지 인류의 사고에 영향을 미치고 있다.

따라서 르네상스는 12-16세기의 전유물이 아니다. 고대로부터 기존에 있던 것들의 역점들의 반응이다. 의의를 둔다면 신플라톤(플라톤, 아리스토텔레스, 스토아, 이 셋의 합성)사상을 플라톤 철학의 입장에서 서술한 것이 르네상스인데, 르네상스를 이동 수단으로 하여 신플라톤과 플라톤 사상을 현대에 전달했다는 점이다.

본질과 실존 탐구 중심에 인간이 자리하게 된 것이다. 인간의 자유, 의지, 감정, 직관, 관념 등이 주요한 주제로 떠오르게 되었고, 교황과 황제 시스템 그리고 왕정 국가보다 법이 주요한 군주가 되게 만들었다. 르네상스는 사라진 것이 아니라 시대적 역할을 다하고는 다른 은유들로 변모하여 고대로부터 작용하던 원자들의 여전한 화학반응에 관계하고 있다. 근현대 철학은 그렇게 모습을 갖추게 된 것이다. 그러므로 근현대사는 르네상스가 끝나고 새로운 철학이 도래한 것이 아니라 계속되고 있는 셈이다.

데카르트에 의해 사람의 인식이 강조된다. 스피노자에 의해 신보다는 자연에 집중하게 된다. 라이프니츠에 의해 개인(단자)의 중요성이 부상한다. 로크에 의해 인간의 이성적 판단의 가치가 높아지고 권리가 강조된다. 버클리는 관념의 보편성과 영원성을 강조한다. 흄은 원인과 결과를 부정하면서 신을 부정함으로 인본주의만 남게 만든다. 이러한 인간의 사고들은 신처럼 여겨졌던 황제와 교황의 두 군주로부터 인간과 입헌 군주로 이동하도록 분위기를 형성해 갔는데 르네상스의 결과들이다.

(9) 1785년 토마스 제퍼슨 및 종교 자유법; 입헌 군주제

이 사고의 흐름은 신기하게도 본토 유럽을 떠나 신대륙에서 꽃을 피운다. 다양한 생각과 철학을 갖춘 사람들이 이 시기에 아메리카로 모여들기 시작한다. 신대륙을 처음 발견한 국가답게 스페인은 15세기부터 정복하기 시작하여 남미를 스페인식 가톨릭 지역(일종의 국교회 형태)으로 만든다.

하지만 북미는 다양한 사고를 견지한 개신교 지역이 된다. 영국은 과거의 잔재인 국교회를 정착시켜 르네상스 이전의 형태, 즉 국교회를 세우려 하였지만, 미국 전역에 불고 있는 자유화의 물결은 그것을 허락하지 않았다. 심지어 개신교도들도 신정 국가를 세우려 시도하였지만 인본주의(르네상스) 물결을 뚫을 수 없었다. 하버드대학교에는 이미 자유주의가 물결치고 있었다.

대륙 전체가 다양성이 확보되고 있었다. 미국이라는 영토는 르네상스의 자양분이 가득하여 중앙 집권적 시스템이 심겨질 공간을 찾기 쉽지 않았다. 이 땅에는 사람의 권리와 자유, 이것들을 보장해 주는 법이 심겨져 국가 자체가 중요시되는 영토가 되어갔다. 국가 자체가 르네상스다.

국가의 중심에 사람이 있고, 자유와 평등이 있으며, 모든 사람이 권력을 공유할 수 있는 법이 있다. 신성 로마가 아닌 자유가 보장되는 로마가 되었다. 국민의 권리가 보다 더 신장되었다는 점에서 고대 로마와 차이가 있지만 그 형태는 당시의 공화정과 흡사하고, 다인종 다문화 사회를 통치하는 민주정이라는 점에서 비슷하다.

영국과의 독립전쟁은 새로운 세대와 구세대 간의 전쟁이기도 하였다. 극단적으로 표현하면 종교 국가(영국)와 자유 국가(미국) 간의 전쟁이다. 1775년 발발하여 1776년 독립을 선포하고 1783년까지 파괴적인 전쟁을 이어간다. 영국은 여전히 신성 로마 제국의 잔재가 남아 있었다. 영국은 영국화된 신성 로마 제국으로 보아도 전혀 틀린 말은 아니었다. 미국이라는 르네상스는 영국이라는 신성 로마 제국을 무너뜨리고 있었다.

전쟁에서 승리한 미국은 버지니아를 포함해 전국적으로 종교의 자유를 성취하기 시작한다. 쉽게 말해 국가에서 종교를 떼어낸다. 신성 로마 제국이 아니라 자유 로마로 바뀌는 작업이 진행되었다. 진정한 고전으로의 르네상스다. 1785년 합리주의자이면서 비국교도인 토머스 제퍼슨은 버지니아 종교 자유법을 통과시켰고, 여러 지역에 종교 자유에 대한 정서를 고취시켰다. 코네티컷, 뉴햄프셔, 매사추세츠에서는 국가 교회가 폐지되었다. 국가적 차원에서 종교의 자유가 성취된 것이고 이것을 헌법이 보장해 주도록 하였다. 사실 이것은 엄청난 역사적 사건이다. 1,400년 동안 지속되었던 기독교의 공식적인 국가 지배를 비로소 종식한 사건이기 때문이다.

정말 고대 로마의 부활이었다!

르네상스는 미국이라는 아들을 낳은 셈이다. 미국은 르네상스의 아들이다. 이 아들은 과거에 있었던 인물이다. 아들의 고대 이름은 두 개인데 하나는 '로마'이고 다른 하나는 '헬라'다.

4세기 로마 붕괴 후 여러 국가와 황제들은 스스로를 로마의 후예로 자처하였다. 대표적인 예기 신성 로마 제국이다. 그뿐 아니라 신성 로마 제국을 무너뜨린 나폴레옹 또한 자신의 왕권과 고대 로마의 정신을 연계시키려 하였다. 불가리아, 라틴제국, 세르비아, 오스만제국, 러시아, 프랑크왕국, 프랑스제국, 오스트리아제국, 독일제국 등이 그러한 국가와 제국들이다. 스스로 로마의 후예로 자처하였다.

하지만 진짜는 스스로 자천할 필요가 없다. 진짜이기 때문이다. 미국의 로마 계승이 그런 식이다. 미국은 스스로 자국이 로마의 계승자라 말한 적이 없다. 하지만 역사 내에 있었던 어떤 제국, 어떤 국가보다 로마의 형태를 띠고 있고, 이보다 더 고대 로마의 모습을 띤 국가는 없다. 이것을 증명이라도 하듯 많은 학자가 미국과 로마의 유사성을 지지하고 있다. 미국은 로마의 공화정을 현대의 정치 형태로 승화시켰고, 다민족, 다문화 사회가 가능했던 로마의 보편 국가를 띠고 있다. 르네상스(고대의 부활, 재생)는 미국에서 최고점을 치는 중이다.

　결국, 르네상스는 미국에서 교회와 국가를 분리시켰다. 고대 로마와 다른 점이 있다면 현대판 로마에서는 분리된 교회가 국가에 엄청난 영향력을 행사하고 있다는 점이다. 교회가 국가의 몸통으로 영향력을 행사하던 때가 신성 로마 제국이라면, 국가에서 분리되어 영향력을 행사하고 있는 곳이 미국이다. 미국은 B.C.와 A.D. 사이의 헬라와 예수와의 만남의 결정판이다. 고대 로마에서 헬라가 주요한 정신적 위치를 차지하고 있었다면, 로마와 그리스의 부활, 즉 르네상스의 결정판인 미국에서는 예수가 주요한 위치를 점유하고 있다. 이것이 고대의 로마와 다른 점이다.

　하지만 언제나 고대의 로마로, 어쩌면 그 이상의 형태로 환원될 수 있는 여지를 안고 있는 곳이 르네상스의 결정판인 미국이기도 하다. 신성 로마가 아닌 로마이기 때문이다.

　즉, 예수 공화국이 여타의 종교에, 또는 어쩌면 무교의 자리로 바뀔 수 있는 여지를 품고 있는 곳, 바로 르네상스 미국이다!

　하지만 현재까지 기독교 우위 국가로서 예수 공화국의 위세를 이어가고 있는 것 또한 사실이다. 하지만 언제든지 바뀔 수 있는 여지를 갖고 있는 국가이기도 하다.

　지금까지 간략하게 살펴본 역사는 예수 공화국이었다. 역사는 우연이 아니었다. 사람들의 자유와 역사 내부와 외부에 있는 섭리가 예수 공화국을 만들어 왔다.

7) 역사는 예수 공화국이었다!

　B.C.와 A.D. 사이 예수와 헬라와의 만남 이후 역사는 줄곧 그리스도 중심으로 그림이 그려졌다. 세계의 패권을 다투고 있는 국가들 사이에 여전

히 예수 공화국의 세력이 작용하고 있다. 세계는 크게 두 진영으로 나뉘는데 민주주의와 공산주의 진영이다. 항간에 어떤 사람들은 흑백 구도로 전자를 기독교 문화로 후자를 비기독교 세계관으로 서술한다.

그러나 이는 잘못된 분석이다. 두 진영의 바탕은 모두 기독교 문화였다. 공산주의의 성지인 러시아의 토양은 동방정교회다. 민주주의의 성산인 서유럽과 미국의 바탕 또한 기독교다. 모두 1위 2성의 기독론을 시작으로 해서 다양한 존재론을 받아들이는 기독교 문화였다. 공산권이든, 민주주의 진영이든 그 바탕은 모두 기독교 문화였다.

그러므로 구도를 나눈다면 이렇게 된다. '동서에 공존하는 기독교 문화'와 '동서에 공존하는 르네상스', 즉 '기독교 문화 & 르네상스 문화'다. 역사는 예수 공화국이었고, 이전에 있던 것의 부활, 즉 르네상스에 의해 민주주의와 공산주의가 고개를 들고 동서의 기독교 문화와 대면하게 된 것이다. 다가올 시대를 이런 구도로 분석하고 예견할 필요가 있다.

제5장

성경과 공명하는 존재론과 세계사!

1. 입자 물리학과 성경의 창조 기사

아원 입자의 구조를 분석하다 보면 결국 장만 남는다는 내용을 기억하는가?

시간과 공간 속에 있는 장이 아닌 그것 자체가 시간이고 공간이 되는 장 말이다. 따라서 관점에 따라 시공은 있기도 하고 없기도 한 존재, 즉 무와 같은 외연이 된다. 결국, 연속 개념으로서의 시공을 초월해 항상 있었던 것은 장이다. 원인과 결과라는 과학의 상식을 생각해 보면 참으로 이해하기 힘든 무와 같은 존재다. 이 한계를 극복하고자 빅바운스이론(big bounce theory)을 제시하지만 시원한 답이 되지 못하고 근본 문제는 그대로 둔 채 은유 게임으로 기분만 상쾌하게 하는 구실을 한다. 여전히 무와 같은 장의 출처는 오리무중이다.

66권의 성경을 구성하는 첫 번째인 창세기의 창조 기사에 보면 의미심장한 문구가 눈에 들어온다. 1장 2절에 이렇게 기록되어 있다.

> 땅이 혼돈하고 공허하며 흑암이 깊음 위에 있고 하나님의 영은 수면 위에 운행하시니라(창 1:2).

이 문장 바로 위 내용은 "태초에 하나님이 천지를 창조하시니라"인데 주목을 끄는 단어는 "수면"이다.

창조하기도 전에 수면이 있었다?

기독교인들은 무에서 유의 창조를 믿는다. 그런 그들에게 마치 창조 전에 있었던 것으로 묘사된 이 구절은 혼란스럽게 할 수 있지만 좌절할 필요는 없다. 무와 유의 개념은 여기서 그렇게 중요하지 않기 때문이다. 무이면서 유일 수 있기 때문이다.

중력을 발생시키고 기본 입자를 생성시키는 장은 시공 안에 있는 것이 아니라 그것 자체가 공간과 시간이 되는 무(無)로 비유될 수 있는 '어떤 것'이다. 장이라고 해서 눈으로 볼 수 있는 바다처럼 원인과 결과를 추론할 수 있는 물리계의 가시권 안에 있는 것이 아니다. 그것 자체가 시공간인 장(長, field)은 장위에 장이 얹혀 있는 구조다.

그러므로 '있다'는 표현은 사실 이 장(長, field)의 존재에 명확하게 의미 부여되지 않는다. 마치 동양 철학의 '태극이 무극이다'라는 역설적 존재와 같다. 장은 말 그대로 무극이면서 존재의 어떤 씨앗이 된다. 그러므로 존 휠러는 양자 공간(양자장의 양자)을 구름으로 비유했다. 장은 무(無)이면서 유(有)인 것이다.

어려운 중간 과정들은 생략하고 **이 양자장이 어떻게 시간과 공간이 되고 입자가 되어 물질이 되는지 간략하게 살펴보자!**

물질을 구성하는 최소 단위는 원자다. 원자의 조합에 의해 원소가 되고, 이 원소들의 화학 반응에 의해 물질이 된다. 하지만 원자는 더 이상 쪼갤 수 없는 아원 입자가 아니다. 원자의 크기는 핵 주변을 돌고 있는 전자와의 거리에 비례하는데, 눈에 보이는 원자는 열심히 핵 주변을 돌고 있는 전자를 보고 있는 셈이다. 그러므로 원자는 크게 세 개의 입자로 구성된다. 전자, 핵(양성자, 중성자)이다. 하지만 이것도 더 이상 쪼갤 수 없는 입자가 아니다. 내부 구조를 갖고 있다. 양성자 중성자는 파이온을 교환하며 관계하는데, 이 세 입자 안에도 내부 구조를 갖고 있다. 쿼크들로 구성되어 있다.

　이렇게 내부 구조를 쪼개다 보면 더 이상 쪼갤 수 없는 아원 입자에 이르게 되는데 지금까지 밝혀진 바로는 24개 정도로 보고 있고, 반입자(反粒子)와 힉스 입자까지 고려하면 더 많아 진다. 사실 정리된 개수가 그렇다는 것이지 그 수는 이보다 훨씬 많을 수 있다. 이렇게 해서 더 이상 쪼갤 수 없는 입자를 아원 입자라 한다.

　그러면 아원 입자는 어린아이들이 가지고 노는 구슬처럼 시간과 공간 속에 있는 독립체일까?

　그리고 과연 더 이상 내부 구조를 가지고 있지 않을까?

　전혀 그렇지 않다. 독립적이지 않고 복잡하고 기이할 정도의 관계들을 맺고 있다. 즉 시공들과 또 다른 시공들과의 확률적 관계를 맺고 있는 것이 아원 입자가 되는데, 이 말은 세상을 구성하고 있는 입자란 수많은 개별 시공 입자가 만나는 지점(노드)들이고, 선과 면은 입자들의 관계를 말한다. 이러한 만남들에 의해 입자와 시간과 공간이 탄생한다. 이러한 만남을 거시적 시점에서 보면 출렁이는 바다와 같고 확률들의 구름처럼 보인다.

　따라서 입자는 단지 독립적으로 존재하는 독립체가 아니다. 여러 공간 입자가 만나는 점과 면과 선들의 매우 복잡한 시공 초월적 역학 관계들이다. 이것이 양자장이 입자와 시공이 되는 과정인데, 여기에 중력, 전자기력, 강력, 약력이 작용하고, 이 힘들은 '일반 상대성 이론', '양자 역학', '표준 모델'로 설명되어진다.

　장이 입자와 시공이 되는 과정이 무리 없이 설명되는 듯하지만 사실 그사이에 극복하기 어려운 심각한 문제가 발생한다. 이 셋(장, 입자, 시공)은 우주의 존재를 설명하는데 어느 것 하나 없어서는 안 되는 필요충분조건이지만 서로 친하지 않기 때문이다.

일반 상대성 이론은 중력에 따른 물리 변화를 설명하고, 양자 역학은 전자기력, 약력, 강력에 따른 물리 작용을 설명하며, 표준 모델(기본 입자)은 이 두 영역이 집약된 지금까지 발견된 결과물이다. 하지만 거시 세계에 작용하는 중력(일반 상대성 이론)과 거시 세계를 구성하고 있는 입자들의 미시 세계에서 작용하는 전자기력, 강력, 약력, 다시 말해 양자 역학은 일반 상대성 이론과 통일을 이루지 못한다. 이것은 우주의 존재를 설명하는데 치명적 구멍이 나 있는 셈이다. 그런데도 이 둘(일반 상대성 이론, 양자 역학)은 우주를 구성하는 필수 조건들이다. 마치 서로 다른 우주 설계도로 작업하였는데 둘 다 통일된 우주를 만든 것과 같은 상황이다.

잠시 이 둘의 특성을 좀 더 자세히 이해하고 다음 단계로 진입해 보자. 중력은 시공의 변화를 초래하여 거대한 물체가 영향을 받게 한다. 중력은 시공의 굴절이다. 이것이 일반 상대성 이론이다. 전자기력은 원자 단위의 입자에 영향을 미치고, 강력은 원자핵과 그보다 작은 입자들에서 작용한다. 약력은 모든 물질에 질량을 부여하는 메커니즘에 영향을 미친다. 이 셋은 중력과 달리 입자와 같은 미시 세계에서 작용하는 힘이다. 이 둘은 마치 다른 설계도를 갖고 있는 것과 같다.

한 예를 들면, 중력은 멀어질수록 힘이 약해지지만, 강력은 가까워질수록 약해진다. 우주의 존재론이 설명되려면 이 둘의 서로 다른 설계도가 통일되어야 하는데, 간극을 메우기 위해 타키온과 같은 빛보다 빠른 입자가 상정되어야 한다. 하지만 이 대안은 매우 어려운 문제를 안고 있다. 우주에는 빛보다 빠른 입자는 없기 때문이다. 장이 입자가 되고 시간과 공간이 되기 위해서는 이 문제가 해결되어야 한다.

이 문제를 극복하기 위해 힘(중력, 전자기력, 강력, 약력)들의 실상으로 진입해 보자!

이 힘들은 지금까지의 과학적 재량으로 설명 가능한 부분들일 뿐 사실이 네 가지 힘이 우주의 기본적인 힘이라 할 수는 없다. 설명할 수 없는 더 많은 힘이 네 가지 힘들 사이에 존재하고 작용하고 있기 때문이다. 어쩌면 지금까지 정립된 이론들에 의해 네 가지 힘으로 구분되었을 뿐 이질적인 구분이 아닌 대칭성의 구분들일지 모른다.

모두 하나에서 발생한 힘들의 서로 다른 양태일 수 있고, 그 다른 양태들에 이름을 붙인 것이 위에서 열거한 기본 힘들인지도 모른다. 이것을 대통합 이론이라고 한다. 이 입장에 서 있는 인물이 이탈리아 이론 물리학자 카를로 로벨리다. 루프양자중력이론을 발전시켜 장에서 입자와 시공이 만들어지기까지의 과정에 놓여 있는 일반 상대성 이론과 양자 역학 사이의 문제를 극복해 나갔다.

그에 의하면 입자는 독립적이지 않다. 하나의 입자가 탄생하기까지 그것 자체가 시공간인 공간의 양자들이 작용한다. 이것을 공변 양자장이라 부른다. 이것을 이해하기 위해 스핀 네트워크에 대한 이해가 필요하다. 시공은 이 스핀 네트워크에 의해 만들어진다. 스핀 네트워크 하나는 개별 공간의 양자가 된다. 중력장의 양자 상태이기도 하다. 그러므로 스핀 네트워크는 공간 안에서 일어나는 관계를 말하는 것이 아니라 그것 자체가 공간과 시간이다.

이 스핀 네트워크에 의해 공간과 시간과 입자가 발생한다. 그 모양이 꼭 비눗방울 같다. 그림 1-1과 같이 스핀은 비눗방울의 선과 면인데 이것을 링크라 한다. 선과 선이 만나는 점을 노드라 하는데 이것이 기본 입자가 된다. 그러니 기본 입자는 스핀 네트워크의 가장자리(surface)가 된다. 입자는 독립체가 아닌 스핀 네트워크들과의 관계이며 그 교차점이다.

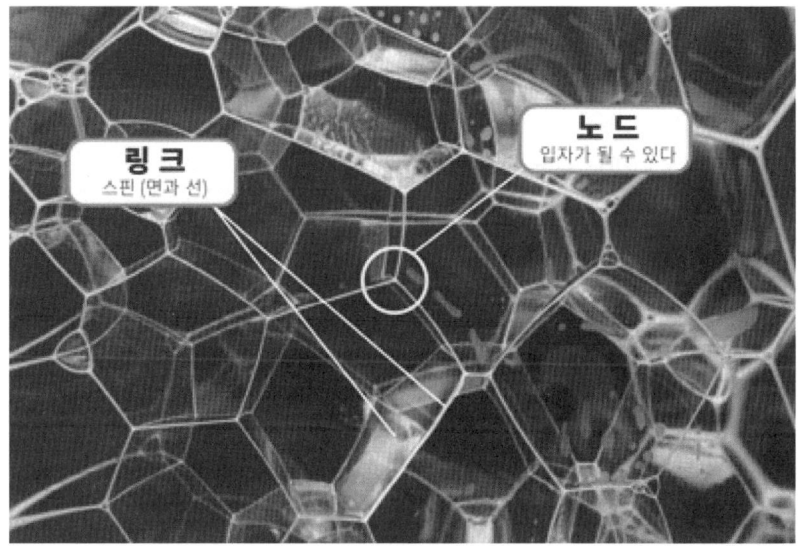

그림 1-1

그러므로 입자란 엄청난 수의 확률 구름이 출렁이는 것이고, 입자는 독립적이지 않고 무수히 많은 불연속적인 시공간 입자의 만남이다. 시공간 입자는 공간 안에 있는 것이 아니라 그것 자체가 시공이 되는 셈이다. 그러므로 서시적 세계의 시공간은 확률 구름들의 어떤 것이며 시공 입자들의 출렁이는 바다와 같은 것이다. 그리고 이런 시공 입자들 간의 교차점(노드)이 기본 입자가 된다. 어떤 입자들은 시공간 안에 있지만 어떤 입자들은 그것 자체가 시공간인 셈이다.

시원의 시점에서 고려해 보면 모든 입자는 공간 안에 있는 것이 아니라 입자들의 관계 자체가 시간과 공간이 되는 것이다. 이렇게 함으로 일반 상대성(시공과 중력) 이론과 양자(전자기력, 강력, 약력) 역학을 따로 구분하지 않고 시공(중력)과 입자(전자기력, 강력, 약력)를 관계(노드, 면, 선)되는 것으로 통일시켰다. 입자는 중력의 양자와 별개의 영역이 아니게 된다. 그리고 이렇게 발생된 입자에 의해 형성되는 물질이란 네 가지 힘(중력, 전자기력, 강력, 약력)을 아우르는 장들의 엄청난 확률들의 결과다.

다시 말해, 무와 유사이의 확률 관계, 거시적 결정성과 미시적 비결정성의 역설적 관계, 하나의 시공 입자와 또 다른 시공 입자들 사이에 있는 유인지 무인지의 흑암과 공허 같은, 플라톤이 말한 상기와 같은 관계, 이러한 장들의 과정에서 탄생한 것이 공간과 물질이다.

결국, 장만 남게 되는데, 장은 일종의 공통 분모였다. 어쩌면 장(長, field)이란 단어도 이 장의 의미를 온전히 담고 있는지 의심스럽다. 이런 의미에서 중력장, 전자기장, 힉스장, 그 어떤 장이라도 장은 대칭적 공통 분모를 갖고 있는 허상적 실상이며, 유와 무 사이의 태극과 무극 같은 존재다. 태극과 무극 같고 무와 유 사이의 경계가 모호한 장들에서, 하나의 장위에 또 하나의 장들이 층층이 관계하는 면, 선, 점들에서, 총칭해서 표면(surface)에서 입자와 시공이 탄생한 것이다.

이제 다시 창세기 1장으로 돌아가 보자!

신에 의해 창조된 만물의 기원이 기록되어 있다. 그 과정이 기록되어 있는데, 기원전 1500년대에 기록되었다는 점을 감안하면 다소 놀라운 점들을 발견하게 된다.

> 태초에 하나님이 천지를 창조하시니라 땅이 **혼돈**하고 **공허**하며 **흑암**이 깊음 위에 있고 하나님의 영은 **수면** 위에 운행하시니라 하나님이 이르시되 빛이 있으라 하시니 빛이 있었고 (창1:1-3).

볼드 처리된 문자에 집중해 보면 3,500년 전 시각으로 존재론을 기술하였다는 것을 발견하게 된다.

명확한 해석을 위해 원어를 보자!

혼돈으로 해석된 히브리어 원어는 토후(תהו)인데 '무형태', '비실재', '공허'의 뜻을 갖고 있다. 공허로 해석된 원어는 보후(בהו)인데 '공간', '허공', '비어 있음' 등으로 해석 된다. 흑암으로 해석된 원어는 호쉐크

(חֹשֶׁךְ)인데 '어둠', '애매함', '무지', '비밀' 등으로 해석된다. 여기까지 보면 공변 양자장의 확률적 비결정성, 입자성, 확률들의 구름 등, 현대적 표현과 공명하는 것을 보게 된다. 공간 속에 있는 것이 아니라 공간 그 자체이기 때문에 '토후'처럼 무형태, 비실재, 공허지만 거시적 영역에서는 '보후'처럼 공간과 실재가 된다. 어디에 기준을 두느냐에 따라 허공이기도 하고 공간이기도 하다. '호쉐크'의 애매함, 무지, 비밀처럼 양자장의 과정도 비결정성, 확률성, 양자 요동의 불확실성이다. 어쩌면 영원히 알 수 없을지도 모른다는 점에서 '호쉐크'이기도 하다.

다음의 문구는 스핀 네트워크와 공명하는데 "흑암이 깊음 위에 있고"다. 영어로 보면 입자성이 훨씬 더 두드러진다. 'the surface of the deep'인데 'surface'에 주목해 보면서 다시 비눗방울의 예를 떠올려 보자. 시간과 공간 그리고 입자는 노드와 면과 선이라는 것을 떠올려 보자. 그러면 공변 양자장과 스핀 네트워크에 공명하고 있음을 발견하게 된다. 우주와 세계는 가장자리에서 이루어지고 있는 셈인데, 흑암(확률과 비결정적 작용들)이 깊음(the deep) 위에(the surface) 있다.

스핀 네트워크의 노드, 면, 신과 공명한다. 징 자체를 고려해 보면 흑암(코섹)처럼 '애매함', 비결정성으로 인한 어느 정도의 '무지', '비밀'스럽지만 가장자리인 노드와 면과 선이 시간과 공간과 물질이 된다. 이러한 것을 감안하면 "흑암"(장)이 "깊음"(또 다른 장) "위에"(surface)에 있다는 묘사는 스핀 네트워크를 보여 준다.

창세기 1장은 장(長, field)의 그림을 3,500년 전의 시각으로 그려주고 있는 것이다. 더군다나 표면의 내면이라 할 수 있는 비눗방울의 안쪽에 해당하는 'deep'은 히브리어 테홈(תְּהוֹם)인데 '깊음', '바다', '무'를 의미하고, 하나님의 영이 운행하는 "수면"(the surface of the water)에서 'water'는 'deep'과 비슷한 의미임을 알 수 있다. 둘 다 물이라는 의미를 갖고 있다. 수면(the surface of the water)에서 water에 해당하는 히브리어 마임(מַיִם)은

'에너지 및 재능 등이 사용되지 않은 미개발의'라는 의미도 있다. 스핀 네트워크가 형성되기 전의 장과 같다. 또 물은 '경과', '과정', '추이', '층'이라는 의미를 갖기도 하는데, 공간과 시간 물질을 만들어 내는 양자장은 시공간 속에 들어 있는 것이 아니라 장위에 장이 얹혀 있는 구조이며 이러한 장들의 과정에서 시간이 발생하는 것을 감안하면 'the water'는 장들의 양태를 보여 주고 있다는 것을 발견하게 된다. 더군다나 '수면', 즉 'the surface of the water'다.

표면!

결국, 창세기 1장 2절 "땅이 혼돈하고 공허하며 흑암이 깊음 위에 있고 하나님의 영은 수면 위에 운행하시니라"는 이 말씀은 다양한 장의 관계와 양태를 3,500년 전의 시각으로 그려주고 있었다.

창세기가 기록된 때는 입자 물리학이 없던 시절이다. 전자기장, 중력장, 힉스장, 기본 입자, 양자 역학, 상대성 이론 등 관련된 지식과 어휘가 없었다. 그런데도 공변 양자장, 다시 말해 중력장, 통합해 간단히 양자장 이론과 거의 완벽에 가깝게 공명된다.

2. 세계사와 공명하는 예수 존재론 (신구약 성전의 역사)

1위 2성으로 세상에 출현한 예수, 십자가의 죽음과 부활 그리고 승천, 그 후 세상은 예수 공화국이 되었다는 것을 앞에서 말씀드렸다. A.D. 313년 콘스탄티누스 대제의 기독교 공인은 그 서막이었다. 그 후 역사는 예수를 중심으로 기원전과 후로 바뀌었고, 정치와 종교가 공조하는 시스템이 형성되었고 그 중심에 예수가 있었다. 국가의 태동과 황제와 정치인들의 존립은 교황청과 상생의 관계였고, 이것은 교황청도 마찬가지였다. 황제들과의 상생이 필요했다. 황제와 교황 간의 필요충분조건의 관계는 묘하게 예수 공화국이 현대에 이르기까지 유지되는 시대적 바탕이 되었다. 예수를 기준으로 구분되는 연표가 국제 표준이 되었는데 기원전, 기원후를 예수를 기준으로 구분한다.

성경 66권은 대략 1,600년 동안 수많은 사람에 의해 기록된 문서다. 그런데도 통일성을 확보하는데 그중 하나의 주제가 성경 전체를 관통하는 예수 그리스도다. 이 주제는 직설적으로, 때로는 직유, 환유, 제유, 은유, 비유의 방식으로 66권 전체를 관통한다.

한 문장으로 집약하면 이렇다.

'존재(론)는 예수를 통해서 완성된다."

물질의 영역이든 관념의 세계든 존재의 존재론은 건물로 비유하면 머릿돌인 예수가 없으면 성립되지 않는다. 예수가 만물의 성립 조건이다. 이것을 성경 66권은 그 중심에 두고 있다. 그리고 이러한 예수를 성전의 완성으로 묘사한다.

성경에서 말하는 존재론의 핵심은 성전이다. 이 성전 개념은 매우 광의적이다. 단지 국부적인 장소를 의미하지 않는다. 만물의 궁극을 의미한다. 비유하자면 힉스 입자와 같다. 입자가 다른 입자와 구분될 수 있게 되고, 시간과 공간을 향유하며, 물질의 형체를 구성하기 위해서는 질량이 필요하다. 질량이 확보될 때 지금과 같은 우리의 몸을 구성할 수 있게 되고, 각종 물질이 존재하게 된다. 따라서 힉스 입자는 시공 물리적 존재에 필수 불가결하다. 성전이 이와 비슷하게 기술된다.

존재론에 필요한 것은 질량만이 아니다. 존재가 된다는 것은 철학적 주제이기도 하다. 자유이면서 궁극적인 존재, 자아와 몸이 통일되는 존재, 우연에 의해 억압받지 않는 존재, 실상으로서의 존재, 사르트르의 비유를 빌려 본다면 스스로 충족적 의미를 갖고 있는 상태, 불일치와 괴리가 없는 본질과 통일된 상태, 윤리와 정의로 본다면 의의 상태, 의미론으로 본다면 의미 그 자체가 되는 상태, 고전 철학으로 본다면 이데아와 현상계가 통일된 상태, 즉 존재론이다.

　시공간의 현상적 존재에 필요한 것이 질량이듯이, 궁극적 존재에 필요한 것은 '의'다. 의란 윤리적 차원에서 말하면 정의가 되고, 의미론 입장에서 보면 '바로 그 의미'가 된다. 그러므로 동양 철학에서는 의를 의미로 보기도 한다. 언어로 보면 온전한 의미를 말하고, 존재로 보면 존재의 '바로 그 의미'를 말한다. 산은 산 그대로여야 하고, 물은 물 그대로여야 한다. 존재의 존재론은 '의'가 필요하다. 이데아와 현상계의 통일이기도 하다. 따라서 의는 비단 윤리적 차원에서만 적용되는 의미가 아니라 물자체가 된다. 의는 본질상 관념의 세계든, 만물의 물리적 영역이든 통일의 성격이 있다.

　이런 차원에서 성경은 성전을 만물의 완성으로 기술하고 있다. 관념론과 유물론이 어떻게 완성되는지를 보여 준다. 이데아와 현상계의 통일의 혈류라 할 수 있는 의가 어떻게 만물(관념 포함)에서 이루어지는지를 보여 준다. 성경은 이러한 성전 개념을 기원전·후에 서로 연계되는 역사적 관점에서 보여 준다. 그리고 앞에서 약술한 기원후의 역사는 이 성전의 신약 편을 보여 주는 역사였다. 역사 전개의 방향은 성전의 완성이다.

　성전 개념의 시작은 이집트의 억압으로부터 벗어난 출애굽 사건 즈음이다. 대략 지금으로부터 약 3,400년 전 출애굽 후 시내광야에 머무는 동안 지도자 모세가 하나님으로부터 받은 내용에서부터 기인한다. 당시는 정착이 아닌 약속의 땅으로 이동해야 했기에 건물로서의 성전보다는 이동에 적합한 성막이었다.

제5장 성경과 공명하는 존재론과 세계사! 225

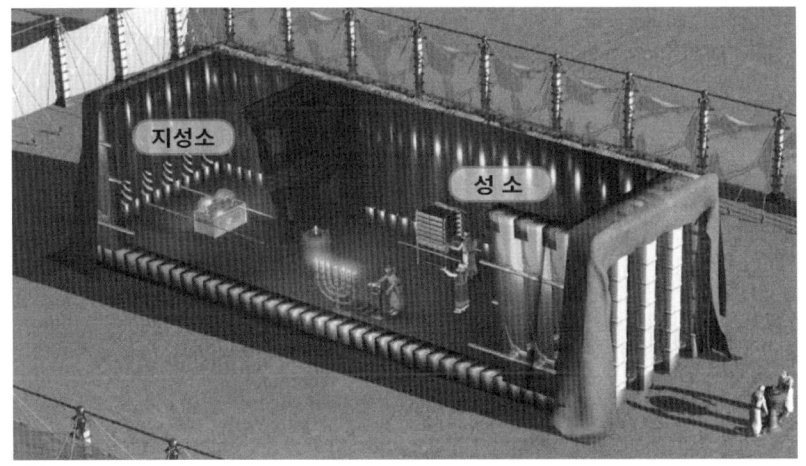

그림 1-2

그림 1-2와 같이 성막 내부는 크게 두 부분으로 구획되는데 성막 안쪽에 위치한 정사각형의 지성소와 입구에서부터 시작되는 직사각형의 성소다. 성소와 지성소 사이를 휘장으로 갈라놓았는데 대제사장 이외의 사람이 지성소에 진입할 경우 사망한다. 대제사장도 일 년에 일회 백성의 죄를 대속하기 위해서만 들어간다. 성전 개념 이해의 시작은 바로 여기 지성소로부터 시작된다.

지성소는 신과 인간이 만나는 장소로 존재론의 의가 확보되는 공간이다. 윤리적으로 말하면 의고 본질로 말하면 실상이다. 다시 말해, 의와 실상은 본체론적으로 통일을 이룬다. 하지만 인간은 사르트르의 주장처럼 완전한 존재가 아니다. 스스로 즉자가 된 상태가 아니라 대상관계에 따라 좀 더 높은 차원의 즉자가 되어가는 실존이다. 자유론의 중심인물인 그조차 인류의 불완전성을 완전으로 가는 단계로 보았다. 물질과 몸을 부자유로 보았다. 사실 인간과 만물을 보면 불완전, 즉 의존적 존재라는 것을 어렵지 않게 발견하게 된다. 깊게 관찰하면 모두 사르트르처럼 불완전이라는 의미로 시작하게 된다. 우리의 실존은 불완전이다.

불완전은 존재론적으로 실상과 의가 아니다. 그렇다고 불의 또한 아니다. 말 그대로 부족일 뿐이다. '뿐'은 악도 선도 아니다. '뿐'으로서 존재가 실상과 의가 제시하는 관계성을 유지한다면 '부족'과 '뿐'은 의의 장에서 인정되는 의적(義的, 의로운 상태가 되는)인 양태가 된다. 하지만 '뿐'인 그 자체로 있을 때 온전함과 자유는 아니다. 또한, '뿐'인 그 자체로서의 판단과 의지 그리고 그에 따른 동작들은 불의가 된다. 왜냐하면, '뿐'은 본질상 실상과 의에 반하는 행위가 되기 때문이다. 따라서 칭의와 의의 도움 없는 행위는 본질상 불의로 귀결된다.

사고와 의지는 의미와 그 의미에 따른 판단과 결정 행위를 말한다. 그 결정에 따라 행동하려는 의지가 발동하고 그 의지는 결국 행동이라는 결과를 발생시킨다. 만일 '뿐'의 의미들로 판단하고 그 판단에 따른 결정과 의지적 행동으로 이어졌다면 뿐은 부족이기에 불의의 결과가 된다. 그냥 뿐 그 자체였을 때는 죄와 악이 성립되지 않지만 사고, 판단, 의지, 행위가 되었을 때 '뿐'에서 없던 불의의 생산자가 된다. 따라서 불완전은 명사일 때와 동사일 때 죄와 악의 여부가 갈린다.

스스로 모든 것이 충족되지 않는 불완전이 스스로 행할 때 악의 생산자가 된다. 따라서 의의 도움 없이 '뿐'에게 시간이 주어진다는 것은 '뿐'의 연장이다. '뿐'이 스스로 지속하여 즉자로 있으려 한다면 존재론적 불의가 되고(시간은 명사를 동사로 만들기 때문), 의 없이 '뿐'으로만 행동하였다면 윤리적 불의가 된다.

'뿐'은 의가 아니기에 의와의 관계성 없이 시간과 만나면 악이 된다!

그러므로 부족의 존재가 존재론적 존재가 되는 방식은 반드시 의와 관계성을 가져야 한다. 따라서 만물은 의가 되는 것이 아니라 **관계성**이어야 한다.

불완전(불의)이 완전(의)이 된다는 논리는 엄청난 비약이 불완전과 완전 사이에 있어야 한다. 완전과 불완전은 단계가 아니라 차원이기 때문이다. 불완전에서 완전으로 이어질 수 있다는 논리는 그 자체가 모순이다. 불완전이 완전이 되었다면 불완전의 존재는 개별성을 잃고 완전에 흡수외어 사라지기 때문이다. 따라서 불완전은 존재가 되기 위해서 끊임없이 불완전이어야 한다. 따라서 '뿐'은 의가 되는 것으로 존재론적 존재가 될 수 없고, 의와의 관계성으로 존재해야 하며, 그 의로 **'여겨짐'**이 존재가 된다. 이것이 이데아계와 현상계가 통일되는 방식이다.

결국, 존재는 의가 되는 것이 아니라 의로 여겨져야 한다. 그러므로 의가 주어진다는 표현 자체는 의에 대한 오해다. 의는 **주어질 수 있는 것이 아니라 여겨지는 것이다**. 주어져 봐야 동일 본질이 아니기 때문이다. 의로 여겨지려면 '뿐'의 시간과 동사가 해결되어야 한다. '뿐'의 시간은 불의의 동사일 수밖에 없다.

의가 불의에 대해 결과를 요구한다. 불완전한 존재인 인간은 유한의 시간을 살다 죽는다. 죽음을 자연 현상으로 보는 것은 사실 존재론의 입장에서 보면 문제가 많다. 실존이 자유라면 의식은 사라지면 안 된다. 하지만 사람은 죽는다. 자유가 아니라 죽음에 속박된 부자유다

과연 죽음이란 무엇인가?

그러므로 죽음은 자유라는 의, 자유의 궁구로 볼 때 이미 불의의 의연이다. 의는 실상과 자유로서 시간의 제약을 받는 본질이 아니다. 시간과 물질의 한계에 속박된다면 의가 아니다. 그러므로 의는 **영원성을 그 실상 안에 이미 내포하고 있다**. 그러나 존재는 유한의 시간을 살다 죽는다. 본질적 의 아님을 보여 주는 단서가 죽음이다. 그러므로 죽음이 전제하고 있는 불완전한 존재의 '스스로 있음'은 죄와 악이다.

의로 여겨진다는 것은 그러므로 범법에 대한 원인과 결과가 해결되어야 함을 의미하기도 한다. 지성소에서 그 원인과 결과가 해결된다. 사람이 죽는 것이 아니라 희생 제물이 대신 죽는다. 이 죽음으로 공의는 만족되고 더 이상 피고에게 죽음이 요구되지 않는다. 의로운 신분으로 여겨진다. 그렇다고 의가 되는 것은 더더욱 아니다.

다만 의로운 신분으로 인해 의에 접근할 수 있고 관계성을 가질 수 있게 된다. 이 모든 것이 희생 제물 없이는 불가능했다. 희생 제물의 피가 속죄소(법궤의 덮개에 해당하는 윗부분)에 뿌려짐으로 불의의 동사로 인해 생성된 죄와 악은 대속되고 의로운 신분으로 여겨진다. 이것이 성전이다.

성경은 성전을 중심으로 존재론의 역사를 기술해 나간다. 성전을 중심으로 약속의 땅으로 이동하던 이스라엘은 지금의 예루살렘에 정착해 제3대 왕 솔로몬 통치 시기에, 즉 B.C. 900년경 최고의 부를 이룬다. 이 시기에 선왕 다윗이 건축하지 못한 성전을 성막의 구조에 따라 완성한다. 한곳에 정착한 그들에게 더 이상 성막은 필요 없었다. 이제는 화려한 성전이 필요하였고, 바라던 대로 957년경 완공한다.

그러나 의의 중심을 상징하는 성전이 완공된 후 예상 밖의 분위기가 형성된다. 불의의 모습으로 이스라엘의 역사가 흐르기 시작한다. 솔로몬은 타락하기 시작하였고, 백성들 또한 그러하였다. 후대 왕들도 몇몇을 제외하면 마찬가지였다. 하나님은 그들에게 의의 자리로 돌아올 것을 선지자들을 보내어 계속 선포하지만, 그들의 악행은 멈출 기미를 보이지 않았다.

그러자 하나님은 그들에게 최후통첩을 한다. 돌아서지 않을 경우 바벨론에 의해 나라가 무너질 것이고, 70년 동안 그들을 섬길 것이며, 백성들은 그 땅으로 끌려갈 것이다. 이러한 최후통첩에도 그들이 악행을 멈추지 않자 선지자가 선포했던 일들이 실제로 일어난다. B.C. 586년 나라는 망하고, 백성들은 세 번에 걸쳐 강제 이주를 당한다. 중요한 것은 존재론의 중심인 의, 이 의가 해결되고 여겨지며 보여 지는 성전이 파괴된다.

이 사건은 문서로 기록되어 현대인들에게도 읽히게 되는데 이 내용을 담고 있는 성경을 '역사서', '예언서'라 한다. 그런데 이 문서를 분석하다가 성경학자들은 고민하기 시작하였다. 70년의 시작과 끝의 기준을 어디에 두어야 하는지의 문제였다. 사람을 기준으로 할 때 70년이 계산되지 않기 때문이다.

첫 번째 강제 이주 B.C. 605년을 기준으로 시작해서 1차 포로 귀환 B.C. 538년을 계산해 보면 67년이 나온다. 이 불일치를 극복해 보려는 다양한 시도들이 있었다. 상징으로 보려는 해석, 이방 도시의 파괴와 연계된 것으로 보는 해석, 어림수로 보려는 시도들이었다. 사실 성경은 사람을 존재의 중심으로 기록하지 않는다. 앞에서 언급했듯이 성전이 그 중심에 있다.

그래서일까?

성전을 기준으로 계산하면 정확히 70년이 나온다. 성전은 B.C. 586년에 파괴된다. 그리고 예레미야의 예언대로 다시 재건되는데 그 연도가 B.C. 516년이다. 계산해 보면 정확히 70년이다.

재건 과정에 발생한 우연한 사건들을 보면 기준이 성전이라는 것을 더욱 신뢰하게 만든다. 16년 동안 성전 재건 사업이 지연된 사건이다. 이민족 관료들의 방해로 허무하게 16년간 중단된다. 성전 재건이 536년경에 시작되었으니 지연되지 않고 계획대로 공정이 진행되었다면 516년까지 20년이나 소요될 필요가 없었다. 훨씬 빠르게 재건되었을 것이다. 방해로 인해 계획에 없던 시간이 소요되고 말았다.

하지만 계획에 없던 16년은 70년을 채우는 연수가 된다.

우연일까?

왜 16년 이었을까?

당시 주권이 상실된 속국의 처지였기 때문에 정치적으로 영향력 있는 사람들의 살기 넘치는 방해는 간담을 서늘하게 했을 것이다. 사람들은 성전 공사를 중단하고 저마다의 자기 생업으로 돌아간다. 그렇게도 고대하던 성전 재건은 16년 동안이나 지지부진한 상태로 남겨지게 된다. 자기들의 안위를 먼저 생각했던 나약함이 16년을 지연시켰던 것이다.

그 사이에 왕은 고레스에서 다리오로 바뀐다. 다리오왕은 선왕인 고레스가 칙령을 내려 성전 재건을 허락했음을 옛 문서를 통해 발견하고는, 이 문서를 바탕으로 재건 사업을 다시 허락한다. 이제 더 이상 권모술수에 의한 방해 공작은 설 자리가 없게 된다. 이렇게 해서 4년여에 걸쳐 공사가 진행되었고 516년에 드디어 성전이 완공된다. 성전이 파괴된 지 586년으로부터 정확히 70년이 되는 해다.

문제없이 일사천리로 진행되었다면 공사 기간을 길게 잡아 6년으로 계산한다 하더라도 536(준공)-6(공사 기간)=530년이다. 586(파괴)-530(완공)=56년밖에 되지 않는다. 하지만 이들의 용맹스럽지 못한 대가로 16년이 추가가 되어 536(준공)-16(지연)=520년에야 공사를 다시 시작할 수 있었고, 4년이 지난 516년에 완공하게 된다. 586(파괴)-516(완공)=70년이 채워졌다. 우연으로 보기에는 계획된 필연 같다. 계획에 없던 16년은 잃어버린 시간이 아니라 계획된 시간처럼 되었다.

성전이 기준임을 보여 주는 필연의 메아리가 아니겠는가!

백성들이 의를 범할 때 존재의 상실은 사람이 아니라 성전이었고, 성전을 기준으로 70년이 계산되었다. 결국, 광야 생활을 거쳐 나라가 건국되는 중심에 성전이 있었고, 의를 범함으로 국가의 주권과 국민의 자유가 사라질 때의 중심도 성전이었다.

성경은 존재론의 중심을 성전으로 보고 있다!

존재론의 중심이 성전임을 보여 주는 기록은 이것만이 아니다. 성전 재건을 방해하는 세력들이 누구인지에 대한 것과 성전 봉헌식에 등장하는 왕의 이름도 성전이 중심임을 보여 준다.

예언서에 해당하는 에스라는 성전 재건의 방해 세력 중 당대의 인물과 전혀 상관없는 사람들과 왕을 거론한다. 에스라 4장 7절에 보면 이렇게 기록되어 있다.

> 아닥사스다 때에 비슬람과 미드르닷과 다브엘과 그의 동료들이 바사 왕 아닥사스다에게 글을 올렸으니(스 4:7).

모두 성전 재건을 방해했던 인물로 소개된다. 하지만 이들은 당대로부터 약 백 년 후 성벽 공사를 방해하는 세력들과 그 시대의 왕이었다. 그런데 이 내용을 성전 방해 사건처럼 기록하고 있다. 이와 비슷한 기록이 완공을 기념하는 글에도 나타난다. 에스라 6장 14-15절에 보면 이렇다.

> 유다 사람의 장로들이 선지자 학개와 잇도의 손자 스가랴의 권면을 따랐으므로 성전 건축하는 일이 형통한지라 이스라엘 하나님의 명령과 바사 왕 고레스와 다리오와 아닥사스다의 조서를 따라 성전을 건축하며 일을 끝내되 다리오 왕 제육년 아달월 삼일에 성전 일을 끝내니라(스 6:14-15).

여기서 주목해야 하는 인물은 아닥사스다왕이다. 마찬가지로 성전 공사(516년)가 아닌 성벽 공사(445년)와 관련된 왕이다. 그런데도 성전 공사에 관여한 왕처럼 나열하고 하나의 사건으로 서술한다. 즉, 거의 70년의 시차를 두고 있는 성전과 성벽 재건을 하나의 개념으로 보고 있다는 것을 알게 된다. 성전과 성벽을 별개의 것으로 간주하지 않았다. 성벽이 완성된 사건을 성전이 완공된 것으로, 성전이 완공된 사건을 성벽이 완공된 것으로 보고 있다. 70년의 시차를 둔 공사를 마치 하나의 사건처럼 기록한 것이다.

그런데 그 역점을 성전에 두고 있다. 하나의 사건으로 기록할 때 성전 완공을 성벽 완공에 끌어들여 하나의 사건으로 기록한 것이 아니라 성벽 재건을 과거의 성전 재건 시대로 끌어들여 하나의 사건이 되게 하였다. 성전을 존재의 핵으로 보고 있다는 것을 볼 수 있다.

이것은 의미하는 바가 매우 크다. 성경에서 성벽은 국가, 좀 더 확장하면 세상을 상징하기 때문이다. 성전의 완성을 성벽, 즉 만물 완성의 중심으로 보고 있다. 그리고 만물의 완성은 성전의 완성으로 역설하고 있다. 성전과 세상을 별개의 것으로 보지 않고, 존재의 중심이 성전임을 역설하고 있다. 성전과 관련해 의미심장한 이야기는 여기가 끝이 아니다.

예수는 헤롯 성전을 빗대어 이렇게 말했다.

너희가 이 성전을 헐라 내가 사흘 동안에 일으키리라(요 2:19).

헤롯 성전은 건축에 각별한 애정을 품고 있던 헤롯 대왕이 유대인들의 환심을 사고자 수십 년에 걸쳐 증축한 건물이다. 설에 의하면 이스라엘 역사상 가장 화려한 성전이었다고 한다. 사실 성전의 본래 의미는 상실된 채 물질 자체가 되어버린 돌덩이에 불과했다. 돌덩이에 불과하였지만 찬란하기 그지없었던 건축물을 무너뜨리라는 것이다. 그리고 삼 일 후에 자기가 재건한다는 것이다.

예수는 여기서 성전을 자기 자신으로 비유하였다. 성전에서 행해지던 의식, 다시 말해, 지성소에 있는 속죄소에 대속의 피가 뿌려져 속죄가 이루어지는 의식은 예수를 상징했다. 예수는 이러한 성전의 완성이다. 광야시대 모세로부터 전해 내려온 성막, 솔로몬 시대의 성전 그리고 예수 당시 헤롯 성전은 예수 그리스도에 의한 대속과 그에 따른 칭의와 의에 접근할 수 있는 공의의 최종적 만족을 상징하는, 다시 말해 예수가 세상에 오기 전 까지 그 부분적 역할을 담당하던 일시적 예수의 모형이었다.

예수가 세상에 와서 헬라와의 만남이 성사되었고, 십자가상에서 피를 흘리며 죽었을 때 지성소에서 행해지던 속죄 의식은 초시간적으로 완성된다. 부활하였을 때 모든 공의의 만족은 물론 의를 범한 인류에게 의롭다 칭할 수 있는 공의와 이데아계와 현상계 다시 말해 사람들이 실상과 본질로서의 물자체가 될 수 있는 공의가 확보되었다.

사람들이 그렇게도 염원하였던 만물의 통일과 스토아학파가 찾던 이데아계와 현상계의 통일이 그리스도를 통해 가능해졌다. 예수(1위 2성)는 이미 이데아계와 현상계의 통일이었고 앞으로 인류가 그 통일을 맞이하게 될 예표였다. 부활하였을 때 물리 구조는 앞으로 인간의 몸을 포함해 모든 물질이 이데아계와 통일될 첫 번째였다. 부활은 만물의 완성이고, 그 첫 번째 물리 구조였던 것이며, 그 구조가 예수의 부활한 몸이었다. 이러한 예수가 성전의 궁극이었고 예수가 오시기 전까지 성전은 예수의 예표였다. 그러나 성전의 본질인 예수가 왔을 때 비로소 이렇게 말하였다.

"너희가 이 성전을 헐라 내가 사흘 동안에 일으키리라."

존재론의 중심을 성전으로 기술한 성경의 역사는 곧 그리스도를 중심으로 기술하고 있었던 것이다.

앞에서 다루었듯 역사는 그리스도 왕국이었다. 모든 것이 그리스도 중심으로 움직이는 것에 장엄한 우주의 공명을 느낀다.

우리는 예수의 날(Anno Domini) 2023년도를 살고 있다!

이 예수는 2,000년 전 완전한 인간이면서 완전한 신으로, 다시 말해 당시의 철학이 고민하던 존재로 출현해 존재론의 중심인 의를 충족시키고 만물이 자신의 존재론, 즉 1위 2성처럼 될 것을 약속하고 승천하였다. 성전은 만물을 존재론적 존재가 되게 하는 핵심이었다. 성신은 곧 만물이었다. 그 만물의 최종적 물리 구조는 그리스도의 부활체와 같게 된다.

이데아계와 현상계의 궁극적 통일, 만물의 최송적인 상태, 물질의 궁극을 기술한 책이 요한계시록이다. 요한계시록은 만물이 어떻게 새롭게 되는지를 공의, 은혜, 심판, 구원의 관점에서 기록한 책이다. 21장에 보면 새롭게 된 만물을 묘사하고 있는데 관련 내용은 다음과 같다.

> 또 내가 새 하늘과 새 땅을 보니 처음 하늘과 처음 땅이 없어졌고 바다도 다시 있지 않더라 또 내가 보매 **거룩한 성 새 예루살렘**이 하나님께로부터 하늘에서 내려오니 … 보좌에서 큰 음성이 나서 이르되 보라 **하나님의 장막**이 사람들과 함께 있으매 하나님이 그들과 함께 계시리니 그들은 하나님의 백성이 되고 하나님은 친히 그들과 함께 계셔서 … 성 안에서 내가 성전을 보지 못하였으니 이는 주 하나님 곧 전능하신 이와 및 어린 양이 그 성전이심이라(계 21:1–22).

이 구절에서 두 개념에 집중하시기를 바란다. "성"과 "함께 있으매"이다. 앞에서 성전 재건의 완성이 70년 후에 성취된 성벽 재건의 완성과 하나의 사건으로 기록된 것을 기억하시기를 바란다. 요한계시록은 바로 이 사건의 해석적 역사가 되는데 성전의 완성이라 할 수 있는 성이 내려오는 것으로 묘사되고 있다.

그런데 중요한 핵심 구절은 "성 안에서 내가 성전을 보지 못하였으니 이는 주 하나님 곧 전능하신 이와 및 어린양이 그 성전이심이라"다. 성전 재건의 완성이 70년 후의 성벽의 완성과 맥을 같이 했듯이, 성전인 그리스도의 몸이 성전의 핵심인 십자가 사건을 성취한 후 인류의 성전이 되었을 때 그로부터 한 때 두 때 반 때의 시간이 지난 후 새롭게 된 성이 내려오는 것으로 묘사되고 있다.

만물이 성전이 되었다!

그리고 그 중심에 그리스도의 십자가 사건이 있다. 성전으로서의 예수 그리스도는 만물이 성전이 되는 핵심이었다. 비로소 이데아계와 현상계의 통일이 이루어진다.

"하나님의 장막이 사람들과 함께 있으매", "주 하나님 곧 전능하신 이와 및 어린양이 그 성전이심이라." 완전한 의가 사람과 함께 있고, 함께 계시는 하나님 자신이 성전이 된다. 형상(Image)인 사람이 완전(perfect)인 하나님과 "함께", "있다."

이는 이데아계와 현상계와 통일이다!

세계의 역사는 이것을 향해 진행되고 있다. 예수 공화국은 우연이 아니다. 우리는 예수의 시대(*anno domini*)를 살고 있다. 역사의 중심에 예수가 자리하고 있는 것은 결코 우연이 아니다. 만물의 궁극적 완성과 통일은 본질에 있어서 예수 그리스도의 1위 2성은 아니더라도 칭의에 의해 1위 2성 '처럼' 되는 것이다.

물리학의 완성은 예수 그리스도다!

3. 요한계시록과의 공명 "이기고 이기려 하더라"

요한계시록은 주후 90년경 박해와 이단의 위협에 노출되었던 일곱 교회에 보내는 묵시 형태의 문서다. 당대의 교회 상황을 기록한 것이기도 하지만 대부분 앞으로 될 일을 기록한 책이다. 총 22장으로 구성되어 있는데, 한 장 한 장 읽어나가다 보면 세계사와 공명하는 것을 발견하게 된다. 그 공명된 내용들을 낱낱이 기록하려면 그 내용만으로 책 한 권이 될 것이다. 몇 가지 사건만 소개하고 나머지는 독자 여러분이 스스로 정독하실 것을 권유해 드린다.

첫 번째로 소개해 드릴 역사와의 공명은 6장 2-3절의 내용이다. 아래의 성구를 한 번 읽어 보시기 바란다.

> 내가 보매 어린 양이 일곱 인 중의 하나를 떼시는데 그 때에 내가 들으니 네 생물 중의 하나가 우렛소리 같이 말하되 오라 하기로 이에 내가 보니 흰 말이 있는데 그 탄 자가 활을 가졌고 면류관을 받고 나아가서 이기고 또 이기려고 하더라(계 6:2-3).

요한계시록에는 하나님의 통치 방식을 세 개의 심판의 상징으로 분류하고 서술하는데 그것은 인, 나팔, 대접이다. 이 세 개의 상징은 또한 각각 일곱 개로 구분하여 전개된다. 즉 일곱 개의 인, 나팔, 대접이다. 위의 내용은 일곱 개의 인 중 첫 번째 인의 내용이다. 그 첫 번째 인이 떼어지니 흰 말을 탄 자가 활을 가지고 면류관을 받고 나아가서 이기고 이기려 한다.

이러한 방식으로 역사가 진행될 것을 비유한 것인데, 이 내용은 구약의 주전 5세기에 쓰인 스가랴에도 비슷한 구도로 기록되어 있다. 네 말이 등장하는데 마찬가지로 흰색 말도 포함된다. 흰 말은 북쪽으로 가서 전쟁을 일으키는 것으로 묘사되는데 스가랴의 핵심은 성전 재건을 위해 하나님이 역사에 개입하시겠다는 내용이다. 그것을 흰 말이 북쪽으로 향하는 것으로, 다시 말해 정치와 군사를 일으켜 세계 질서를 이끄시는 방식으로 성전을 재건한다는 것이다. 이 네 말을 또 다른 비유, 즉 바람으로 비유되는데 참으로 의미심장하다.

> 이는 하늘의 네 바람인데 온 세상의 주 앞에 서 있다가 나가는 것이라 하더라(슥 6:4).

역사를 움직이는 세력으로 비유된 네 말이 바람으로 재차 비유되고 있다. 여기 바람의 히브리어는 '루아흐'(חור)인데 영을 의미한다. 그 뜻은 생명, 의미 활동, 언어 활동, 생각, 바람, 숨, 마음, 영감, 동기 등이다. 정리하면 사고와 생명 그리고 정서로 집약된다. 이 취합된 세 개의 의미는 생의 분석과 판단 그리고 결정에 관련되는 것들이다. 네 말이 이러한 바람으로 비유되고 있다.

결국, 온 세상에서 일어나는 사조, 분위기, 정치 외교적 생각들, 그러한 분위기들에 의해 일어나는 국제 정세를 일으킨다는 말이다. 그 정세 중 전쟁과 관련된 말이 흰 말이다. 왕들과 장군들, 정치인들의 생각들이 동요되어 군사를 일으킬 것이다.

이것은 스가랴서 독자들에게 대단히 중요한 상징인데, 성전 재건 사업에 직결되는 전쟁이기 때문이다. 신생 패권국 페르시아 왕은 전쟁의 필요성을 절감하고는 바벨론을 무너뜨린다. 페르시아 왕 고레스는 어떤 이유에 의해(아마 정치적 이유였을 것) 피섭정국이었던 예루살렘에 있는 성전을 재건할 것을 명령한다. 하지만 여러 방해 공작에 의해 16년 동안 중단되었다가 다리오왕과 아닥사스닥왕에 의해 성전과 성벽 공사가 다시 시작되어 완성된다.

스가랴서는 북쪽으로 간 말(검정, 흰)이 하나님의 마음을 시원하게 할 것으로 예언하고 있는데, 정확하게 성취되었고, 먼 훗날 이 시대에도 성취될 예언으로 적용된다. 성전 완성을 위해 하늘의 바람이 불어와 정신들이 일어나서 군사를 움직이고 있었다.

요한계시록에 나오는 흰 말도 스가랴의 의미와 다르지 않다. 꼭 전쟁은 아니더라도 서로 이기려는 세력을 말하고, 이 세력에 의해 하나님의 심판과 구원이 성취되는 구도다. 그리고 궁극적으로 성전의 완성을 위해 세상을 움직이는 역설적인 세력이 된다.

성과 속이 분리되어 움직이는 세력이 아닌 일원론적 모형으로 움직이는 세력이다. 그 안에서 교회와 정치 군사력이 함께 얽히고설킨 모습으로 때로는 세속적으로, 때로는 거룩함으로 움직이며 섭리된다. 따라서 명확한 의미로 보면 본질적 의미의 교회는 아니며 하나님 나라 또한 아니다. 그러므로 성경은 성전의 완성은 '그날'에 성취될 것으로, 하나님의 나라는 이미 임하였지만 아직은 완성된 상태가 아닌 것으로 역설하고 있다.

세속 국가와 하나님 나라가 하나의 그림 안에서 신의 섭리 하에 궁극을 향해 움직이는 일원론적 동력이 되는 것이다. 따라서 그 안에 심지어 적그리스도도 있을 수 있고, 그리스도의 세력도 있을 수 있는 역설적 양태다. 바벨론과 바사의 세속 권력을 통해 성전이 재건될 수 있었던 것이고, 중세와 근대 그리고 현대에 이르기까지 기독교 국가들과 그 세력들은 성과 속 두 그림이 공존하는 영역이었다. 세상 국가와 교회의 경계는 매우 희미한 양태로 얽혀 있는 것이다.

1세기 예수와 헬라와의 만남 이후로 역사는 구약 시대보다 광범위한 스케일로 예수 공화국이 '이기고 이기려는 세력'에 의해 형성되어 간다. 잠시 밝혀 두는 것은 '예수 공화국'은 표현 그대로 성과 속이 일원론의 양태로 진행되는 성속이 교차되어 있는 세력을 말한다. 극히 세속적이며, 그 안에 거룩한 성도들 또한 있는 그러한 구도다.

따라서 '예수 공화국'을 마치 하나님 나라의 본질적 전형인 것처럼 간주하는 것은 매우 잘못된 접근이다. 바벨론과 하나님 나라는 '그날'이 오기 전까지 하나의 공간에서 두 모습으로 존재한다.

다시 본론으로 돌아와 이 '예수 공화국'은 '이기고 이기려는 세력'에 의해 급성장해 나간다.

A.D. 300년대까지 크고 작은 핍박들이 교회 안팎으로 있었지만, 예수 공화국을 저지하지 못했다. 당시의 로마 분위기는 쇠락해 가던 로마를 재건하려는 정치인들과 재건 사업 과정에 발생하는 정치적 틈새들을 기회 삼아 정계에 진출해 보려는 세력들이 얽히고설켜 복잡한 정국이 형성되고 있었다.

디오클레티아누스 황제는 로마를 다시 강력한 행정체로 세우기 위해 행정 지역을 네 개로 나누는 사두 정치 체제를 구축하였다. 공동 황제와 부황제 제도를 두어서 군사를 운용하는데 수월한 행정 시스템을 구축하고자 했다. 하지만 시간이 흐를수록 자기가 원했던 대로 진행되지 않았다. 병으로 죽기도 하고 결손으로 발생된 정치적 공백을 차지하려 정권 싸움이 일어나기도 했다. 어떤 상황이건 **이기고 이기려는** 관계는 정치 일선에서 늘 있어 왔다. 당연히 재건 사업의 과정에도 있었고, 이러한 경쟁 관계는 역사의 단면이기도 하다.

동쪽의 황제는 자신이 승기를 잡으려 서쪽의 부황제와 결연한다. 여기에 질세라 동쪽의 부황제는 서쪽의 황제와 동맹한다. 이런 배경을 안고 서쪽에서 서로 맞붙은 인물이 콘스탄티누스와 막센티우스였다. 이 전쟁에서 꿈에서 본 식양을 방패와 깃발에 새겨 넣고 전장에 나간 콘스탄티누스가 이긴다. A.D. 313년 그의 승리는 세계사의 흐름을 완전히 바꾸어 버리는 사건이 된다. 주피터의 자리에 예수를 대신하게 하였고, 로마 제국의 국교는 기독교가 된다. '예수 공화국'은 이런 구도로 점진적이면서, 어떤 면에서는 급성장하기 시작한다. 세계사를 움직인 기본적인 힘인 '욕망'을 무시하지 않은 채, 아니 오히려 그 힘에 의해 성장해 간다.

성경에 기록된 역사의 속성과 방향을 잠시 이해할 필요가 있다. 이것에 대한 이해는 '예수 공화국'이 무엇을 의미하는지 이해할 수 있도록 돕기 때문이다. 앞서 말씀드렸듯이 역사의 중심은 성전이다. 성전은 곧 세계이며 만물의 궁극인 실상이다. 그러므로 만물의 궁극인 실상은 성전이 되었을 때 그곳은 욕망에 따른 전쟁과 이기려는 혈투에 의한 국가가 아니라 진리와 사랑에 의해 세워지는 나라가 된다.

이 나라가 세워지기 위해서는 의의 공의적 문제가 해결되야 된다고 말씀드렸다. 본질상 예수 십자가의 대속적 죽음이 있은 후 **부활한 그리스도의 몸이 만물의 궁극적 물리 구조의 첫 번째 효시**가 된다고 말씀드렸다. 따라서 '예수 공화국'은 욕망에 따른 전쟁의 **이기고 이기려는 힘에 의한** 것이 아니라 **사랑과 진리에 의한** 것이어야 한다. 하지만 역사는 '예수 공화국'이 이기고 이기려는 세력에 의해 세워지는 것으로 기록하고 있다. 여기에 심판과 구원이라는 교리적 이해가 필요한 것이다.

예수의 십자가 사건은 이의 속죄과 신판적 형벌이 성취됨을 의미한다. 신의 공의는 그리스도의 십자가와 하늘의 섭리에 따른 그리스도의 공로적 사역을 신뢰하는 믿음을 요구한다. 믿음은 일종의 인식으로서 관념과 실존이 연계된 하늘의 존재론적 도구다. 이 믿음의 여부에 따라 그리스도에 의해 성취된 심판적 공의가 적용되기도 하고 그렇지 않고 악의 심판으로 귀결되기도 한다. 그러므로 믿음으로 의롭다 칭함을 받고 구원을 얻게 되는 것이다.

만물의 존재론적 완성만큼이나 믿음의 유무는 대단히 중요하다. 선형 시간의 흐름은 믿음이 발생하는 연장이기도 하다. 하지만 믿음의 유무, 다시 말해 실상(본질)을 보는 인식이 없는 사람들은 그리스도 이외의 영역으로 공의적 심판의 대상이 된다.

따라서 그리스도의 십자가 사건은 현재의 물리 구조로서의 자연 그 자체를 위한 것이 아니라 예수그리스도의 부활한 몸의 구조로서 완성된 자연을 위한 것이다. 완성 다시 말해 존재론적 실상, 이데아계와 현상계의 통일, 예수 그리스도의 부활의 몸이 갖추고 있는 물리 구조, 1위 2성의 그리스도 존재론이 보여 주고 있는 물리 구조다.

그러므로 그리스도 안에 있는 자들이 구원을 얻는다는 비유적 표현은 은유이면서 훗날 직설이 되는 셈이며, 그리스도 안에 있다는 것은 관념으로 믿음을 갖고 있다는 것을 말하고, 이 관념은 곧 실존이 될 것이다. 그리스도 안에 있지 않는 모든 존재는 옛 질서 속에 있는 부족의 존재들로서 그 끝은 그들의 행위적 결과에 따른 심판이다.

그러므로 옛 질서에 대한 심판은 엄중한 경고로 연신 선포되어 왔던 것이고, '그날'이 곧 심판의 날이다. 역사는 성과 속이 같은 공간에서 같은 방향으로 진행하다 '그날'에 향방이 완전히 갈리게 되는 것이다. 그리스도 안에 있는 자들은 이데아계와 현상계의 통일을 경험하게 되고, 그분 밖에 있는 존재는 심판의 대상이 된다.

이 두 개의 속성, 즉 성과 속이 일원론으로 '그날'이 오기 전까지 진행되어야 한다면 어떤 모습이겠는가?

소위 완전론자들이 주장하는 '성'이겠는가?

그렇다면 이미 세상은 전쟁과 욕망에 따른 혈투가 아니라 용서와 수용 그리고 사랑을 향한 점진적 역사여야 한다. 하지만 근 100년만 보더라도 그 반대의 모습으로 흐르고 있음을 어렵지 않게 발견하게 된다. '속'이 믿음을 얻기 위해 성과 속은 일원론의 양태로 매우 신묘막측하게 진행되고, '그날'의 심판을 위해 성과 함께 가지만 속은 비록 간헐적 심판이 역사 내에 성취되기도 하면서 완전한 심판은 유보된 상태로 진행된다.

따라서 교회와 국가는 어떤 점에서 같고 어떤 점에서는 다르다. 본질적 의미로 본다면 교회와 국가는 세속이라는 단어에 모두 귀속되어 본질적 교회는 이 땅에 없다는 논리가 성립된다.

그렇다면 교회와 국가의 외형은 그 자체로 모두 바벨론이 되는 셈이다!

그러므로 세상 안에 교회가 있다는 것은 매우 신비로운 표현이며 기독교 언어를 십분 사용한다면 은혜 중에 은혜가 아닐 수 없는 것이다.

종합해 보면, '예수 공화국'은 그날이 오기 전 까지 인간의 숙명과 냄새가 풀풀 나는 욕망과 전쟁에 의해 세워진다. '그날'에 성과 속은 완전히 분리되어 누구는 성전이 될 것이고, 누구는 세속이 될 것이며, 어떤 경우 기대했던 사람은 세속이 될 것이고 그렇지 않았던 인물이 성전이 되는 일들이 발생할 것이다. 성경에서 그려주고 있는 역사의 이러한 방향을 이해해야 세계사 속에 그려진 '예수 공화국'의 양태를 이해할 수 있게 된다. 더 나아가서 성경대로 진행된 역사라는 것을 발견하게 된다.

다시 본론으로 돌아와서, 예수 공화국을 형성하게 만든 서로 이기려는 또 하나의 세력은 교황과 황제 세력이다. 교황과 황제간의 힘겨루기였다. 324년 정식으로 기독교가 공인된 후 로마 기독교의 세계화 현상이 일어나기 시작한다. 한 예로 6세기 로마를 침략했던 국가들이 자기 종교를 이식시키는 것이 아니라 오히려 기독교에 영향을 받는다. 흉노족이 군대를 이끌고 로마로 진격해 들어왔을 때 왕 아틸라는 교황을 만나고서는 큰 만족을 느끼고 전쟁을 그칠 것을 냉령하였다.

서서히 세계의 중심에 교황권이 자리하게 된다. 황제의 자리가 불안하여 주변 국가들이 동요할 때는 교황이 중심 역할을 하게 된다. 황제의 권력과 주변 정치인들의 정권 유지를 위해서는 교황과의 관계가 필수인 상황이 형성되었다. 이러한 공생의 상황은 교황도 마찬가지였다.

하지만 둘의 관계는 출렁이는 파도처럼 상생의 관계이면서 때로는 반목과 경쟁의 관계가 되기도 하였다. 자연스럽게 교황과 황제 사이에 서로 지배적인 위치에 서려는 힘겨루기 싸움이 빈번해 지기 시작했다. 서로 이기고 이기려는 본능은 일원론의 세상에서 품어 주어야 하는 아픔이며 역사를 이끌어 가는 역설적인 힘이기도 하였다.

이 상처 많은 욕망은 승기를 잡은 세력이 역사의 주인공이 되어 제국을 형성하는 데 일등공신 역할을 한다. 이 욕망의 싸움은 황제와 황제 간의, 교황과 교황 간의, 황제와 교황 간의 힘겨루기에서 진가를 발휘했다.

이렇게 서로 이기고 이기려는 역학관계 속에서 신기할 정도로 기독교는 국제화되었고, 이러한 갈등 자체가 결국 기독교 세력과 또 다른 기독교 세력 간의 자기들만의 기독교 공화국을 세우려는 욕망으로 승화되었기 때문에 기독교 제국의 견고한 성을 세우는 역설적인 결과를 가져다주었다. 마치 앞에서 언급했던 성이 완성된 때를 성전 재건이 완료된 것으로 기록했던 에스라의 이야기처럼 인간의 욕망이 기독교 공화국과 성벽을 동시에 세우는 신묘막측한 역할을 하였다.

마치 토인비가 역사를 크게 두 개의 축으로 그렸던 것처럼 진행되었다. 즉, 그는 작은 단위의 역사들과 인류 전체를 관통하는 거대한 축으로서의 역사를 그렸었는데, 작은 단위의 역사들이 거대한 축으로서의 역사에서 반복되며 예수의 국가를 형성해 가고 있었다. 이것처럼 이들의 이기고 이기려는 공방은 예수 공화국이 국제화되는 현상을 불러일으켰다.

몇 개의 역사적 사건을 예로 들어 보겠다. 신성 로마 제국의 전신이라 할 수 있는 프랑크 왕국은 황제와 교황의 상생에 의한 작품이기도 하다. 그들이 상생하기까지는 황제 간의, 교황 간의 이기고 이기려는 역학 관계가 있었다. 먼저 교황청은 크게 두 세력의 각축장 중심에 있었는데 동방의 화상 파괴주의자들과, 다시 말해 동방의 교황과 그리고 이교 중심의 외세 민족이었던 롬바르드족이었다.

특히, 롬바르드족은 다산의 신을 숭배하던 민족으로 비록 침략 과정에서 기독교를 받아들이기는 했지만 이교 의식이 농후했다. 이들은 강한 민족은 아니었지만 자칫 로마 전체를 통일시키는 세력이 될 뻔하였다. 만일 이들이 로마를 정리하였다면 예수 공화국은 잠시 중단되든지 아니면 국지적 종교로 전락하였을 것이다. 하지만 힘의 이동은 옛 로마에서 롬바르드족에게 이어지지 않고 기독교로 개종한 클로비스(프랑크 왕국의 효시) 가문에게로 넘어갔다. 이들의 통치하에 과거 로마가 통치하던 제국의 주요 지역들이 귀속되며 프랑크 왕국은 그 모습을 갖추어 가기 시작하였다. 대다수가 기독교인들이었던 기존의 주민들은 기독교를 중심에 둔 새로운 패권의 등장에 크게 부담을 느끼지 않고 수용할 수 있었다.

하지만 새로운 세력의 등장은 다양한 변화를 초래하였다. 새롭게 등장한 장원제도에 의한 권력 분산, 교육 중심의 기독교 역할로 인한 왕실 재산의 교회로의 이동, 힘의 균형을 맞추고자 서임권을 가져오려는 황실의 행정 시스템 변화, 유산상속으로 인한 왕권의 약화 등은 자연스럽게 인간의 기본적인 욕망인 이기려는 마음으로 자라나 직간접적 싸움을 발생시켰다.

특히, 왕권의 약화는 안보 문제를 야기하였고 국민들은 당연히 자기들을 보호해 줄 실세를 찾고 의지하였다. 이런 분위기는 왕보다 재상들을 더 신임하게 했다. 왕보다 재상들이 실세가 되어 갔고 사람들은 이들을 더 신뢰하기 시작한다. 프랑크 왕국은 관례상 부모 생전에 자녀들에게 유산을 균등하게 물려주었는데, 이것은 왕권의 약화를 초래하는 구실을 하였다. 힘은 분산이 아니라 집중되어야 하기 때문이다.

뉴스트리아, 오스트라시아, 부르군트는 그렇게 분리된 지역들이었고 당연히 왕보다 왕을 보필하던 궁재(재상)들의 힘이 더 강했다. 당연히 사람들은 자기들을 실제로 지켜 줄 재상이나 지역 지도자들을 더 신뢰하였다. 그 사람들을 중심으로 모여들어 마을을 형성하였는데, 장원제도는 그렇게 탄생한다. 프랑크 왕국의 초대 왕가인 메로빙거 왕조는 그렇게 시들어 갔다. 말년에 그들은 명목상의 왕이었을 뿐 실제 힘의 중심은 재상들이었다. 당연히 최대 권력자는 한 명일 수밖에 없다. 이기려는 욕망은 당연한 마음이었다.

각 지역의 재상 중 오스트라시아 지역의 재상이 가장 강력하였다. 그들은 일찌감치 기독교 세력과의 공조가 자기들의 정치생명에 유익하다는 것을 간파해 로마 교황청과 돈독한 관계를 유지하였다. 이것이 승기를 잡는 데 신의 한 수가 된다.

그 대표적인 예가 재상의 신분으로 새롭게 프랑크 왕국의 황제로 등극한 페핀이다. 그는 오스트라시아 재상의 후예로 명목상의 왕에 가까웠던 메로빙거 왕조의 킬데릭 3세를 능가하였다. 이러한 분위기는 킬데릭의 정치적 생명을 길게 가져가지 못하게 만들었다. 결국, 그는 스스로 왕좌에서 물러난다. 그 빈자리를 페핀이 차지하였다. 재상의 신분이었던 인물이 앞으로 신성 로마 제국을 일으키게 될 왕조가 되는 순간이다.

이기고 이기려는 싸움에서 잘 이겼지만, 페핀이 넘어야 할 산이 하나 더 있었다. 자기가 왕이 된 경위 자체가 문제가 될 수 있었기 때문이다. 페핀은 거의 쿠데타에 가까운 방식으로 왕이 되었던 것인데 다른 재상들과 귀족들도 기회만 된다면 그와 같은 방식으로 왕이 되고자 시도할 것이고, 더욱이 페핀을 같은 방식으로 끌어 내릴 수 있었기 때문이다. 언제든지 또 다른 재상들의 도전이 가능한 상황이다. 교황의 도움이 필요한 순간이다.

페핀은 교황청의 상황을 예의주시한다. 교황도 황제의 도움이 필요한 것은 매한가지였다. 앞서 말씀드린 데로 동방 황제와의 갈등과 롬바르드족의 침입이었다. 성상 파괴를 주장하는 동방 교황과의 갈등은 다양한 정치적 문제를 야기할 수밖에 없었고, 롬바르드족의 군사적 위협으로부터는 좀처럼 실마리를 찾지 못하는 상황이었다.

둘은 각자의 상황에서 **이기기 위해** 서로가 필요했다. 이 필요충분조건을 실천에 옮겨서 서로 충족하게 된다. A.D. 754년 롬바르드족이 로마를 공격해 오자 스테파누스 교황은 자기를 도울 것을 페핀에게 부탁하고 아들들에게까지 기름을 붓고 왕관을 씌워 주고는 왕위의 합법성을 천명한다. 페핀은 교황의 이런 행동을 얼마나 고대했던지 맨발로 나와 그를 맞이했을 정도였다. 이에 대한 보답으로 페핀은 A.D. 754년 군대를 동원해 교황령 지역에서 롬바르드족의 왕 아이스툴프를 몰아낸다. 눈엣가시였던 롬바르드족은 그렇게 힘을 잃어간다. 교황과 황제는 상생하여 각자의 싸움터에서 이긴 것이다.

이 사건은 313년 콘스탄티누스가 막센티우스와의 전쟁에서 승리한 것만큼이나 세계사에 매우 중요한 사건이었다. 소위 말하는 현대 유럽의 시작이며, 천 년 동안 지속된 신성 로마 제국의 태동이었기 때문이다. 역사에 만약이란 없지만, 만약 롬바르드족이 로마를 평정하였다면 서양사는 완전히 달라졌을 것이다.

하지만 로마의 대를 이은 세력은 롬바르드족의 아이스툴프가 아니라 메로빙거 왕조였다. 그리고 그 뒤를 이어 재상 가문이었던 카롤링거 왕조(페핀)가 이어받는다. 애석하게도 이들도 유산 상속으로 인해 동, 중, 서 프랑크로 나뉘게 되는데 오늘날의 프랑스, 독일, 이탈리아의 전신이다. 이 세 국가는 모두 예수 공화국을 형성하는 데 중추적인 역할을 하며 세계의 정신을 이끌어가는 국가들이 된다.

이기고 이기려는 욕망에 의해 세계사는 움직였다.

어디 위에서 예로든 사건뿐이겠는가?

예를 좀 더 찾으려 한다면, 지난 이천 년 역사 전체가 될 것이다. 모든 역사의 중심에 이기려는 욕망이 자리했다. 신성 로마 제국의 태동의 자리에, 영국, 프랑스, 독일, 이탈리아의 태동의 자리에 이 힘이 작용하였다. 심지어 신성 로마 제국을 무너뜨린 힘도 이기고 이기려는 욕망이었는데, 이 욕망이 폭발한 역사적 사건을 유럽의 30년 전쟁이라 부른다.

이는 엄밀히 말해서 개신교와 구교(가톨릭) 간의 이기려는 싸움이었다. 이 싸움은 세계사의 새로운 패러다임을 불러온 사건이기도 한데, 국교적 특성을 띠며 1,400년간 지속되었던 '예수 공화국'의 성격을 베스트팔렌 조약을 시작으로 새로운 패러다임으로 바꾼 사건이다.

'예수 공화국'은 이제 국교적, 제국적 모습에서 탈피해 민주주의의 형태를 띠며 미국이라는 거대한 르네상스의 아들을 낳게 된다. 신성 로마 제국의 성벽이 아니라 강대국의 문화의 테두리를 성벽으로 하여 개인화된, 다시 말해 민주화된 보이지 않는 공화국으로 부활해 세계의 패권과 함께 가는 시스템이 되었다. 욕망의 불로부터 발발한 개신교와 천주교 간의 말도 안 되는 싸움이 결과적으로 현재의 '예수 민주 공화국' 형태를 만든 셈이다.

천 년 전 나뉘게 된 동유럽과 서유럽의 싸움은 지금도 계속되고 있는 셈인데, 해양 세력과 대륙 세력의 틀을 어느 정도 유지하는 것이 신기하고, 동구권에서 공산주의가 서구권에서 민주주의가 태동한 것도 신기하다. 동구권(그리스정교회, 단성론 위주)과 서구권(서양 기독교, 1위 2성 위주) 모두 그 모체가 기독교라는 것이 신기하고, 앞으로 이 두 진영의 이기고 이기려는 힘이 어떤 섭리적 결과를 만들어 낼지 궁금하기도 하다.

사이토 다카시(Saito Takashi)가 저술한 『세계사를 움직이는 다섯 가지 힘』(齋藤孝のざっくり!世界史 歷史を突き動かす「5つのパワ-」)에 보면 세계사를 움직인 힘을 총 다섯 가지로 분류하였는데, 첫 번째가 욕망이다. 욕망은 사회, 정치, 경제, 문화를 움직이는 힘이기도 하다. 욕망에 의해 인간 문명은 발전하기도 하고 수많은 크고 작은 전쟁을 일으키기도 하였다. 욕망을 잠재울 수 있는 힘은 지구가 종말에 직면하기 전 까지 없을 것이다.

욕망은 막을 수 없는 거대한 힘이다. 거대한 힘이면서 동시에 누구나 갖고 있는 세부적인 힘이기도 하다. 불확정성의 원리처럼 어디로 튈지 모르는 다분히 우연성 짙은 힘이기도 하다. 누군가 세계를 패권적 힘으로 제압하고 통일시키지 않는 이상 이 욕망은 어디로 튈지 모르는 향방을 알 수 없는 힘이다. 패권적 통일을 이루었다 하더라도 세부적인 욕망이 패권 내에서 일어나 어떤 작용할지 모르는 것이 또한 욕망이다.

그런데 이 힘이 기독교를 세우고 그 공화국을 형성하며 심지어 보이지 않는 성벽을 두르는데 '결' 맞은 상태로 작용하였다면 참 신기한 현상이 아닐 수 없다. 위에서 예로 든 사건들은 이러한 힘의 작용에 의한 수많은 역사 중 일부에 불과하다. 역사 전체는 이러한 힘의 작용들이었다.

역사 내의 하나님의 심판과 목적 지향적 섭리를 묘사한 요한계시록 6장의 내용은 지나온 세계사와 밀접하게 공명한다.

4. 요한계시록과의 공명 "두 증인"

앞서 언급한 스가랴서와 요한계시록에 예언된 내용들은 단일 역사로만 보면 안 된다. 예를 들어 스가랴서에 나오는 흰 말이 상징하는 역사는 B.C. 538년 페르시아의 바벨론 침공만을 예견하지 않는다. 어느 시대 어느 때에 비슷한 상황이 다시 발생할 것이고 그 상황에도 적용될 수 있는 개념으로 성경 전체는 언급하고 있다.

이것은 비난 스가랴서만이 아니다. 인류의 전 역사를 예견한 다니엘서도 마찬가지다. 다니엘서 11장에 보면 B.C. 167년경 발생할 마치 종말의 때 있을 법한 역사를 예견하는데 이 문장이 그렇다.

> 군대는 그의 편에 서서 성소 곧 견고한 곳을 더럽히며 매일 드리는 제사를 폐하며 멸망하게 하는 가증한 것을 세울 것이며(단 11:31).

이 예언은 B.C. 197년 셀류쿠스 왕조의 안티오코스 4세 에피파네스가 팔레스타인을 침공하였을 때 성취된다. 하지만 본문은 B.C. 167년 사건만을 예언한 것이 아니다. 이 예언이 성취된 후 199년이 지난 A.D. 32년경 예수는 이 사건이 다시 일어날 것으로 예언한다.

> 그러므로 너희가 선지자 다니엘이 말한바 멸망의 가증한 것이 거룩한 곳에 선 것을 보거든 그 때에 유대에 있는 자들은 산으로 도망할지어다(마 24:15-16).

예수의 이 예언은 A.D. 70년 티투스(Titus I, 39-81) 장군이 예루살렘으로 진격해 들어왔을 때 성취되었다. 그러므로 다니엘서의 본문은 최소한 두 번의 역사를 예견하고 있었던 것이다. 하지만 심지어 이 두 번의 역사가 다가 아니다. 인류의 마지막 때 이와 같은 일이 또 일어난다는 것이 예수의 가르침이었다. 그러므로 최소한 다니엘서의 예언은 3회 이상 성취될 말씀인 셈이다. 이처럼 계시록을 포함한 예언서는 이와 같은 방식으로 적용점과 시점을 염두에 두고 접근해야 한다.

요한계시록 11장에 소개되는 두 증인도 마찬가지다. 직선적 시간 개념으로 계산해 어느 한 시점에 등장하게 될 단일한 인물과 사건으로 보면 요한계시록이 의도하고 있는 보다 폭넓은 내용을 보지 못하게 된다. 두 증인은 하나의 사건이기도 하며, 역사 내에 최소한 여러 명이 될 수 있는 개별 인물일 수도 있고, 어떤 무리와 공동체에 대한 제유법적 비유일 수도 있다. 따라서 두 증인의 구도를 보이고 있는 역사적 사건들을 찾아보는 것은 계시록을 해석하는 데 큰 도움이 될 것이다.

먼저, 요한계시록에서 묘사하고 있는 두 증인이 어떤 존재인지 살펴보자. 다음과 같이 기록하고 있다.

> 성전 바깥마당은 측량하지 말고 그냥 두라 이것은 이방인에게 주었은즉 그들이 거룩한 성을 마흔 두 달 동안 짓밟으리라 내가 나의 두 증인에게 권세를 주리니 그들이 굵은 베옷을 입고 천이백육십 일을 예언하리라 그들은 주 앞에 서 있는 두 감람나무와 두 촛대니(계 11:2-3).

이 본문을 이해하려면 위에서 언급한 성속 일원론을 기억해야 한다. '그날'이 오기 전까지 세속 국가와 성전은 역설적 일원론으로 진행된다. 다시 말해, 성전과 바깥마당은 서로 분리된 물리적 공간을 말하지 않고 일원론 안에서의 역설적 구분을 말한다. 따라서 같은 시공을 공유하는 사람들이 성전이면서 동시에 바깥마당이 될 수 있다. 두 증인은 이런 형태로 역사 내에 드러날 것이다.

마찬가지로 두 증인과 관련된 내용은 요한계시록뿐만 아니라 스가랴서에도 나온다. 위의 요한계시록 성구에서 볼드로 처리된 부분은 스가랴서의 내용과 아주 흡사한 구절이다.

방해로 인해 성전 재건이 제대로 진행되지 않고 국가 경제 사정도 비참한 수준으로 지속되고 있을 때 백성들은 하나님은 과연 우리와 함께 계시는가?

하나님의 약속은 실현되고 있는가?

고민하였다. 그러한 때도 하나님은 여전히 성전 재건을 진행 중이고 그것을 위해 역사를 섭리하고 있다는 것이 스가랴서의 중심 내용이다.

이러한 내용을 전달하기 위해 하나님은 천사를 통해 스가랴 선지자에게 순금 등산대 환상을 보여 주신다. 그 순금 등진대 양옆에 **두 감람나무**가 보이는데 하나는 오른쪽에 다른 하나는 왼쪽에 놓여 있었다. 여기서 언급한 두 감람나무는 위의 계시록에 기록된 두 감람나무와 동일한 나무다. 스가랴는 이 두 감람나무가 무엇인지 묻는다. 천사는 이렇게 대답한다.

이는 기름 부음 받은 자 둘이니 온 세상의 주 앞에 서 있는 자니라(슥 4:14).

여기 기름 부음 받은 사람 둘은 스룹바벨과 여호수아를 상징한다. 스룹바벨은 **정치적 인물**로서 다윗 가문의 후손이며 바벨론으로 끌려갔던 여호야긴왕의 손자이기도 하다. 바사 왕 고레스에 의해 1차 포로 귀한 당시 그들을 인솔했던 정치 지도자였고 성전 재건을 시작한 **정치적 인물**이다.

성전 재건을 시작한 '정치 지도자'를 말한다. 반대로 여호수아는 대제사장, 즉 '종교 지도자'를 말한다. 이 둘, 즉 '정치 지도자'와 '종교 지도자'에 의해 성전 재건을 이루는데, 능으로 되지 않고 힘으로도 되지 않고 하나님의 영으로 된다는 것이다. 이 둘은 결국 '정치 지도자'와 '종교 지도자'였다. 이 두 형태의 지도자를 의미하는 것이 '두 감람나무'다.

그러므로 요한계시록에 등장한 두 감람나무는 스가랴서에 기록된 '정치 지도자'와 '종교 지도자'를 말한다. 그리고 단일한 사건, 단일한 인물만을 이야기하는 것이 아니라 역사 내에 있을 그와 같은 존재들을 말한다.

요한계시록에 의하면 이 둘, 즉 '정치 지도자'와 '종교 지도자'가 1,260일 동안 예언할 것으로 기록된다. 이 숫자는 과거, 현재, 미래 모두를 아우르는 개념이다. 이 숫자는 다니엘서의 한 때 두 때 반 때, 요한계시록의 3년 반, 그리스도의 3일 후 부활(유대 시간으로 3일 반이 된다)과 모두 공명하는 개념이다.

앞서 말씀드린 대로 성경의 선형으로서의 시간과 비선형적 초시간 특성을 고려하면, 이 기간은 실제 1260일, 3년 반, 그리스도의 부활까지 3일 반을 의미하기도 하며, 비선형의 시간을 적용하면 인류 역사 전체(구약, 신약, 그날)와 신약 시대 전체를 의미하기도 한다. 따라서 이 두 종류의 인물이 등장하는 시간대는 전 역사가 그 범위에 포함 된다. 하지만 논의를 위해 A.D. 1년부터 지금까지의 역사에 초점을 맞추어 살펴보겠다.

유럽의 역사에 빼놓을 수 없는 두 종류의 인물이 있다. 황제와 교황이다. 이 두 인물군의 등장은 한 편의 드라마를 보는 듯하고, 이 드라마에 의해 유럽은 태동하게 된다. A.D. 313년은 세계사를 바꾸어 놓은 역사라 말씀드렸었다. 콘스탄티누스 대제의 기묘한 등장은 그 서막이었다. 꿈에서 본 예수를 상징하는 문자의 첫머리를 방패와 깃발에 문양으로 새겨 넣어 승리를 얻은 그는 제우스의 자리에 예수를 올려놓고 국가의 시스템을 예수 공화국으로 변모시킬 기반을 다져 놓는다.

정치적 힘을 등에 업은 로마의 기독교는 자연스럽게 기독교 국제화의 기틀을 마련하게 된다. 요한계시록의 두 증인의 형태를 고스란히 띠고 있다. 그런데 문제가 발생한다.

제국은 영원할 수 없는 법!

어떤 누구도 무너뜨릴 수 없을 것 같았던 로마도 기울기 시작한다. 쇠퇴의 기운은 이미 콘스탄티누스 대제 시절부터 있었다. 그의 승리는 로마 재건 사업과 그 맥을 같이한 사건이기도 하였는데, A.D. 400년대에 들어서면서부터는 그 장구한 역사의 기울기는 가팔라지기 시작해 결국 무너지게 된다. 큰 세력은 아니었지만, 로마를 잠식해 들어온 신흥 세력인 롬바르드족은 누군가 저지하지 않는다면 로마를 통일시키는 주체가 될 참이다. 더군다나 이들은 다양한 풍요의 신을 신봉하던 민족이었기 때문에 당시 꽃피우던 기독교 문화와 정면으로 충돌할 수 있었다. 교황은 이러한 그들의 민족성을 예의주시하며 걱정하고 있었다.

앞서 말씀드린 대로 이들의 세력을 저지하고 예수 공화국의 기틀을 마련하고 현대 유럽의 모체를 태동시킨 두 세력이 있었다. 바로 **교황과 황제**였다. 교황은 로마에서 롬바르드족을 어거하기 위해 황제의 힘이 필요하였고, 황제는 합법적인 왕위 승계를 위해 교황의 천명이 필요하였다. 이들의 공모는 대성공이었다. 재상의 후예였던 페핀은 당당히 성골 집안의 황제로 공식 천명되었고, 그 답례로 황제는 롬바르드족을 몰아냈으니, 황제와 교황은 자기들의 이익을 톡톡히 챙기며 모두 승자가 된 셈이다.

그런데 이 모든 일을 가능하게 만든 **형태**를 그려보면 놀랍게도 그 중심에 교황이라는 '**종교 지도자**'가 있고 황제라는 '**정치 지도자**'가 있었다. 이 둘은 자기들의 이익을 추구하였지만, 결과적으로 기독교 공화국을 세우는 구실을 하였다. 페핀의 아들은 그 유명한 샤를마뉴 대제다. 기독교를 정치의 중심으로 하는 신성 로마 제국을 일으킨 인물이기도 하며, 세속 권력자인 **황제와 종교 지도자인 교황 이 둘의 공조 시스템을 정착시킨 인물**

이다. 세계를 하나님의 도성으로 만들고 싶었던 인물이었다. 그 아들들에 의해 지금의 이탈리아, 프랑스, 독일이 태동한 것을 감안하면 이들의 공모는 소위 우리가 알고 있는 현재 유럽의 시드 역할을 하기도 한 셈이다. 유럽의 태동은 예수 공화국으로 시작한 것이며, 그 중심에 황제와 교황이 자리했다. 이 둘의 정치적 결탁과 때때로 벌어진 서로 간의 투쟁은 역설적으로 기독교 공화국의 성벽 구실을 하게 되는데 역설 중의 역설이 아닐 수 없다.

스가랴서와 요한계시록에서 상징하는 두 감람나무인 정치 지도자와 종교 지도자가 놀랍게도 요한계시록에 기록된 상징처럼 두 증인의 역할을 하고 있다. 사무엘하 7장에 기록된 '다윗 언약'과 모세 오경, 대·소예언서, 시편, 4복음서, 데살로니가후서, 요한계시록에 보면 심판과 구원의 통치 방식이 언급되는데, '그날'이 오기 전까지 세상을 '철장'으로 다스린다는 내용과 결국에는 '그 입의 검'으로 심판이 임하고 새로운 질서가 확립된다는 내용이다. 여기서 철장으로 다스린다는 비유는 곧 군사적 행위들을 말한다.

앞서 말씀드린 대로 성속 일원론으로 진행되는 역사에서, 욕망과 이기려는 욕구에서 비롯되는 사회, 정치, 경제, 군사 활동들은 스스로 욕구 충족이 되며 승자는 삶을, 패자는 죽음을 불사하게 되지만, 이 모든 역사가 심판과 구원의 섭리들이 되어 누군가에게는 심판이, 누군가에게는 구원이 되는 역사가 되어, 결국에는 '예수 공화국의 공의적 철장'이 되었다. 군사의 힘이 '예수 공화국'의 군대가 되는 역설적 역사였다.

성과 속을 함께 견지한 황제와 교황은 때로는 성스러운 소망으로, 때로는 타오르는 욕망의 불꽃에 의해 자기들의 뜻을 이루었지만, 큰 그림은 두 명의 예수 공화국의 증인의 구실을 하였다. 이 둘의 욕망으로 구약성경과 신약성경이 역사 속에서 이루어지게 되었는데, 그 자체가 그리스도 왕국의 증인 역할이 되었다.

놀랍게도 A.D. 시대의 '스룹바벨'과 '여호수아' 역할을 이 둘이 담당하고 있었다. 심지어 이 둘의 대립은 예수 공화국을 와해시키는 것이 아니라 오히려 그 테두리를 더욱 견고하게 하여 이기고 이기려는 욕망까지 예수 공화국을 세우는 섭리가 되었다. 이 둘의 존재 자체가 증거가 되었다.

정치적 이유에서 시작되었든 아니면 성스러운 종교적 열망에서 시작되었든 이 둘의 싸움은 기독교 권력을 선점하려는 싸움이었다. 황제의 패배였던 카노사의 굴욕과 교황의 패배였던 아비뇽 유수 같은 사건은 기독교와 세속권자의 싸움이 아니라 기독교 선점의 싸움이었다. 요한계시록에서 말하는 흰말, 즉 '이기고 이기려는 욕망'과 싸움, 즉 '종교 지도자와 정치 지도자'의 종교적 투쟁이 예수 공화국을 세우는 역설이 되었다.

14세기 아비뇽 유수 당시 교황의 세속 파워는 상당히 축소되지만 그 권위적 분위기는 쉽게 사라지지 않고 현재까지 남게 된다. 물론 1929년 라테란 공의회에 의해 그 영향력은 아비뇽 유수 시절보다 훨씬 더 작아져서 바티칸만을 자기 세속 권력의 왕국으로 소유하고 있지만 정신적 측면과 관용성으로서의 여전한 정치적 영향력은 결코 쉽게 무시하지 못한다.

A.D. 313년 이후 중세를 거쳐 근현대사를 이루는 역사는 이 두 증인의 역할이 컸고 이들에 의해 예수 공화국과 그 성벽이 견고하게 되었다. 존재 자체가 증인이었다. 성전을 중심으로 하는 역사는 이기고 이기려는 세력과 욕망의 덩어리였던 두 증인에 의해 역설적으로 진행되어 왔다.

지금까지 참으로 긴 여행을 했다. 시간에 관한 물음에서 시작해서 존재론과 입자 물리학을 전문적이지는 않지만, 어느 정도 살핌으로 시간과 존재의 관계성을 살폈고, 이것은 자연스럽게 역사에 대한 물음으로 이어졌다. 역사는 시간이라는 주제와 물리학의 특성을 간과할 수 없는 주제이기 때문이었고, 이미 존재론은 시간과 영원을 존재론적 특성에서 배제할 수 없기 때문이었다.

존재는 필연과 떼려야 뗄 수 없는 속성이며 우연이라는 가시권에서 그 형상을 살며시 보여 주고 있다. 존재는 역사적 시간과 함께 간다. 정지한 물리는 아무것도 없다. 역사는 '예수 공화국'이었고, 예수는 존재론의 궁극이며 원인과 결과였다. 존재는 그 중심에 '의'와의 관계성이 확립되지 않으면 부족의 동사가 되어 악으로 귀결되기에 예수의 십자가 사건은 존재론의 궁극이며 원인과 결과의 외연이 된다. 모든 존재론에는 예수가 있어야 하고 지난 역사의 동사에는 악과 선이 함께 춤추며 심판과 구원이 영원과 손잡은 시간에 흘러오고 흘러가야 했다. 이러한 역사의 큰 그림이 바로 '예수 공화국'이었다.

악이 악을 심판하고 의가 의로운 자를 살리는 선과 악이 역설적으로 공존하는 공화국 말이다!

이 공화국의 전체 그림을 그리는 것으로 책을 마무리하려 한다. 다음 장은 이 그림이 그려질 것이고 책 전체의 구슬꿰미가 되고 서로 간의 결맞음이 될 것이다.

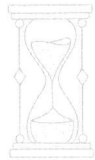

제6장

일곱 머리 열 뿔 짐승 (성경대로 된 역사)

　요한계시록 17장에 보면 **전체 역사**를 일곱 머리 열 뿔 짐승이라는 상징적 매개를 통해 대칭시킨다. 따라서 이 상징적 짐승은 비단 요한계시록 17장에만 국한된 내용이 아니라 요한계시록 전체는 물론이거니와 성경 전체와 연결되는 내용이다. 인류의 역사 전체를 짐승으로 비유한 것인데, 그 짐승의 세계가 '예수 공화국'의 형태를 띠고 있다.

　예수 공화국의 형태를 띠고 있다!
　그럼, 예수 공화국은 짐승의 세계인가?
　아니면 거룩한 나라인가?
　역사와 시간은 무엇인가?

1. 일곱 머리 열 뿔 짐승이란?

　이 짐승은 바로 위에서 말씀드린 대로 전체 역사를 상징한다. 따라서 계시록 17장에만 국한된 상징이 아니다. 성경 전체와 공명하고 역사 전체와도 공명한다. 그러므로 요한계시록에만 등장하지 않고 성경 전체에 관여되고 있으며 특별히 구약의 다니엘서 7장과도 연계되는데 그 내용이 계시록과 거의 비슷하다.

일곱 머리는 역사 내에 있었던 제국이나 그에 준하는 역사를 이끌었던 세력을 의미한다. 동시에 개별 왕들을 의미할 수도 있다. 중요한 것은 큰 그림으로서의 시대별 제국들로 보면 무리가 없다. 열 뿔도 마찬가지로 역사 내에 일어났던 왕들과 제국으로 보면 되지만, 더 세부적 상황들로 보면 된다.

예를 들어, 바벨론을 하나의 머리로 보았을 때, 역사 내에서 바벨론은 하나의 개별 국가가 아니었다. B.C. 1500년부터 시작된 고대의 바벨론에서부터 페르시아에 의해 멸망하기 전까지의 B.C. 400년대의 바벨론까지를 의미한다. 1,100년 이상을 유지해 온 바벨론을 하나의 머리로 비유하였다면 그 역사의 과정에서 각 바벨론을 구성했던 민족이나 새로운 왕조를 뿔로 비유할 수 있는 것이다.

그리고 성경에서 바벨론을 언급할 때는 독립된 개체로서의 역사적 바벨론만을 말하지 않는다. 세속 국가 전체를 바벨론으로 비유한다. 따라서 바벨론이라는 머리 하나는 역사 내에 실존했던 바벨론과 바벨론의 성격을 띠는 세속 국가 전체를 상징한다.

머리가 총체적 의미로서의 바벨론을 의미한다면 뿔은 그 바벨론 안에 있는 바벨론 들을 말한다. 열 뿔은 바로 그러한 세부적 단위를 의미하는 것으로 보면 무리가 없다. 열 뿔 중 몇 개가 바벨론에 속하는지는 알 수 없지만 하나든 두 개든 아니면 더 많은 수이든 그러한 방식으로 적용될 수 있다. 결국, 일곱 머리와 열 뿔은 별개의 국가를 말하지 않고 같은 제국들의 또 다른 표현인 셈이다. 같은 존재를 상징한다.

이상의 내용을 염두에 두고 일곱 머리 열 뿔 짐승을 보다 구체적으로 접근해 보자!

이제 구체적으로 이 짐승들이 상징하는 시대들을 살펴보자. 일곱 머리는 역사 내의 역사적인 국가나 제국들이라 말씀드렸다. 그럼 첫 번째 머리는 그 첫 번째 제국이 될 것이다. 성경은 그 단서를 제공한다. 다니엘서

2장에 보면 후기 바벨론 제국의 왕인 느부갓네살이 꿈을 꾸는데, 그 꿈의 내용에서 그 단서를 찾을 수 있다.

그는 꿈에서 거대한 신상을 보았는데 그 모양이 머리는 금, 가슴과 팔은 은, 배와 넓적다리는 놋, 다리는 쇠, 발의 얼마는 진흙, 얼마는 쇠로 된 신상이었다. 이러한 꿈을 꾼 후 바벨론 제국 내에 있는 신통하다는 술사들을 다 불러 해몽을 요구하였지만 제대로 해석하는 사람은 한 명도 없었다. 그러던 중 신하들의 간청에 의해 다니엘과 왕의 만남이 성사된다. 다니엘은 하나님의 도움으로 왕의 꿈을 해석하는데 그 내용이 앞으로 전개될 세계사의 윤곽이었다. 다니엘서에 의하면 하나님이 왕에게 그것을 보게 하셨다고 해석한다.

다니엘의 해석에 신학적 해석을 추가하여 서술하겠다. 그의 해몽은 다음과 같았다. 금으로 된 머리는 꿈을 꾼 느부갓네살왕 자신을 말하며, 크게는 바벨론 전체를 말한다. 은으로 된 가슴과 팔은 그보다 못한 패권국가인 페르시아를 의미한다. B.C. 538년 실제로 바벨론은 페르시아에 의해 정복당한다. 놋으로 된 넓적다리는 페르시아의 뒤를 이어 등장한 패권국인 헬라를 의미한다. B.C. 331년 헬라의 알렉산더는 페르시아를 무너뜨리고 그 자리를 차지한다. 쇠로 된 다리와 진흙과 쇠가 섞인 발은 로마를 의미하는데, 로마는 국제적으로 섞이고 잔존하는 것으로 상징이 끝난다. 꿈에서 본 신상이 상징하는 것은 여기까지다.

로마는 아직도 역사 내에 그 영향력을 행사하고 있는 것을 볼 때 느부갓네살이 꿈에서 본 신상은 의미심장하다. 역사에서 볼 수 있듯이 로마는 사라지지 않고 그 명맥을 유지한다. 샤를마뉴에 의해 등장한 신성 로마 제국, 로마의 후예로 자처한 나폴레옹, 로마의 건국 신화에 등장하는 독수리를 즐겨 사용한 프랑스, 이탈리아, 미국 등에서 볼 수 있듯이 로마는 여전히 세계 곳곳에 섞여 있다.

다니엘서에서 언급하고 있는 느부갓네살의 꿈에서 본 신상을 기준으로 볼 때 그러므로 첫 번째 머리는 역사적 바벨론, 즉 고-중-신 바벨론을 말하며, 추상적으로 볼 때 바벨론을 상징하는 세속 국가 전체를 말한다. 그러므로 첫 번째 머리는 인류의 역사 전체를 관통하는 바벨론을 상징한다.

이 바벨론을 시작으로 요한계시록 13장은 이렇게 묘사하고 있다.

> 내가 보니 바다에서 한 짐승이 나오는데 뿔이 열이요 머리가 일곱이라 …, 그의 머리 하나가 상하여 죽게 된 것 같더니 그 죽게 되었던 상처가 나으매 온 땅이 놀랍게 여겨 짐승을 따르고(계 13:1-3).

위 구절에서 "머리 하나가 상하여 죽게 된 것 같더니 그 죽게 되었던 상처가 나으매"에 집중하시기를 바란다. 동일한 내용이 13장 11절 이하에서도 묘사되는데, 이번에는 그 죽게 되었던 상처가 낫고 살아난 상황을 서술한다.

> 먼저 나온 짐승의 모든 권세를 그 앞에서 행하고 땅과 땅에 사는 자들을 처음 짐승에게 경배하게 하니 곧 죽게 되었던 상처가 나은 자니라 큰 이적을 행하되 심지어 사람들 앞에서 불이 하늘로부터 땅에 내려오게 하고(계 13:11-13).

마찬가지로 다시 살아난 것에 주목하시기를 바란다. 이 다시 살아난 존재가 일곱 중에 속한 여덟째가 될 것이다. 동일한 내용이 17장에도 나오는데 이번에는 추상적이기는 하지만 역사적 순서를 제시하는 방식으로 서술한다.

> 다섯은 망하였고 하나는 있고 다른 하나는 아직 이르지 아니하였으나 이르면 반드시 잠시 동안 머무르리라 전에 있었다가 지금 없어진 짐승은 여덟째 왕이니 일곱 중에 속한 자라 그가 멸망으로 들어가리라(계 17:10-11).

요한계시록이 기록될 당시를 기준으로 다섯은 망하였다. 이것을 다니엘서의 느부갓네살이 꿈에서 본 신상에 적용해 보면 바벨론, 페르시아, 헬라, 이렇게 세 국가가 망한 다섯 개의 머리에 포함된다.

그러면 나머지 둘은 어떤 국가일까?

우리는 단서를 찾기 위해 첫 번째 머리에 집중할 필요가 있다. 바벨론이기 때문이다. 위에서도 언급했듯이 바벨론은 B.C. 625-539년의 역사적 바벨론을 의미하기도 하지만, 세속 국가 전체를 상징하는 은유라고도 말씀드렸다. 따라서 추상성으로서의 우주적 바벨론과 역사적 바벨론 이렇게 두 형태가 첫 번째 머리에 해당한다.

이것은 시사하는 바가 크다. 첫 번째 머리는 결국 역사적 바벨론만을 말하지 않고 제유적이든 직설이든 두 영역을 아우를 수 있기 때문인데, 이 두 영역을 고려한다면 모든 세속 국가를 말할 수 있기 때문이다.

그렇다면 상식을 넘어서는 국가도 포함될 수 있게 되는데 바로 이스라엘이다. 바벨론과 이스라엘은 국가적 속성을 고려한다면 차이가 없다. 동일하게 권력과 무기로 세워진 나라다. 전쟁과 피 흘림에 의해 세워진 나라다. 이스라엘이 바벨론이 아닌 신정 국가로 인정되는 것은 언약의 유무에 의한 것이지 이스라엘 자체가 신성하기 때문이 아니다. 언약은 이번 책에서는 자세히 다루지 않겠지만, 핵심만 말씀드리면 '칭의'가 전제된 의로운 국가를 말한다.

의는 속성상 세속 국가 자체에 있을 수 없는 실상이다. 따라서 신정 국가로서 존립을 위한 의가 있으려면 의의 상태가 아닌 의롭다 칭하여지는 양태여야 한다. 하지만 이스라엘은 스스로 의로운 국가로 존립할 수 없는데도 칭의의 효력이 숨 쉬고 있는 언약을 버리고 타락한 세속 국가가 되었다. 그 결과 최초의 유럽이라 할 수 있는 앗수르에 의해 B.C. 722년 북이스라엘이 무너졌고, B.C. 586년에는 남유다가 역사적 바벨론에 의해 무너진다.

바벨론이 세속 국가를 상징했다면 이스라엘은 존재의 완성이라 할 수 있는 마치 플라톤이 찾으려 했던 태평성대의 국가를 상징한다. 바벨론과 이스라엘은 묘한 역설적 관계성을 갖고 있다. 이 두 나라는 언약의 유무에 따라 경계를 넘나들 수 있게 되는데, 언약이 없다면 서로 같은 속성으로 접점에서 만나는 동일한 국가가 된다. 즉, 바벨론이다.

이스라엘은 이스라엘이기 때문에 세속 국가가 아닌 것이 아니라 언약 때문에 신정 국가로 칭함 받을 수 이었던 것이다.

이스라엘도 국가 속성상 명확한 바벨론이다!

세속적 바벨론은 살아야 하는 국가이고, 언약의 바벨론인 이스라엘은 살려주는 국가였다!

언약이 사라진 이스라엘은 그냥 바벨론일 뿐이다. 언약이 파괴된 이스라엘은 언약대로 이스라엘의 북쪽이 B.C. 722년, 남쪽이 B.C. 586년에 무너지고 말았다. 그러면 첫 번째 머리는 이렇게 정리된다. 살려주는 바벨론으로서 그중요성에서 이스라엘이 첫 번째 위치에 자리한다.

이것이 하늘의 관점이 아니겠는가!

망한 첫 번째 머리는 바벨론 이스라엘(남유다 포함)이었다. 이스라엘은 자신들이 바벨론이었다는 존재론적 본성을 잊었던 것이다.

첫 번째로 무너져야 했던 국가는 바로 이스라엘이었다. 그러면 두 번째 머리는 이스라엘을 무너뜨린 앗수르(B.C. 14-7세기)가 된다. 그리고 세 번째가 앗수르를 무너뜨린 역사적 바벨론(B.C. 625-539)이 된다. 그 다음으로 네 번째 머리가 역사적 바벨론을 무너뜨린 페르시아(B.C. 539-331)가 된다. 그 다음으로 다섯 번째 머리가 서양의 정신이라 할 수 있는, 그리고 페르시아를 무너뜨린 헬라(B.C. 331-63)가 된다.

이렇게 해서 무너진 다섯 제국이 정리된다. 사실 무너진 이 다섯 제국은 바벨론이라는 추상성에서는 모두 같은 속성을 지닌 국가들이었다. 즉, 바벨론이었다.

본론으로 돌아와서, 요한계시록은 이렇게 다섯은 망하였다고 하며 요한계시록이 쓰일 당시를 기준으로 '하나는 있다'고 기록한다. 즉, 여섯 번째 머리인데, 네로 시대로 추정되는 로마 시대를 말한다. 그러므로 로마가 여섯 번째 머리가 된다. 그리고 요한은 이렇게 이어 나간다.

> 다른 하나는 아직 이르지 아니하였으나 이르면 반드시 잠시 동안 머무르리라 (계 17:10).

즉, 일곱 번째 머리다. 요한 시대의 시점에서는 아직 도래하지 않았지만 현대를 살아가는 우리에게는 지나온 역사가 될 것이다. 그리고 여덟 번째 머리를 설명하는데 그 존재가 바로 '전에 있었다가 지금 없어진 짐승'이며, 죽은 것 같으나 죽지 않고 다시 살아난 존재다.

그러므로 여덟 번째 머리는 전혀 새로운 존재가 아닌 전에 있었던 어떤 국가나 제국의 부활을 의미한다. 그러므로 순서상 여덟 번째를 의미하지 않고 이미 역사 내에 있었던, 다시 말해 일곱 중에 있었던 것의 부활이다. 그것이 부활하여 존재성을 띠기에 굳이 순서를 부여하면 여덟 번째가 되는 것이다. 여덟 번째가 마지막이면서 전에 있던 것의 부활을 의미하므로 첫째 머리를 고려하지 않을 수 없다. 개체적 속성보다는 부활이라는 우주적 개념을 내포하고 있기 때문이다. 따라서 바벨론이 세속 국가의 우주적 의미, 즉 세속 국가 전체를 상징하듯 여덟 번째 머리는 그러한 의미로 드러난다.

그렇다면 여덟 번째는 십중팔구 우주적 바벨론이다. 종교와 분리된 무신론적 형태가 아니라 기독교를 포함한, 다분히 종교성을 띠고 있는 국가나 시스템일 것이다. 마치 첫 번째 머리가 상식을 뛰어넘는 모습, 즉 이스라엘을 포함하고 있었던 것처럼, 마지막 머리도 그러할 것이다.

다음 장에서 다루겠지만 그러므로 일곱 머리와 열 뿔은 모두 **바벨론이다**. 동시에 하나님 나라가 역설적으로 결맞음 상태로 존재하며 외형은 바벨론의 형태를 띤다. 성경에서 말하는 '그날'이 되어야 우주적 바벨론은 심판의 자리로 옮기게 되고, 살아야 하는 바벨론은 더 이상 바벨론이라 칭하지 않고 새 이름이 주어지는데, 곧 새 예루살렘이라 칭하게 되는 존재론의 완성이 된다. 그전까지 '일곱 머리 열 뿔 짐승'은 역설적 양태로 있게 되는데 곧 우주적 바벨론으로서 그리고 침투해 들어온 하나님 나라로서의 바벨론이다.

다섯은 지나갔고 여섯 번째는 로마라는 사실이 밝혀졌기 때문에 **일곱 번째**와 **여덟** 번째를 추측하기 위해 이제는 지난 역사를 면밀히 살필 차례가 되었다.

2. 일곱 번째 머리와 그 역사

로마 다음에 등장한 세력이 일곱 번째가 되는데, 역사는 그 단서를 남겨 놓았다. 역사적 로마가 무너지는 때를 찾으면 된다. 그런 후 그다음 패권을 주목해 보면 일곱 번째 머리가 그 윤곽을 드러낼 것이다. 하지만 집고 넘어가야 할 부분이 있다. '로마의 역사는 과연 종식되었는가'이다. 실제로 로마의 패망사는 관점과 학자들에 따라 다르다.

로마가 동서로 분열되기 전의 고대 로마를 그 기준으로 해야 하는가?
아니면 로마의 정신을 가장 잘 표출하는 서로마를 기준으로 해야 하는가?
가장 오래 생존한 동로마를 기준으로 해야 하나?
그것도 아니면 로마는 패망한 것이 아니라 변모한 것일 뿐 여전히 존재하는 것으로 보아야 하나?

관점에 따라 해석과 결과가 달라질 것이다. 하지만 기준을 찾는데 실마리가 전혀 없는 것은 아니다. 다른 관점들도 가치와 타당성이 있겠지만, 세계사를 움직이는 데 가장 큰 힘을 행사하였거나, 그런 역학관계를 조성한 패권 세력을 찾으면 된다.

B.C. 27년 로마는 그 모습을 드러내어 200년간 팍스로마나의 전성기를 영위한다. A.D. 300년경부터 내부의 정치, 경제, 군사의 문제와 외부의 문제, 즉 점차적으로 세력을 확장하는 주변국들과 그들의 침략에 의해 그 위용이 점차 줄어들기 시작했다. 하지만 이때 함께 세력이 감소할 것 같았던 기독교는 오히려 견고해지기 시작한다.

짠맛을 내는 소금처럼 각 요소에 침전해 들어간 기독교는 심한 반대와 핍박의 상황에 놓이기도 하였지만, 수용하려는 사람들에 의해 로마 사회로 강력하게 스며들어 갔다. 로마 재건을 강력하게 꿈꾸었던 디오클레티아누스에 의한 사두 정치, 즉 두 명의 황제와 두 명의 부황제를 두어 사분하여 치리하려는 제도였는데, 로마뿐만 아니라 서양사를 뒤바꿔 놓은 인물인 콘스탄티누스 대제가 이런 환경에서 역사의 무대에 오르게 되었다.

이는 앞에서 여러 차례 말씀드렸다. 이 인물에 의해 세계사는 바뀌게 되었고, 로마의 국가 종교는 기독교가 되어 기독교 공화국의 서막을 걷어 올리게 된다. 간헐적인 핍박도 있었지만, 기독교 공화국은 그 견고한 자태를 갖추어 갔다.

견고해져 가는 기독교와는 반대로 사실 이때부터 로마는 기울기 시작했다. 고트족과 훈족 그리고 게르만족의 침략은 군대의 힘을 키우는 계기가 되었고, 군사 정권의 정치적 영향력은 점점 커져만 갔다. 동과 서로 나뉜 정치적 지형, 고개를 드는 군사 정권, 여전히 로마를 넘보는 주변 부족들, 이러한 모든 상황은 서로마의 존립을 흔드는 요인이 되었다.

이후 고트족의 침입과 훈족의 위협으로 로마의 상황은 갈수록 나빠졌다. 훈족의 위협은 비단 로마만의 문제가 아니었다. 게르만 민족도 마찬가지였다. 훈족이 북방 게르만 지역을 위협하자 그들은 로마로 대거 몰려 올 수밖에 없었는데, 밀려오는 파도를 로마는 감당할 수 없었다.

결국, 게르만 출신의 '오도아케르'에 의해 A.D. 476년 서로마는 무너지게 되고 프랑크 민족에게 실권을 넘겨주게 된다. 동로마 황제에 의해 서로마 재정복 작업이 착수되었고 한시적으로 성공하였지만 오래가지 못했다. 고트족과 롬바르드족과 같은 외세의 침입은 계속되었다. 사실 더 이상 순수 혈통의 로마는 재생이 불가능한 상태가 되어 무너진 것으로 보아도 무방하였다. 이후부터는 이민족이 로마의 명맥을 이어받는 방식으로 유지되기 때문이다.

이런 와중에 상황을 정리한 게르만 계열의 민족이 있었다. 위에서 언급한 프랑크족이다. 이들의 침입은 이미 기독교도들로 구성된 본토인들에게는 다른 민족의 침입과 비교해 볼 때, 그리고 어차피 누군가의 침략을 당할 수밖에 없는 상황이라면 프랑크족에게 지배당하는 편이 훨씬 좋았다.

프랑크 왕 클로비스의 아내는 기독교도였는데, 그녀의 권유로 클로비스는 기독교를 받아들인 것으로 추론된다. 로마인이 아닌 외세의 인물이 로마의 대의를 이어갈 시대를 연 인물이고, 신성 로마 제국의 씨앗이라 할 수 있는 인물이다. 기독교 제국이었던 로마를 무너뜨린 타국민으로써 기독교 문화의 중심에 섰던 인물이었다. 분명 외세의 침입이었다. 그래서 옛 로마와는 사뭇 다른 이질적인 제국이 탄생 할 수도 있었지만, 기독교가 옛 로마와 새 로마의 중매자로 있으면서 옛 로마는 조용히 뒤로 보내고 새로운 로마를 세우는데 이방 왕이었던 클로비스를 도왔다.

로마는 여전히 살아 있었다. 기독교는 다음 패권을 이어주는 로마의 핏줄과도 같은 구실을 한 셈이다. 기독교에 의해 옛 로마가 새로운 이방 민족에게로 넘겨졌다. 그리고 그들은 옛 로마의 가치를 자국의 정치적 대의로 사용한다.

기독교를 받아들인 클로비스는 기독교를 매개로 로마의 계승자가 되어 신성 로마 제국의 씨앗이 된다. 그의 뒤를 이은 페핀과 샤를마뉴 그리고 오토 황제같은 인물에 의해 과거 **헬라**의 **로마**는 **신성 로마**가 되는데, 이 로마는 세계 공통 분모가 되어 다른 부족 출신들의 세력들을 무려 1800년대까지 암묵적으로 통일시키는 구실을 한다. 그 윤곽은 명확하게 보이지는 않지만, 그러므로 학술적으로 그 경계를 명확히 그릴 수는 없지만, 이 세력은 서양의 중심이 되어 1800년대 나폴레옹에 의해 막을 내리기 전까지 서양의 주류가 된다.

그렇다면 여섯 번째 머리인 로마의 멸망은 대략 신성 로마 제국의 등장 시기가 될 것이다!

로마는 그렇게 무너졌다!

큰 그림을 그려 보면 기독교가 '**헬라의 로마**'를 무너뜨렸고, 그 자리에 콘스탄티누스 황제처럼 예수를 신봉하는 클로비스, 페핀, 샤를마뉴, 오토 같은 황제들이 '예수의 로마'를 이제는 거대한 제국의 형태로 세웠다. **일곱 번째 머리는 여섯 번째 머리인 '헬라의 로마'를 무너뜨린 '신성 로마'**였다. 서양은 이렇게 태동하게 되었고 세계사를 움직이는 거대한 힘의 중심이 된다. 신성 로마 제국과 그 맥을 같이하는 1800년대까지의 서양은 일곱 번째 머리가 되는 셈이다.

결국, 일곱 번째 짐승은 기독교가 그 중심에 자리한 신성 로마 제국이었다. 엄밀히 말해 옛 로마는 기독교 제국이 무너뜨렸다. 그 시작은 A.D. 313년 콘스탄티누스 황제로부터 시작되었고, 사회, 정치, 경제, 군사 분야에 침투한 기독교는 어느새 국가와 부족들의 생존 수단이 되었다. 제우스의 자리에 예수가 자리하게 되고, 12월 25일은 더 이상 로마의 신들을 상징하는 태양 축일이 아닌, 의로운 태양인 예수의 탄생을 축하는 날로 바뀌었다. 전반적으로 기독교 공화국의 인프라가 형성되어 클로비스 같은 이민족 실세들이 기독교화 되어 로마를 정복할 수 있는 발판이 되었다.

헬라의 로마는 기독교 세력에 의해 그렇게 무너졌고 예수의 로마는 반대로 그렇게 세워져 가고 있었다. 기독교를 인생의 중심 철학으로, 국가 건국의 이념으로 삼았던 이민족 출신 샤를마뉴, 오토 같은 인물에 의해 신성 로마 제국이 그렇게 로마의 자리를 대신하게 되었다. 서양은 명실공히 **기독교 대제국이 되었다.** 헬라의 로마, 다시 말해 6번째 짐승은 그렇게 무너졌다.

이제 헬라의 자리에 예수가 제국 차원에서 자리하게 되었다!

헬라 로마 제국에서 신성 로마 제국이 되었다.

'헬라 로마 제국'이 아니라 '신성 로마 제국'이라고 해서 소위 성경에서 말하는 '하나님의 나라'(Kingdom of God)나 교회로 간주한다면 아주 큰 오류를 범하는 것이다. 성경에서는 기독교의 역사와 세속사를 하나의 개념, 즉 성속 일원론으로 묘사한다는 것을 기억하시기를 바란다. 공의와 심판, 구원의 섭리를 위해 이런 구도가 성립된다고 말씀드렸다.

신성 로마 제국이 '신성'이 붙었다고 해서 성과 속에서 성으로 존재한다고 생각하면 엉뚱한 결과를 초래하게 된다. 십자군 전쟁은 그런 사고에서 비롯되었다. 신성 로마는 지극히 바벨론의 성향을 띠면서 우주적 교회가 그 안에, 주변에, 곁에, 어딘가에 있는 구도다.

누군가는 교회가 될 것이고, 누군가는 바벨론이 될 것이다. 전체 윤곽은 **짐승이 된다.** 예수 공화국은 제국의 형태를 띠기에 요한계시록에 기록된 철장으로 다스린다는 성경의 내용이 성취될 수 있었다. 그러므로 신성 로마 제국 자체는 하나님 나라와 성전이 될 수 없었다.

> 여호와의 말씀이 내(다윗, 즉 다윗 왕정)게 임하여 이르시되 너는 피를 심히 많이 흘렸고 크게 전쟁하였느니라 …, 피를 많이 흘렸은즉 내 이름을 위하여 성전을 건축하지 못하리라(대상 22:8).

신성 로마 제국은 일곱 번째 머리가 되었다. 병행으로 한 가지 더 살펴보자! 요한계시록에 보면 천년왕국에 관해 기록하고 있다. 학자들은 이 때가 언제인지 의견이 분분하다.

역사적으로 볼 것인가?
상징으로 볼 것인가?
역사적으로 본다면 그 시기는 언제인가?

물론 예수 재림을 기준으로 전천년설, 후천년설, 무천년설로 구분되기도 하지만 여기서는 다루지 않겠다. 때를 논할 때 다음과 같은 주목해야 할 질문이 있다.

'요한계시록에 예언된 사건들은 어떠한 시간 개념으로 기록되었는가?'

대부분의 사람은 직선적인 시간 개념, 즉 하루 24시간, 일 년 12개월을 생각할 것이다. 단언하건대 요한계시록은 **선형 시간 개념으로 기록되지 않았다.** 물론 선형 시간 개념도 신비와 역설의 결맞음으로 작용하기는 하지만 대체로 필자가 지금까지 다루었던 '영원'의 개념으로 기록되었다.

영원이란 끝없는 시간의 지속성을 말하는 것이 아니라, 마치 불확정성의 원리처럼, 선형 시간 개념을 초극하는 지속이기도 하며, 워프(시간 워프)이기도 하고, 반복일 수도 있는, 말 그대로 영원의 시간이라 말씀드렸다. 따라서 천 년은 선형 개념의 시간으로서 실제 천 년일 수 있고, 영원의 개념으로의 천 년일 수 있으며, A.D. 전체를 포괄하는 기간일 수도 있다.

실제로 천년왕국과 관련된 동사들은 모두 '부정과거'(aorist)시제가 사용된다. 헬라어에 있는 독특한 시제로 일종의 '영원의 시제'로 보면 무리가 없다. 예를 들어, 역사 전체의 사건을 하나의 상으로 사용할 수 있는 시제이다. 그렇다면 천년왕국은 반드시 어떤 특정한 때만을 이야기하지 않는다. 심지어 감지하지 못한 시간대에 도래하였을 수도 있다.

천년왕국을 묘사한 요한계시록의 시제를 염두에 두고 신성 로마 제국의 **기간과 성격을 살펴보면 대략 천 년 기간이다.** 샤를마뉴를 신성 로마 제국의 시작으로 보는 학자들의 견해를 따른다면 그 전체 기간은 700년대에서 1800년대 까지다. 대략 천 년이 된다. 이 기간 동안 기독교는 정권의 중심에 있었다고 해도 과언이 아니다.

국가라는 개념보다는 영방 국가, 다시 말해 왕의 봉신이었던 제후들의 권한이 커져 어느 정도 독립성을 확보하게 되었고 이들은 결국에는 작은 국가 단위가 되어 마치 세포 분열처럼 증식된 개체성을 띠게 되었다. 쉽게 말해 작은 단위의 수없이 많은 나라가 생겨난 셈이다.

사료에 의하면 300개 정도가 되었다고 하니 현재 237개국 정도의 국가가 있는 것을 감안할 때 그 좁은 유럽의 땅덩어리에 그 정도 국가면 통일을 이룬다는 것은 쉽지 않았다. 또한, 황제의 권위는 옛 로마의 강력한 군주가 아니었다. 황제의 수월한 통치권 행사를 위해 만든 봉건 제도가 오히려 군주들을 키우는 결과가 되어 수많은 작은 왕만 생산한 꼴이 되었다.

이들을 통일시킨 힘이 기독교였다. 이들은 기독교 문화에서 통일을 유지한다. 통일이라 해서 한 치의 흐트러짐도 없는 완벽한 일치를 말하지 않는다. 심각한 수준의 갈등도 있었던 것 또한 사실이다. 하지만 저마다의 사람들은 기독교 세계관으로 통일되기를 염원하였다. 황제부터 군주에 이르기까지 스스로 기독교를 중심으로 정치 체계를 유지하려 하였고, 정치 상황도 그러하였다. 왕이든, 교황이든 주도권을 가지려는 싸움에서조차 선점해야 하는 유리한 고지는 기독교를 중심으로 한 종교 시스템이었다.

누가 이 시스템을 선점하는지에 따라 보다 강하고 폭넓은 권력을 확보할 수 있었다. 자의든 타의든 예수 공화국은 생존에 필수 아이템이었다. 황제가 공식 석상에 등극하기 전 교황이 왕관을 씌워 주는 대관식을 거행했던 것, 교황이 자기 정통성을 입증하고 정치와 군사적 안정을 위해 황제의 도움이 필요했던 것은 이러한 분위기와 무관하지 않다.

이런 표현이 어울릴지 모르겠지만, 사실 어울리지 않지만, 마치 뭔가에 홀린 듯 사회, 정치, 경제, 문화가 기독교의 바람을 타고 있었다. 명실공히 '예수 공화국'이었다. 그렇다고 강력한 중앙 집권이 있는 것도 아니었다. 그렇다고 자유분방하지도 않았다. 거대한 '예수 공화국'의 흐름을 타는 수많은 공국이 이었다. 이는 토머스 제퍼슨과 미국의 의회에 의해 1780년 경 '버지니아 종교 자유법'(Virginia Statute for Religious Freedom)이 통과되기 전까지 유럽의 분위기였다. 이것을 위에서 언급한 신성 로마 제국이라 부른다.

A.D. 800년대 시작해서 A.D. 1800년대 막을 내린 상당히 독특한 제국이다. 신성 로마 제국이 영위한 천 년은 공교롭게도 기독교가 공식적인 지배 구조가 된 기독교 공화국이었다.

천 년 동안 지속된 기독교 공화국!

국제적으로 가장 큰 기독교 교단은 개혁주의다. 그냥 큰 규모로만 본 것이다. 가치 척도로 본다면 모든 교단은 동등한 가치를 지닐 것이다. 다른 교단의 오해가 없기를 바란다. 개혁주의에서 바라보는 천년설의 주류는 '무천년설' 또는 '후천년설'이다. 무천년설은 천년 기간이 없다거나 A.D. 전체를 천년의 개념으로 보는 것을 말한다. 후천년설은 천년왕국이 지난 후 예수께서 재림한다는 주장이다. 다시 말해 천년왕국은 이미 역사 내에 있을 수 있었다는 말이다.

그렇다면 A.D. 800-1800동안 지속되었던 신성 로마 제국의 기간을 천년설 기간으로 보아도 무리가 없지 않은가!

정리해 보면, 요한계시록에서 로마는 당시에 있던 존재로 제시하므로 당연히 여섯 번째는 로마가 될 것이고, 헬라의 로마를 무너뜨리면서 등장한 신성 로마 제국을 무관으로 두기에는 역사적 족적이 너무나도 강하다. 신성 로마 제국, 다시 말해 기독교의 국제화 시기라 할 수 있는 서유럽의 발흥기가 곧 일곱 번째 머리라는 것을 추론해 볼 수 있다.

3. 여덟 번째와 그 역사

이번 장은, 이런 표현이 이 장의 숙연함과 장엄함을 고려해 볼 때 어울릴지 모르겠지만, 솔직히 매우 흥미진진하다.

정말 이런 표현을 하고 싶지 않았지만 흥미진진하다!
함께 그 장엄함과 흥미진진함을 감상해 보시기 바란다!
먼저, 여덟 번째를 어떻게 묘사하고 있는지부터 다시 한번 살펴보자!

> 내가 보니 바다에서 한 짐승이 나오는데 뿔이 열이요 **머리가** 일곱이라 그 뿔에는 열 왕관이 있고 그 머리들에는 신성모독 하는 이름들이 있더라 내가 본 짐승은 표범과 비슷하고 그 발은 곰의 발 같고 그 입은 사자의 입 같은데 …, 그의 머리 하나가 상하여 죽게 된 것 같더니 그 죽게 되었던 상처가 나으매 온 땅이 놀랍게 여겨 짐승을 따르고 (계 13:1-3).

요한계시록 13장에 나오는 내용인데, 머리 하나가 죽게 된 것 같다는 내용과 그 죽게 되었던 상처가 나았다는 내용을 주목하시기를 바란다.
요한계시록 17장의 내용도 함께 보자!

> … 여자와 그가 탄 일곱 머리와 열 뿔 가진 짐승의 비밀을 네게 이르리라 네가 본 짐승은 전에 있었다가 지금은 없으나 장차 무저갱으로부터 올라와 멸망으로 들어갈 자니 …, 다섯은 망하였고 하나는 있고 다른 하나는 아직 이르지 아니하였으나 이르면 반드시 잠시 동안 머무르리라 전에 있었다가 지금 없어진 짐승은 여덟째 왕이니 일곱 중에 속한 자라 그가 멸망으로 들어가리라 (계 17:7-11).

요한계시록 13장과 17장 이 두 장의 내용을 정리하면 이렇다.

여덟 번째 머리는 일곱 중에 있던 존재인데, 죽은 것이 아니라 죽은 것처럼 쇠약해져 있다가 부활한 존재다. 본래부터 있던 존재가 죽은 것처럼 되었을 뿐 어딘가에 스며들어 있던 존재다. 그 존재가 부활한 것이 여덟 번째 머리다. 그러니 여덟 번째는 새로운 존재가 아니라 독특한 존재다. 죽은 것처럼 있던 존재가 되살아났으니 말이다.

죽은 것처럼 있었던 기간에 여섯 번째와 일곱 번째의 머리가 세상 역사에 등장해 패권적 힘을 떨쳤다. 그렇게 일곱째 머리까지 역사가 흐른 후 전에 있던 이 세력이 죽은 줄로만 알았는데 마치 부활하듯 재생되었다. 죽은 것이 아니기 때문에 부활이란 단어 사용이 어울리지 않지만, 마치 예수가 부활하듯 재생되었다.

다시 살아난 존재를 사람들은 경이로움(marvel)으로 따랐다고 기록한다. 그만큼 매력이 있었던 것이다. 고대의 고전이 훨씬 좋아 보였기 때문이다. 새로운 것이 좋은 줄 알고 살아왔는데, 도처에 죽은 것처럼 스며들어 있던 옛것이 더 좋아 보였다.

이 여덟 번째는 최소한 다섯 중에 속한 존재임을 알 수 있다. 왜냐하면, "다섯은 망하였고 하나는 있고"의 표현과 "지금은 없으나"에서 알 수 있기 때문이다. "하나는 있고"는 여섯 번째 로마라는 것을 알 수 있고, "지금은 없으나", 즉 지금 없는 것이어야 하기 때문에 당시에 있던 로마는 제외된다. 그러면 다섯 중에 속한 존재라는 것을 알 수 있는데 이 다섯의 중심으로 흐르는 중심은 **바벨론과 헬라**다.

이것은 성경에서 주로 세속적 패권을 지칭했던 내용과도 일치한다. 성경은 하나님을 대항하는 주된 세력을 바벨론과 헬라로 보고 있기 때문이다. 그런데 후반 절에 가서는 굳이 "일곱 중에 속한 자"로 표현하며 그 범위를 넓혀 두는데 그 이유는 **다섯의 속성**(바벨론과 헬라)이 강한 **일곱**이기 때문이다. 일곱은 모두 바벨론이라고 말씀드렸던 것을 기억한다면, 그리고 요한계시록에서도 여덟 번째를 바벨론으로 비유하고 있다는 것을 염두에 둔다면, 일곱 전체를 총체적으로 상징하는 패권은 바벨론이라는 것을 알 수 있다. 여덟 번째는 **헬라화되고 그 의미 농축된 고농도의 바벨론이 부활한 것이다.**

여기서 조금은 으스스한 그림이 그려지는데 예수의 출현 후 헬라와 예수와의 만남에서 일곱 번째 머리는 예수 공화국의 승리로 그려졌는데, 다시 말해 첫 번째 만남의 구도는 헬라의 완전한 패배처럼 그려졌다. 제우스의 자리에 예수가 자리하게 된 것에서 그리고 12월 25일 의로운 태양 예수 탄생 축일이 된 것에서 그러한 승리를 말씀드렸다. 하지만 여덟 번째는 헬라가 이기는 그림으로 그려지기 때문이다.

사실 헬라는 결코 죽은 적이 없다. 그들이 지구상에 출현해 세계를 제패한 후 로마에 의해 패망한 뒤에도 한 번도 역사에서 사라진 적이 없다. 심지어 일곱 번째 머리인 신성 로마 제국 시절에도 그러했다. 이것이 헬라의 독특함이기도 하다. 여섯 번째 머리, 즉 로마 시대에 스토아학파 사상이 주류를 이루었던 것에서 알 수 있듯이, 역사적 헬라는 로마의 지배 아래 있었으나 그들의 정신은 로마라는 국제적 혈관을 타고 전 세계로 흐를 채비를 하고 있었다.

당시 기독교는 그 사상과 진솔한 대화를 하고 있었다. A.D. 313년 콘스탄티누스 황제가 기독교 우호 정책을 편 후에도 마찬가지였다. 일곱 번째 머리인 신성 로마 제국 시대에 아리스토텔레스 철학을 중심으로 하는 스콜라 철학과 신학이 성행하였고, 이것은 훗날 르네상스를 일으키는 전신이 된다. 예수 공화국이었다고 해서 헬라가 완전히 물러났던 것은 결코 아니었다. 각 요소에 스며들어 있었다. 헬라는 B.C. 400년경 그들의 출현 이후 한 번도 기독교 세계와 결별한 적이 없었던 것이다.

그러므로 예수 공화국 시절, 다시 말해 신성 로마 제국 시대에도 헬라는 죽은 것이 아니라 죽은 것처럼 그 생명력이 현격히 약해졌었을 뿐, 아니 어쩌면 그 정체를 다양한 은유와 비유로 직설들, 문장들 속에 은닉하고 있었을 뿐, 기독교 중심의 세계관의 그 배면과 이면에 자리하고 있었고, 그리고 해석의 대화 상자로 늘 함께했었다. 그렇게 죽은 것처럼 있던 헬라가 다시 세계 무대의 중심에, 다시 말해 이면에 비유로만 있던 자태를 벗어던지고, 직설로 부활한다.

신성 로마 제국이라는 예수 공화국의 제국적 성격이 형성됨과 동시에 헬라의 혈관이 그 이면에 함께 형성되었던 것은 역사의 역설이 아닐 수 없다. 중세의 느부갓네살왕이라 칭할 수 있었던 샤를마뉴 황제는 신성 로마 제국의 발판을 마련한 인물이다. 다시 말해, 기독교 왕국 건설에 지대한 영향을 끼쳤던 인물이다. 그런데 동시에 헬라가 다시 국제 무대에 등용할 수 있는 발판을 마련한 인물이기도 하다. 역설이 아닐 수 없다. 역설의 역사라는 것을 보게 된다.

그의 역량은 정치와 군사에만 국한되지 않았다. 그는 학문에도 강한 열망이 있던 인물이었기에 국가적 차원에서 학문 장려 사업을 추진했던 인물이었다. 이 시기에 그의 노력들에 힘입어 장려되었던 학문적 운동을 카롤링거 르네상스(Carolingian Renaissance)라 부르기도 한다. 잠시 쇠퇴기를 거치기도 하였지만 이 정신이 스콜라 철학의 전신이 된다.

스콜라 철학은 기독교에 역점을 둔 헬라의 소환으로 볼 수 있다. 헬라 사상을 불러왔지만 기독교 철학에 무릎을 꿇은 모습이었다. 하지만 신성 로마 제국의 건설은 묘하게도 헬라 철학의 문을 함께 열어두는 결과를 가져왔다. 헬라와 기독교는 한 번도 갈라선 적이 없었다. 심지어 예수 공화국의 절정기라 할 수 있는 이때도 헬라는 대화의 창을 열어두고 있었다.

1) 스콜라 철학의 발흥

11-13세기 유럽의 사상적 흐름은 스콜라 철학이 지배적이었다. 스콜라 철학의 핵심은 만남이다. 앞서 말씀드렸듯이 기독교와 헬라와의 만남

이 관념에서 성사된 것을 말한다. A.D. 1세기의 예수와 헬라와의 만남이 학문과 관념의 영역에서 이루어진 것인데, 역점이 신성 로마 제국 시대에 걸맞게 기독교에 놓인다. 그런데도 헬라의 자리가 명백히 존재하고, 예수와의 만남이 주선되고 있다. 이 시기의 기독교와의 만남에 소환된 헬라의 정신은 아리스토텔레스다. 그러므로 스콜라 철학을 아리스토텔레스의 재발견의 시대라 부르기도 한다. 헬라의 정신이 소환되어 재생되었지만, 주도권은 기독교가 쥐고 있었다. 이 부분이 16세기 르네상스 시대와 다른 점이다.

이 시기의 사람들은 본질을 인식하는데 있어 이성과 믿음(신비 포함)의 관계에 집중하였다. 쉽게 말해, 신비와 신성의 영역이었던 인식론, 즉 믿음의 메커니즘에 헬라식 인식론의 '이성'을 관계시킨 것이다.

논의 전개를 위해 잠시 '믿음'이란 무엇인지 간략하게 살펴보자!

믿음이란 실상과 본질을 보는 인식을 말한다. 실상은 완전의 속성이다. 만약, 인간의 인식력이 칸트가 주장한 대로 한계를 갖고 있다면 인간 편에서 실상을 볼 수 있는 기능적 수단은 없는 셈이다. 따라서 믿음이란 인간 본유의 기능이라기보다는 신으로부터 수여되는 어떤 것의 기능이 된다. 이것을 염두에 두면 믿음과 이성의 대립은 많은 논의가 예상되는 만남이 되는 것이다. 믿음의 자리에 헬라식 이성이 자리할 수 있는 역설적 틈새를 제공한 셈이다.

이러한 만남이 기독교적 관점에서 성사된 것이 스콜라 철학이다. 이성의 자리에 의지와 감정 등을 대치하기도 하지만 큰 그림은 헬라식 인식론과 기독교식 인식론(믿음)의 친근한 관계성이었다. 하지만 아직은 기독교 우위의 만남이었다. 신성 로마 제국의 특성이 관념의 세계를 기독교 우위로 지배했던 것이다. 이 시대가 일곱째 머리가 될 수 있다고 설명해 드렸다.

초기, 중기, 후기로 나누어 많은 대표적 인물을 소개할 수 있지만 가장 대표적 인물로 스콜라 철학의 대부라 할 수 있는 토마스 아퀴나스(Thomas Aquinas, 1224-1274)를 제시할 수 있다. 그의 사상을 통해 당 대의 주된 사상적 흐름을 어느 정도 살필 수 있다.

그는 믿음과 이성을 신학적 관점에서 구분하기는 하지만 현격한 차이는 고려하지는 않았다. 믿음과 이성의 종합을 추구하였고, 신학과 철학, 이 둘의 종합이 가능한 것으로 보았는데, 이성은 성경과 계시에 의해 제대로만 작용한다면 아리스토텔레스의 주장처럼 감각을 통해 본질을 알 수 있는 것으로 보았다.

헬라 철학이 그 자체로만 관념의 세계에서 작용하지 않고 믿음에 의해 조명된 이성의 활동이라면 신학과 모순되지 않는다고 보았다. 하지만 그는 이성과 믿음, 이성과 계시의 구분은 무시하지는 않는다. 결코 같은 동류로 보지는 않는다. 계시에 의해 완성되며 믿음의 조명에 의해 온전하게 되는 것을 이성으로 보았다.

그는 경험적 방식에 의해 본질을 알아갈 수 있다는 점에서 아리스토텔레스의 입장을 받아들인 듯하지만, 그것 자체로는 불가능한 것으로 보았고, 계시와 믿음의 조명이 있을 때 이성은 최상의 상태가 되는 것으로 보았다. 헬라식 이성이 기독교식 이성의 권좌에 알현하고 있는 셈이다. 시대적 명칭 '신성 로마 제국'에 걸맞은 관계다. **그런데도 헬라는 사라진 것이 아니라 자신의 주체성을 한껏 낮추고 고요히 비유와 은유로 자리하고 있었다는 사실이다.** 죽은 것 같지만 절대 죽지 않고 배면에 자리하고 있었다.

요약하면, 기독교 우위의 위치에서 성사된 헬라와의 만남이다. 이것이 카롤링거 르네상스를 효시로 하는 스콜라 철학의 특징이다. 헬라가 완전히 부활한 것은 아니지만, 그 배면에 마치 실핏줄처럼 자리하고 있다. 은닉한 상태로 신플라톤 주의(플라톤, 아리스토텔레스, 스토아 사상이 융합된 것)

와 아리스토텔레스 사상과 융합되어 그 배면에서 작용하고 있었다. 일곱째 머리의 특징인 기독교 공화국 시대에도 헬라는 죽지 않고 조용히 자리하고 있었다. 지금은 은닉해 있지만 여덟째가 등장하기 위한 전초 작업을 그 배면에서 하고 있었는데, 그것도 기독교 공화국 영토에서 그렇게 하고 있었다. 머지않아 세상의 중심으로 자신을 드러낼 것이다.

2) 르네상스의 발흥

15세기 이탈리아를 중심으로 발흥하기 시작하여 알프스 이남을 넘어 유럽 전역으로 인간중심 사고의 바람을 불러일으켰던 흐름이다. 스콜라 철학이 아리스토텔레스를 중심으로 한 자연 중심의 철학이었다면, 르네상스는 플라톤을 중심으로 한 인간 중심의 사고였다.

더 자세하게 세분화해 보면, 스콜라 철학은 신플라톤 사상(아이스토텔레스+플라톤+스토아)을 아리스토텔레스적인 접근과 해석을 중심으로 전개한 철학이고, 르네상스는 마찬가지로 신플라톤 사상을 플라톤적 입장에서 서술한 철학이다. 그러므로 이 둘은 별개의 것이 아니다. 그 중심에 원류로 흐르는 헬라의 정신이 자리하고 역점의 차이로 기독교가 자리하는데, 스콜라 철학은 기독교의 역점이 좀 더 강하고, 르네상스는 좀 더 인간에 역점이 맞추어져 있다.

신성 로마 제국은 신성하지 않았다. 기독교 정신을 그 중심에 두었다던 황제들은 자기 자리를 군주들과 귀족들로부터 지키기 위해 험난한 싸움을 계속할 수밖에 없었고, 교황도 마찬가지였다. 어떤 황제와 군주 그리고 귀족들과 관계를 형성하는지에 따라 자신의 입지가 결정될 수 있었다. 그러니 잠재적 교황과 실제 교황 간의 혈투와 싸움, 황제와 잠재태로서의 황제들과 싸움, 군주와 귀족들과의 싸움은 기독교 중심의 사고방식과는 전혀 어울리지 않는 모습들이었다.

카노사의 굴욕과 아비뇽 유수와 같은 사건은 황제와 교황 간의 대표적 싸움이었다. 전자가 황제가 패배한 사건이었다면, 후자는 교황의 패배였다. 심지어 교황청을 프랑스 관할 지구였던 아비뇽으로 옮기는 굴욕을 맛보아야 했으니, 그들이 느꼈을 자괴감은 이루 말할 수 없었을 것이다. 200년 가까이 지속되었던 자칭 성전(聖戰)이라 자부했던 십자군 전쟁은 말할 것도 없이 '신성'한 모습이 아니었다. 이즈음 사람들의 생각이 신 중심에서 자연과 사람 중심으로 이동했던 것은 전혀 놀랄만한 현상이 아니었다.

역사는 살아있던 것일까?

그즈음 이탈리아에서 발흥하였던 르네상스가 그 장소를 유럽 전역으로 옮길 채비를 한다. 자기들의 패권이 마침표를 향해 달려가던 1500년대의 신성 로마 제국이 르네상스를 유럽으로 퍼뜨리는 중요한 구실을 했기 때문이다. 로마가 신성 로마 제국의 마지막 왕가였던 합스부르크의 지배하에 놓이게 되는데, 황제 카를 5세(Karl V, 1500-1558)는 로마로 진격해 들어가 더 이상 소생할 수 없을 정도로 폐허로 만들었고 전무후무한 약탈을 자행했다. 이 사건의 비참함이 얼마나 컸던지 역사는 '사코 디 로마'(*Sacco di Roma*)라는 기록으로 남기는데 그 뜻이 '로마 악달'(1527년)이다.

이 사건은 역사의 아이러니가 아닐 수 없었다. '신성 로마'가 다시 일어나려는 '옛 로마'를 무너뜨렸었는데, 신성 로마가 신성하지 않아서였는지 이 사건으로 '르네상스'를 유럽 전역으로 퍼뜨리는 구실을 했기 때문이다. 르네상스는 앞서 말씀드린 것처럼 '신성' 보다는 '인본'을 지향하는 흐름이기 때문이다.

스콜라 철학처럼 기독교 철학에 무릎을 꿇은 헬라 사상이 아니라 기독교를 헬라 앞에 무릎 꿇게 만들 것이기 때문이다. 이러한 르네상스를 저지하지 않고 오히려 퍼뜨렸으니, 그것도 그 주역이 르네상스 정신과 반대라 할 수 있는 신성 로마 제국의 왕가였으니 아이러니도 이런 아이러니가 아닐 수 없다.

그래서였을까?

신성 로마 제국의 마지막 황가인 합스부르크 가문은 자기가 퍼뜨린 르네상스에 의해 무너지게 된다. 유럽인들은 그렇지 않아도 신성에 염증을 느끼고 있었는데, 르네상스의 바람은 그들의 갈증을 해갈할 수 있는 오아시스 같았다. 영원한 내세보다 현재의 삶에 관심을 두기 시작하였고, 자연보다는 인간이 더욱 소중하였다. 페트라르카(Francesco Petrarca, 1304-1374) 같은 인물이 등장해 아리스토텔레스 사상과 스콜라 철학을 단호하게 비판하며 신과의 관계에서 인간 중심의 사고를 강력한 어조로 서술하기 시작한다.

르네상스를 다른 말로 인문주의라 칭하는 이유는 기독교에 빼앗긴 것으로 간주한 인간의 존엄과 자유를 찾아오려는 분위기와 무관하지 않기 때문이다. 로렌조 발라(Lorenzo Valla, 1407-1457)는 교황령(마치 왕처럼 땅을 분배받아 다스리려는 문서)을 약화하고 그와 관련된 문서의 실효성을 제거하는데 노력해 교황의 권위를 낮추는 데 일조하였다.

정치 구도는 세속적 왕권 중심의 형태로 변모해 간다. 정신세계는 둘로 나뉘어 강력한 바람이 되어 불기 시작하였는데, 세속화된 교권에서 벗어나 순수 기독교 정신으로 돌아가려는 흐름으로, 또 다른 하나는 아예 종교성을 벗어나 순수한 인문주의로 전향하려는 흐름이었다. 이러한 생각의 흐름은 기독교든, 세속 영역이든, 고전으로 돌아가자는 운동으로 일어나게 된다. 그것이 바로 이탈리에서부터 발흥하게 된 '르네상스'다. 그 르네상스를 품고 있던 로마를 신성 로마가 패배시켰더니 놀랍게도 르네상스가 전 유럽으로 흘러 들어갔다!

여기서 르네상스의 어원을 살피지 않을 수 없게 된다. 이탈리아어로 '리나시타'(*rinascita*)이며 '부활', '재생'으로 번역된다. 프랑스 미술가 미슐레는 자국어로 르네상스(renaissance)라는 단어를 사용하였는데 두 단어의 합성이다. re(다시)+naissance(탄생)의 합성어다. 재생과 부활, 재탄생이란 의미로 해석된다. 고전으로 돌아가자는 운동은 결국 고전을 다시 살려 내자는 운동이었다.

무엇을 살려 내자는 것인가?

인간을 존재의 거대한 위계질서 속에서 중심에 두려는 **고대 헬라 사상과 로마**를 살려내자는 운동이다. 이전에 있었다가 지금은 없는, 다시 말해 바벨론으로서의 헬라의 부활이다.

헬라는 역사 무대에 등장한 이래로 한 번도 지구상에서 사라진 적이 없다고 말씀드렸다. 다만 로마에 의해 그리고 신성 로마 제국에 의해 잠시 은둔의 양태로 있었을 뿐이었다. 그런데 이제 은둔해 있던 그것을 고대의 본래 모습 그대로 '재생', '부활'시키자는 것이다.

> 그의 머리 하나가 상하여 죽게 된 것 같더니 그 죽게 되었던 상처가 나으매 온 땅이 놀랍게 여겨 짐승을 따르고(계 13:3).

> 다섯은 망하였고 하나는 있고 다른 하나는 아직 이르지 아니하였으나 이르면 반드시 잠시 동안 머무르리라 전에 있었나가 지금 없어진 짐승은 여덟째 왕이니 일곱 중에 속한 자라 그가 멸망으로 들어가리라(계 17:10-11).

신성 로마 제국에 의해 상처 났던 헬라는 천 년 이상 죽은 듯 기독교 세계관 뒤에 자리하다 '르네상스' 하였다. 르네상스 기간과 정신은 죽었던 헬라가 부활하는 기간인 셈이다. 실제로 르네상스가 관념의 세계에서 작용하여 세계사를 바꾸는 힘이 되는데 그 모습이 신성에서 인본주의로의 변형이었다.

3) 종교개혁과 인문주의운동

15-18세기는 왕권이 강화되고 교황권이 약화하는 시기다. 신성 로마 제국의 세포라 할 수 있는 봉건 세력이 무너지기 시작하였고, 대신 프랑스와 영국 같은 국가 개념이 상승하던 시기였다. 이것은 더 이상 신성 로마 제국의 세포조직들이 제 기능을 못하게 됨을 의미한다. 국제 정치 형태까지 르네상스의 분위기를 돋우는 듯했다.

요하네스 로이힐린(Johannes Reuchlin, 1455-1522)은 고전으로 돌아가자고 외쳤고, 에라스무스는 고대 문서를 대량 출판하는 업적을 남기며 마찬가지로 고전으로 돌아갈 것을 종용하였다. 인쇄술의 발달은 이런 문서들을 과거보다 더 많은 사람이 접할 수 있는 기회가 되게 만들었다. 부패하고 무지한 종교 지도자들과 미신과 오류가 난무하던 주류 교회들의 분위기는 적지 않은 사람의 시선을 원천으로 돌아가게 했다. 신성 로마 제국이 로마를 무너뜨려 르네상스를 퍼뜨린 것처럼, 신성이 아닌 인본에 가까운 르네상스가 로마화 된 교회를 무너뜨리고 성경의 원천으로 돌아가게 했다. 희한한 조화와 대칭이다.

역사는 보면 볼수록 여러 편의 드라마를 보는 듯하다. 신성 로마 제국은 자신들과 반대 정신인 르네상스를 유럽 전역으로 퍼뜨리는 구실을 하였는데, 이번에는 반대로 르네상스가 부패한 기독교를 기독교의 진수로 환원시키는 역할을 하였기 때문이다.

천 년 동안 유지되었던 기독교의 패러다임을 바꾼 인물이기도 한 루터는 이런 배경을 등에 업고 역사의 무대에 등장하게 된다. 종교개혁은 결코 독단적 행보가 아니었다. 인문주의의 바람이 종교와 문화에 강하게 불어와 그 바람을 탔기에 가능한 것이었다. 썩을 대로 썩은 주류 기독교는 신성보다는 돈과 권력을 추구하는 단체가 되어갔다. 신성 로마는 신성하지 않았다. 이러한 부패는 제도화된 형식에 덧붙여져 성례 의식은 돈을 끌어

모으는 수단이 되었다. 르네상스와 인문주의의 바람은 교황의 권위보다 왕권의 강화를 불러일으키는 구실을 하였고, 자연과 전체주의적 세계관에서 개인과 인간의 숭고함에 초점이 맞춰져 개혁의 분위기를 한층 고양시킬 수 있었다. 또한, 독일의 독특한 상황은 교황이 이전에 행사하던 강력한 권력을 휘두를 수 없는 분위기를 만들었기에 시대적 분위기는 루터의 종교개혁을 도왔다. 그 분위기를 힘입어 개혁을 단행하게 된다.

루터의 개혁은 성공적이었다. 그로부터 태동된 루터주의 개신교가 정식 종교로 인정받았기 때문이다. 이것은 실로 대단한 결실이다. 조금 극단적으로 표현하면 기독교 세계를 지탱하는 난공불락 같았던 **황제와 교황의 성**을 무너뜨린 셈이기 때문이다. 개신교의 시스템은 법과 국가 그리고 개인이 중요시되는 입헌 군주제의 속성을 이미 그 이면에 품고 있기에 이 둘의 증인으로서의 역할은 막을 내리기 시작한다. 루터의 종교개혁은 미국과 같은 르네상스의 아들을 출생시킬 수 있는 첫 번째 국제적 타격이 되었던 셈이다.

루터의 종교개혁은 신성 로마 제국의 종교 시스템의 대 변혁을 가져온다. 교황과 황제라는 두 기둥에 의해 유지되던 권력형 기독교가 싱시로 그 권위가 이동하게 되고 개인의 믿음이 교회의 시스템 못지않은 가치를 부여받는다. 소위 말해 개신교가 태동한 것이다. 또한, 교황에 의해 해석되고 거의 전유되다시피 한 성경이 이제는 인쇄술의 발달과 인문주의의 영향으로 개인이 언제든 접할 수 있게 되었다. 교회가 개인의 구원과 신앙을 관리하는 주체에서 이제는 개인의 신앙과 믿음을 돕고 협력하는 장소가 되었다.

이것은 시사하는 바가 큰데, 신성 로마 제국 시절의 교회 시스템은 곧 황제와 교황이라는 두 증인이 통치하던 국가 시스템과 대부분 연계되어 있었기 때문에 권위와 무게감이 상당했었는데 그것이 와해하기 시작했기 때문이다.

이제 이 두 용은 역사의 뒤안길로 사라지게 되고 그 자리에 법과 국가가 대신하게 된다. 황제와 교황의 역할을 '법'이 대신할 것이고, 교황과 황제의 권력은 국가 자체가 대신할 것이며, 그 국가를 구성하는 개인의 권리와 자유가 이전보다 훨씬 더 보장될 것이다. 다시 말해, 종교개혁은 르네상스의 아들이라 일컬을 수 있는 입헌 군주제가 태동하는 전초가 되었다. 자연 중심에서 인간 중심으로 시선을 옮기려는 르네상스 고유의 정신이 종교개혁에 여실히 나타나는 것 또한 역사의 역설이 아닐 수 없다.

교권 중심이 아닌 개인의 신앙과 믿음 그리고 성경이 중심이 된 개혁의 바람은 비단 독일에만 국한된 것은 아니었다. 이 개혁의 바람은 스위스와 스코틀랜드를 거쳐 영국에까지 불게 된다. 스위스의 종교개혁은 칼빈에 의해 대성공을 이루어 정치 지형이 바뀌게 된다. 스코틀랜드의 개혁은 소위 우리가 알고 있는 장로교를 전 세계에 퍼뜨리는 구실을 한다. 이제 세계의 기독교는 크게 두 세력으로 갈리게 되는데, 하나는 전통적인 가톨릭이고 다른 하나는 개신교다.

신성 로마가 신성하지 않았던 것처럼 이들도 신성하지 않았다. 이 둘은 충돌을 향해 달려가고 있었다. 가톨릭 입장에서 볼 때 개신교는 자기들에 대한 정면 도전이며 천 년 이상 지속되었던 존재 방식에 대한 도전이었다. 결국, 충돌의 불씨가 타오르기 시작한다. 반동 종교개혁이 가톨릭 중심부에서 일어나기 시작했다. 여기에는 두 가지 목적이 있었는데 카톨릭 전반에 대한 개혁과 그리고 확산되고 있는 개신교를 저지하기 위함이었다.

종교개혁(개신교)과 반동 종교개혁(천주교)은 세상을 둘로, 즉 가톨릭과 개신교로 나누기 시작하는데, 프랑스, 영국, 스코틀랜드, 스페인을 중심으로 심각한 투쟁들이 발생한다. 왜냐하면, 이 네 국가는 가톨릭과 개신교가 묘하게 뒤섞여 있었는데 각 국가의 왕족 사이에 복잡하게 엮여 있는 혈연 관계 때문이었다. 하나의 예를 들면, 스코츠의 여왕 메리는 스코틀랜드의 여왕이면서 동시에 영국의 여왕이기도 하였다. 그러니 정치적으로 영향력 있는 한 인물이 선택하는 가톨릭이나 개신교에 대한 신앙은 때로는 관련 국가들에 심각한 문제들을 야기했다. 이러한 복잡한 바탕 위에 거대한 힘으로서 가톨릭과 개신교가 충돌하고 있었던 것이다.

이런 분위기가 조성되기까지 그 배면에서 서서히 모습을 드러내 작용했던 힘은 르네상스 정신이었다. 양날의 칼처럼 유익하면서도 무서운 결과를 만들어 내고 있었던 셈이다. 어떤 이에게는 개혁의 바람이지만 또 다른 이에게는 갈등의 불씨였다.

스콜라 철학에서 효모처럼 자라나기 시작했던 헬라의 정신은 르네상스에 본격적으로 부활해 짐승처럼 변해버린 종교의 현장을 심판하고, 역으로 어떤 누군가는 더욱 본질적 성전과 교회가 되게 만들었다!

결국, 문제가 터치기 시작한다. 프랑스에서 바사의 대학살이 발생한다. 기즈공(가톨릭)이 핵심이 되어 위그노(개신교) 예배 현장을 습격한 것이다. 이 습격으로 무려 백여 명이 사망하게 되는데, 이 사건 이후로 개신교와 가톨릭 사이에 3차례 이상 야만적인 전쟁이 발생한다. 6년 동안 알바의 통치 기간에는 무려 천 명 이상 처형된다. 그뿐만 아니라 캐더린에 의해 개신교도 3천 명 이상 희생당한다. 사료에 의하면 프랑스에서는 더 많은 사람이 희생된 것으로 기록하고 있다. 유럽의 분위기는 곧 거대한 충돌이 일어날 조짐을 보이고 있었다.

4) 독일(유럽)의 30년 전쟁

결국, 가톨릭과 개신교 간의 거대한 충돌이 개신교 우호 지역이었던 보헤미아에서 발생한다. 자세한 내용은 본서 '르네상스는 죽지 않았다'를 참고하시기 바란다. 총 4차에 걸쳐 진행된 어느 쪽의 명확한 승리도 주어지지 않았던 지리멸렬한 전쟁이었다. 이 전쟁의 결과 베스트팔렌 조약을 체결하게 되는데 신성 로마 제국에 큰 타격을 입힐 수 있는 내용들이었다.

이 조약으로 인해 신성 로마 제국은 역사의 뒤안길로 그 자태를 감추기 시작하여 1800년대 나폴레옹에 의해 완전히 무너지게 된다.

이 전쟁은 왜 발발하였나?

크게는 가톨릭과 개신교 간의 헤게모니 전쟁이다. 프랑스, 영국, 스코틀랜드, 스페인, 이 4개국 간에 복잡하게 얽혀 있는 정권에 대한 욕망의 자리에 이 둘의 헤게모니가 스며들어 전쟁을 일으켰다. 이것이 겉으로 드러난 전쟁의 원인이다. 그러나 그 이면을 면밀히 살펴보면 더 중요한 진범이 있음을 발견하게 된다. 이 전쟁이 어디서부터 시작되었는지를 보는 시야가 더 중요하다. 만약 종교개혁이 없었다면 이 전쟁은 일어나지 않았다. 하지만 종교개혁이 없었다면 바벨론이 되어버린 부패한 종교 또한 정화되지 않았을 것이다. 그러므로 **종교개혁은 양날의 칼**로서 역사 내에 그 역할을 수행했다.

종교개혁과 매우 친한 관계인 양날의 칼이 하나 더 있다. 동일하게 역사 내에 양날의 칼과 같은 역할을 했던 르네상스(재생, 부활)다. 무엇에 대한 재생이었는지 여러분은 아실 것이다. 고대 헬라의 정신과 그것을 물려받은 로마(바벨론)의 부활이다. 헬라는 역사 내에 자신을 다시 세웠지만 놀랍게도 자기만 세운 것이 아니라 기독교의 본질도 다시 세웠다.

본질인 예수와 그분의 로고스, 즉 말씀에서 벗어나 교권과 욕망의 덫에 걸려 있던 당시의 변질된 교권 시스템을 르네상스가 무너뜨렸다. 시스템이 무너지니 본질이 남게 되었다. 즉, 말씀이다.

종교개혁이 일어난 것이다!

그런데 30년 전쟁의 시발점 또한 종교개혁이다. 르네상스와 종교개혁은 역사 내에 시사하는 바가 크다. 종교개혁에 의해 새롭게 태동된 개신교, 즉 르네상스의 친구는 르네상스의 형이라 할 수 있는 **스콜라 철학**을 중심에 탑재한 가톨릭, 즉 개신교의 **형**이라 할 수 있는 **가톨릭**과 정면충돌하게 된다. 르네상스가 헬라를 완전히 불러와 종교개혁의 전장을 만들어 주었고, 스콜라 철학의 헬라가 자신의 위치를 지켜 기독교 철학의 하수인 역할을 할 줄 알았는데 돌연 돌변하여 동생인 **르네상스의 헬라** 편을 들어 자신이 섬겼던 **황제와 교황 시스템**을 무너뜨렸다. 결국, 르네상스와 친한 개신교가 승리하는 역설적 사건이 발생해 새로운 시스템으로 변형된 예수 공화국의 문을 열어젖히게 된다.

  그 중심에 '**재생**'과 '**부활**'이 있었다. 르네상스는 앞에서도 말씀드렸듯이 독립적인 하나의 현상이 아니다. 없던 것이, 다시 말해 없거나 죽었던 것이 부활한 것이 아니라 줄곧 있어 왔던 것, 때로는 죽은 것처럼 있던 것, 그러나 어떤 때는 활력 있게 생명력을 발휘하던 것, 본래부터 역사 내에 있던 것이 실체를 온전히 드러낸 현상이다. 헬라의 정신이 온전하게 부활한 것이다.

  헬라의 정신은 신성에서 출발해 다양한 학문을 도출하는 사고가 아니라, 인성에서 출발해서 신성을 다루는 학문이다. 그리스 철학이 신화로 가득 찬 이유는 바로 여기에 있는 것이다. 헬라로 돌아가자고 했던 르네상스의 정신은 곧 인간 편에서 다루는 신성도 포함된 것이다. 알지 못하는 신에 대한 인간 편에서의 정신과 인성의 작용 들이 역설해 낸 정신이 자칭 신본주의라 주장하던 그러나 극히 인본주의화 된 구 시스템을 무너뜨렸다.

그 중심에 재생과 부활이 자리한다!
그러므로 30년 전쟁의 진범은, 다시 말해 정범은 '르네상스'였다!
어떻게 보면 범인이고, 또 다른 시각으로 보면 의인처럼 작용하였다!

  성과 속이 일원론으로 진행되는 역사를 고려할 때 르네상스의 공과는 많은 생각을 하게 만든다. 아무튼 르네상스(재생)는 신성 로마 제국을 무너뜨리고 새로운 역사의 문을 열어젖혔다.

> 그의 머리 하나가 상하여 죽게 된 것 같더니 그 죽게 되었던 상처가 나으매 온 땅이 놀랍게 여겨 짐승을 따르고(계 13:3).

> 전에 있었다가 지금 없어진 짐승은 **여덟째 왕**이니 일곱 중에 속한 자라(계 17:11).

거의 천 년 동안 지속되었던 일곱째가 무너지고 일곱 중에 속해 있던 헬라(B.C. 400년경의 헬라, 로마 시대 헬라, 스콜라 철학의 헬라 그리고 르네상스 헬라)가 역사 내에 온전히 드러나 새로운 시대를 열었다!

5) 르네상스의 아들 미국의 건국

르네상스로부터 비롯된 종교개혁, 종교개혁으로부터 비롯된 최초의 세계대전이라 할 수 있는 유럽의 30년 전쟁, 이 모든 역사적 사건은 천 년 동안 지속된 황제와 교황에 의해 유지되었던 '국가 형태의 기독교'를 무너뜨리기 시작하였다. 더 이상 종교는 국가의 통제를 받지 않는 자유의 목소리를 내기 시작한다. 베스트팔렌 조약에 의해 하나 더 늘어난 개신교 세력, 즉 칼빈주의 교회의 승인은 이러한 분위기를 한층 더 고조시켜 전 유럽에 자유의 바람을 불어 일으켰다. 기독교 황제와 교황에 의해 그 견고함을 유지하던 신성 로마 제국은 또한 지나간 역사가 되어 그 생명력을 다하게 된다.

특히, 영국과 스코틀랜드는 신성 로마 제국과 르네상스의 마지막 각축장이 된다. 30년 전쟁의 여파로 국제적 분위기는 더 이상 신성 로마의 잔재, 즉 국가 교회 형태를 유지하도록 놔두지 않았다. 하지만 천 년을 호령했던 제국이 그렇게 쉽게 무너지지는 않았다. 과거의 영광을 되살리기 위해 더욱 세력을 키우려는 제임스 2세(James II, 1685-1688(?)) 같은 인물이 추구하는 국가 교회, 즉 전통 교회파와 그러한 교회는 비성경적이고 편협하며 부패한 정신으로 가득 찬 교회라며 무너뜨리려는 다양한 종파로 구성된 개신교파의 각축장이 된 곳이 영국과 스코틀랜드였다. 많은 사람이 이러한 충성 없는 싸움에서 죽임을 당했고, 결국 한쪽은 종교의 자유를 찾아, 다른 한쪽은 더욱 신성 로마 제국 형태인 국가 교회의 안정화를 찾아 동분서주하였다.

마태복음에 보면 "새 포도주는 새 부대에"(마 9:17)라는 표현이 기록되어 있다. 영국과 스코틀랜드는 이 비유에 적합한 상황이었다. 새롭게 태동한 자유주의 개신교도들과 구교의 연합은 본질상 불가능해 보였다. 종교 문제뿐이면 그래도 합의점을 찾을 수 있겠지만, 지금까지 강조해 드렸듯이 종교와 정권은 성과 속의 일원론적 역사 속에서 떼려야 뗄 수 없는 관계였다. 따라서 종교 문제는 반드시 정권욕과 결부되기 마련이다. 세계사를 움직인 힘 중 하나가 욕망이라는 것을 감안하면, 욕망의 사슬에 얽혀 있는 종교의 문제는 결국 새 부대를 찾아 떠나는 일밖에 대안이 없어 보였다.

사람은 욕망을 결코 포기하지 않을 것이기 때문이다!

이때부터 미국은 새로운 개척지로 떠오르기 시작한다. 아무리 청교도들에게 종교의 자유를 허락한다고 하더라도 그것은 어디까지나 국가 교회의 통제가 따른 자유였고, 어떤 면에서 허울 좋은 조치에 불과했다. 따라서 1620년 장로 윌리엄 브루스터(Elder William Brewster, 1560/1566-1643)의 인도 아래 메이플라워호를 타고 필그림들이 종교의 자유를 위해 매사추세츠 개척을 나서게 된 것은 이와 같은 종교 탄압이 그 배경에 있었던 것이다.

승선 인원 102명 중 35명 정도가 청교도들이었는데, 부루스터의 후손 중 한 명이 미국의 32대 대통령 프랭클린 루스벨트(Franklin Delano Roosevelt, FDR, 1882-1945)라는 사실에서 볼 수 있듯이, 메이플라워호를 타고 건너온 필그림들은 오늘날 미국 건국의 중심이 된다.

하지만 미국이 오늘날의 자유 민주주의 국가가 되기까지 아직도 넘어야 할 거대한 산들이 산재해 있었다. 신성 로마 제국은 잘 죽지 않았기 때문이다. 물론 영국을 신성 로마 제국으로 비유하는 것은 시대착오적인 해석임을 인정한다. 엄연히 로마가톨릭으로부터 어느 정도 분리된 그들만의 종교 형태인 성공회를 국가 종교로 정착시켰기 때문이다. 더 이상 신성 로마 제국의 정치 구성 요소인 교황청으로부터 강력한 통제를 받지 않아도 되었기 때문에 영국은 더 이상 과거의 제국이 아니었지만, 아직은 그러한 비유가 맞기도 하였다.

왜냐하면, 성공회는 국가 종교 시스템이라는 점에서 여전히 그러한 비유가 가능했기 때문이다. 하나의 외연의 범주를 벗어났을 뿐 국가 차원에서의 **종교 국가**라는 동일한 외연에서는 **신성 로마 제국의 형태를 공유**하고 있었던 셈이다. 엄연히 이것은 신성 로마 제국의 속성이었다. 과거의 제국이 자신들만의 새로운 형태로 승화되어 작동하고 있었던 곳이 영국이었다. 영국 자체는 작은 신성 로마 제국이었던 것이다. 르네상스의 군대로 보아도 손색이 없었던 30년 전쟁의 군사들은 신성 로마에 큰 타격을 입힌 것은 분명하지만 그들의 생명력은 끈질겼던 것이다.

국가의 말도 안 되는 교리적 통제에서 벗어나, 종교의 자유를 확보해 그 자유로 맘껏 성경의 진리를 영위하고 싶었던 청교도들이 미국을 향해 목숨을 건 항해를 하게 된 것은 이런 배경이 자리하고 있었던 것이다. 국가와 종교가 분리되어 국가는 국가대로, 종교는 종교대로 자기들의 역할에 충실하기를 원했다.

이주에 성공해 자리를 잡아 가던 이들을 마지막 신성 로마 제국이라 할 수 있는 영국이 맹수처럼 노려보고 있었던 것이다. 과거의 **국가 교회**를 떠나 이제 막 정착에 성공을 가져다준 자유의 땅 미국까지 자기 통치권에 포함하려고 신성 로마 제국은 최후의 몸부림을 하고 있었다. 그러고 보면 신성 로마는 그 실체를 말하려면 잘 보이지 않았으면서도 얼마나 강했던지

1,400년을 지나서도 잘 지워지지 않았던 것이다.

마치 보이지 않는 애덤 스미스의 손이 시장을 움직이듯이 말이다!

르네상스(부활, 재생)는 그러나 그들의 잔존 세력보다 훨씬 강했다. 르네상스는 근대 과학과 손을 잡으며 자신의 자녀들을 다수 출산한다. 이 자녀들이 탑재한 정신은 '도덕성'과 '인본주의'였다. 30년 전쟁과 관련된 종교 분쟁들은 사고와 정서의 피로감을 더했다. 따라서 사람들의 생각은 다음과같이 좀 더 인간적이 되어 갔다.

(1) 데카르트 같은 인물은 세상의 모든 것을 의심했다. 자신이 사고하고 있는 바로 지금 이외에는 본질적 가치를 찾고 싶어 하지 않았다. 그에게 신은 인격적 신이라기보다는 그저 어딘가에 있는 철학자의 신이 되어 버렸다.

(2) 스피노자는 신성의 상당 부분을 자연으로 대체한다. 자연이 곧 신처럼 된다. 그는 왕권신수설을 은유적으로 비판한 인물로도 유명하다. 루이 14세는 스피노자 때문에 수치심 가득한 마음으로 분노했을 것이다.

(3) 라이프니츠는 개개인의 가치를 높게 평가하는 철학을 개진하여 개별이 곧 전체 우주를 반영하는 것으로 역설하였다. 그는 관념과 이성에 의해 본질을 이해할 수 있는 것으로 봄으로 왕권과 교황권에 의해 신성한 것이 관리될 필요가 없음을 사람들로 사고하게 했다. 그에 의하면 개인은 천부인권을 수여받은 가치 있는 존재다.

(4) 샤프츠베리는 도덕의 본질을 인간 내부의 의식에서도 찾을 수 있는 것으로 보았는데, 이러한 사고는 개인 바깥에 있는 절대성, 다시 말해 왕권신수설 같은 절대왕정을 부정하는 데 일조한다.

이러한 정신들이 왕권과 윗선에서 자행되는 불합리한 통제를 향한 또 하나의 30년 전쟁, 다시 말해 관념의 세계에서의 전쟁이 되어 그곳에서도 자리하고 있던 신성 로마 제국을 무너뜨리기 시작한다. 르네상스는 물리적 군사와 관념적 군사 두 진영을 구축하여 군사를 일으킨 셈이다. 그의 군대는 생각보다 강했다.

결국, 신성 로마 제국은 두 영역에서 패하게 된다!

르네상스의 자녀들이 불러일으킨 이러한 정신은 오래된 부대(負袋)인 영국과 유럽보다는 새 부대(負袋)인 미국에 모여들기 시작한다. 무신론자는 무신론을 맘껏 펼칠 수 있는 곳, 유신론자는 자기들의 신학을 왕이나 국가의 통제 없이 개진할 수 있는 자유의 영토였다. 르네상스는 근대 과학과 손잡은 보다 강력한 철학을 출산해 이러한 공간을 만들고 있었다. 이러한 자유를 갈망하던 사람들이 유신론자든 무신론자든 상관없이 모여들었다.

이 정신은 해가 지지 않는 제국 영국을 밀어내기 시작한다. 하버드대학교에 들어온 자유주의와 더불어 미국 전역은 어느 한쪽의 우위가 없는 다양성이 확보되는 영토가 되어 갔다. 물론 남미는 영국 국교회, 북미는 회중 교회, 중부는 다양한 사조의 조직들로 구분되기는 하였지만 자유의 힘은 이 구분을 무색하게 만들었다. 르네상스가 낳은 정신의 바람은 잔잔하면서 강력했던 것이다. 하지만 르네상스는 여기서 끝내지 않았다. 더 강력한 바람을 전 유럽에 불어 일으킨다.

이제 신은 자연에 모든 것을 맡기고 자기 통치를 잠시 접어 둔다. 이신론 사상이 불어온 것이다. 왕권의 통치보다 자기들이 몸담고 있는 자연이 더 중요하다. 버클리(George Berkeley, 1685-1753)는 자연은 하나님의 마음 안에 있는 관념으로 봄으로 사람들 개인의 관념에 높은 가치를 부여한다. 왕의 통제보다 자신의 관념이 더 주요한 의식 기관이 된다.

흄(David Hume, 1711-1776)은 아예 신을 제거한다. 그에게 원인과 결과는 없다. 인과관계가 부정되니 신도 부정된다. 신이 부정된 그에게 왕권신수설은 허구에 불과하다. 왕의 부정은 신성 로마 제국을 유지하는 구조의 파괴이기도 하다. '신성' 로마는 마지막을 향해 달려가고 있던 셈이고, 조만간 '신성'이 탈거되고 '과거의 로마'가 부활할 것이다.

이러한 분위기는 불합리한 통제를 약화하는 순기능으로 작용한 것은 분명하지만, 동시에 영적 무기력을 초래하였다. 사람들의 정신은 냉랭했고 건조해졌다. 따라서 이러한 인본주의적 이성은 반대급부를 일으켰는데 **인간 내면의 감성**에 대한 신뢰를 고양했다. 낭만주의가 일어난 것인데, 이것은 신성 로마 제국을 향해 쏘아 올린 최후의 무기와 같았다. 그들의 생명을 끊어버리는 매우 강력한 마지막 화살이기도 하였다.

계몽주의의 이성은 차갑고 이기주의적 경향으로 치닫게 되어 지나칠 정도로 개인주의화 되었었는데, 다시 중세의 전체주의로 시선을 돌리고픈 열망이 일어나는 것은 당연한 현상이었다. 하지만 이제는 신성 로마 자체가 그들이 찾는 대상이 아니었다. 보편적 절대성의 공간을 신성 로마처럼 왕권이나 실물적인 진체에서, 또는 절대성 그 자체에서 찾는 것이 아니라 자기 안에서 찾으려 했다. 왕권이 아닌 **나를 강조하면서도 전체의 본질을 공명시킬 수 있게** 되었다.

내 안에 있는 관념은 절대성으로 이끄는 어떤 것이다. 낭만주의는 이러한 사고를 가능하게 만드는 르네상스의 감성 파트가 된다. 낭만주의는 어떻게 보면 계몽주의보다 훨씬 강력하게 작용하는 정신, 즉 신성 로마 제국을 무너뜨리는 흐름이 되었던 셈이다. 전체를 갈망하지만, 그 가치와 의의가 전체에 있는 것이 아니라 개인, 즉 자신 안에 있는 느낌이나 감정이기 때문이다. 개인의 가치를 제대로 인정하는 것이 곧 전체를 세우는 것이 되니 과거의 실물적 전체주의였던 신성 로마 제국의 양태는 더 이상 설 자리가 없어지고 만 셈이다.

낭만주의는 르네상스식 전체주의다. 전체주의의 가치도 인정하면서 동시에 개인의 가치가 함께 세워지기 때문에 중용의 입장에 있는 사람들까지 수용할 수 있는 개념이다. 이러한 정신은 신성 로마를 최후 공격하며, **철학에서는 낭만주의 운동으로**, 기독교에서는 **대각성 운동으로** 발전하며 르네상스 공화국의 밑그림을 더욱 짙게 그려 나갔다.

감정은 세계사를 움직인다는 어느 심리학자의 주장처럼, 실제로 역사의 많은 부분이 감정에 의해 어이없게 전개되었다. 다른 말로 감정은 이성만큼이나, 아니 어떤 때와 장소에서는 이성보다 강력한 힘을 발휘한다. 철학에서의 낭만주의와 기독교 내에서의 경건주의 운동과 대각성 운동은 감정과 영성을 자극하기에 충분하였다. 이러한 충족성은 강력하게 불고 있는 르네상스의 정신과 이론들을 더욱 긍정적으로 바라보는 촉매제가 된다. 르네상스의 더 강력한 바람이 불어온 것이다. 세상은 르네상스의 아들을 낳을 준비를 마무리 짓고 있었다.

영국과 스코틀랜드에서 최후의 몸부림으로 용트림하며 미국마저 신성 로마 제국의 위용으로 집어삼키려 하였지만, 온 세상에 부는 르네상스와 그 자녀들의 정신은 미국 땅에서 신성 로마 제국의 잔재를 몰아내기에 충분하였다. 과거의 제국인 신성 로마는 영국의 옷을 입고 자신의 생명력을 유지해 보려 하였지만 르네상스의 병사들을 이겨내기에는 이미 너무 많은 피를 흘렸고, 세상은 이미 르네상스의 아들을 받아들일 준비를 하고 있었다.

드디어 18세기에 미국 독립전쟁이 일어난다. 영국의 지배에서 벗어나 하나의 독립 국가를 세우려는 북미 13개 주의 몸부림은 이미 거대한 폭풍이 되어가고 있었다. 1775년 시작된 독립전쟁은, 1776년 독립을 선포하게 되고, 1783년까지 파괴가 뒤따르는 전쟁이 계속되었다. 결국, 또 한 번의 세계사를 바꾸는 역사적 사건이 일어나게 되는데, 1789년 미합중국 **헌법에 따라** 통치되는 정부의 수립을 결정하게 된 것이다. 이러한 결정이 있기까지 이신론에 영향을 받은, 종교에 전보다 크게 관심을 두지 않았던 정치 지도자들의 영향이 컸다. 이들은 종교에 합리적인 태도를 취했고 덜 관심을 가졌다.

이 시기 최대의 관심은 신앙의 자유였다. 이들은 자연스럽게 비국교화 운동의 선구자들이 되었다. 드디어 새로운 세계사의 서막을 올리게 되는 사건이 미국 내에서 일어난다. 여전히 국교도의 열의가 남아 있던 버지니아에서 비국교도 주의자였던 토머스 제퍼슨(Thomas Jefferson, 1743-1826)이 1785년 버지니아 종교 자유령(Virginia Statute for Religious Freedom)을 통과시킨 것이다.

이에 따라 코네티컷, 뉴햄프셔, 매사추세츠에서 국가 교회가 폐기되었고 국가 차원에서 종교의 자유가 성취되기 시작한다. 헌법 제6조는 종교와 정치를 분리시켰고, 1차 수정 헌법 조항은 다음과 같이 기록한다.

> 국회는 국가 교회에 관한 법률이나 종교의 자유를 금지할 법안을 제정할 수 없다.

이 법에 따라 천 년 이상을 유지해 왔던 신성 로마 제국, 즉 황제와 교황의 지배 아래 견고하게 세계를 통치하던 기독교 제국은 국가 차원에서 폐기되었다. 황제와 교황의 자리에 헌법이, 신성 국가 자리에 르네상스의 국가, 즉 입헌 군주국가가 자리하게 된다. 그리고 이 제도는 1,400년의 과거의 잔재를 무너뜨리고 전 세계적 현상이 된다.

입헌 군주제는 이미 13세기 영국에서 시작되었지만, 온전한 모습은 아니었다. 마치 스콜라 철학에서도 헬라는 있지만 '신성'에 기를 펴지 못했던 것처럼, 당시의 입헌 군주제도 그러하였다. 르네상스의 헬라가 비로소 '신성'을 누르고 왕좌에 오르게 된 것처럼, 르네상스의 아들 미국에서 비로소 온전한 형태의 입헌 군주제가 성취되었다. 이것이 승화되어 미국에

특화된 '대의 민주주의 공화국'이 된다. 이제 제국의 통치권은 황제와 교황이 아닌 법과 국가에 있고, 그 통치권에 어느 정도 참여하는 국민에게 있다.

르네상스는 신성 로마 제국을 몰아내고 그 자리에 미국을 세웠다!

14세기 아비뇽 유수 이후 실제적인 실권을 빼앗긴 로마 교황청은 미국이 건국되는 과정에 더욱 세력이 약해져 1929년 라테란 공의회 후 교회령의 상실을 받아들이게 되고 그 대가로 바티칸시를 자기들의 영토로 인정받아 현재에 이르게 된다. 이 과정에 프랑스에서도 1795년에 미국처럼 종교의 자유 바람이 불기 시작하였는데, 이 바람은 국교 개념을 사라지게 했고, 교황을 비롯해 수많은 성직자가 죽기도 하였다. 그 중심에 르네상스의 아들 중 한 명인 계몽주의자 볼테르(Voltaire, 1964-1778)의 정신이 있었다.

그의 사상은 프랑스를 휩쓸어 사람들의 생각을 부패하고 광신적이었던 기독교를 비판하게 했는데, 특별히 로마가톨릭에 대한 비판이 강했다. 이 시기에 등장한 나폴레옹은 신성 로마 제국의 마지막 황제인 프란시스 2세를 물러나게 만듦으로 신성 로마 제국을 역사의 뒤안길로 보낸 인물이 된다. 1648년 베스트팔렌 조약으로 기울기 시작한 신성 로마 제국은 그 후 명맥만 유지하다가 나폴레옹에 의해 완전히 종적을 감추게 된 것이다.

프랑스가 과거의 제국을 무너뜨리는 데 주요한 국가로 작용한 것에 역사적 의의를 연구해 보고 싶다!

르네상스는 이렇게 교황의 권위를 축소해 자기 아들인 미국의 건국을 도왔다. 황제와 교황은 그에게 무릎을 꿇고 이제 그의 아들이 옹립시킨 법과 국가가 그 역할을 대신하게 되어 **여덟 번째 머리가 활개** 치는 세상을 만들었다. 미국은 르네상스가 낳은 독자인 셈이고, 우리는 현재 그 시대를 살고 있다.

여덟 번째 짐승은 그렇게 세상에 등극하게 되었다!

6) 일곱 머리 열 뿔 짐승은 … !

결국, 모든 세대, 모든 국가, 모든 제국이었다. 제일 먼저 그 실체를 드러내야 했던 국가는 이스라엘이었다. 어쩌면 이스라엘이야말로 존재론적 속성과 실체를 여과 없이 보여 준 국가인지 모른다. 그들의 태동은 아브라함에게서 시작해 그의 독자 이삭을 거쳐 그의 차자 야곱이 낳은 열두 아들로부터 시작되는데, 국가적 형태로 인구가 늘어난 곳은 다름 아닌 이집트였다. 민족의 정체성이 상처받을 수 있는 곳에서 국가의 모습이 갖추어지는 역설의 역사였다.

이들이 제대로 된 국가 형태를 유지한 기간은 겨우 500년에 불과하다. 그 전의 족장 시대나 광야 시대는 말 그대로 부족 단위의 유목민들이었고, 그나마 국가 형태를 갖추었던 사사 시대 또한 국가의 3요소(주권, 영토, 국민)로 비추어 볼 때 온전한 국가로 보기는 어렵다.

이스라엘의 시작을 아브라함의 소명에서부터 시작하여 히브리 민족이라는 칭호를 얻고, 사사 시대, 왕정 시대, 침묵기, 로마 섭정 시대, 현대까지 그 역사를 계산해 보면 대략 3,500~4,000년 정도 된다. 그런데 그중 겨우 500년 동안만 제대로 된 국가의 형태를 갖추었을 뿐, 무려 3,500년 동안 주권과 영토의 확실한 소유권이 보장되지 않은 역사였다.

심지어 B.C. 586년 남유다의 패망을 끝으로 이스라엘은 역사 속에서 자취를 감춘다. 그 후 스파라디 유대인, 에슈케나지 유대인 등으로 전 세계에 뿔뿔이 흩어져 무려 2,500년 동안을 나라 없이 살다. 1948년에 이르러서야 비로소 국가의 3요소가 확보된 국가가 되었다. 하지만 야속하게도 신은 그들을 향해 선택받은 민족, 복된 민족이라 한다.

단언하건대 '이스라엘'이라는 추상명사는 존재론의 궁극을 보여 주는 모범이었고, 정말 복된 이름이고, 세계의 모델이었다!

일곱 머리 열 뿔 짐승은 인류 전체를 말한다. 어떤 형태의 부족이나 민족, 국가나 제국은 그곳이 그리스도교로 인해 '신성'이란 한정사가 붙는다 하더라도 본질적 변화가 없는 한 바벨론이다. 바벨론에서 정의와 의의 나라가 될 수 있는 외연적 단계는 본질상 존재하지 않는다. 그것은 언약에 의해 의로운 국가로 칭해져야만 가능하다. 그리고 궁극적 변형만이 본질적 국가가 될 수 있다. 그것을 그리스도의 부활로 설명하고 있다.

따라서 그 전에 거대한 제국과 국가를 형성한다는 것은 본질상 짐승으로 귀결될 수밖에 없고, 짐승의 속성을 견지할 수밖에 없다. 그것을 방증이라도 하듯 역사는 짐승과 같은 욕망과 전쟁의 역사였다. 기독교와 기독교, 종교와 종교, 기독교와 제국, 제국과 제국, 국가와 국가 사이의 관계는 갈등과 전쟁의 연속이었다. '신성' 로마라고 '신성'은 아니었다.

제국이 세워지기까지 수많은 사람이 피를 흘려야 했다. 성경에서 말하는 피를 많이 흘린 '다윗 왕정'이었다. 이스라엘이 신이 선택하고 약속에 따른 신성한 민족, 신성한 나라, 신의 나라가 되려면 바벨론이어서는 안 된다. 이를 방증이라도 하듯 다윗이 성전을 지으려 할 때 하나님은 허락하지 않았다. 너의 후손 예수 그리스도가 세운다는 것이다. 피를 흘린 다윗 왕정은 그 나라가 될 수 없는 이유다.

그러면 이스라엘이 신이 약속한 그리스도의 나라가 되려면 추상성을 배제할 수 없는 의미상의 국가, 즉 우주적 국가여야 한다. 바벨론의 옷을 벗은 실존적 국가여야 한다. B.C. 586년 바벨론으로서의 이스라엘 국가는 사라지고 실제 역사적 바벨론으로 흩어져 들어갔다. 그 시기의 예언자들은 그런데도 머지않아 고대하던 성전과 성벽이 세워질 것이고, 나라가 견고히 설 것이라 예언하였다. 하지만 A.D. 1948년 까지 그 약속은 이루어지지 않았다.

그런데 과연 1948년 약속이 이루어진 것인가?
그렇게 본다면 어쩌면 이스라엘 국가는 다시 와해되어야 할 것이다.

이스라엘은 물리적 국가가 없어야 했다!

그것이 하나님과 예수가 가르친 하나님 나라였다. 그날에 완성될 하나님 나라 말이다!

아브라함으로부터 비롯된 이스라엘은 무형으로 전 세계를 관통하여 세워지고 있었고, 그 영역은 천상의 하늘과 이 땅의 세속적인 바벨론이었다.

실제 혈육으로서의 이스라엘인들과 더불어 혈육은 섞이지 않았지만 무형의 이스라엘로서 그 민족에 접붙임을 입은 수많은 이스라엘이(그 안에는 샤를마뉴도 포함되려나? 만일 그가 진정한 신앙이 있었다면 …!) 전 세계를 뒤덮고 있었고, 있어왔고, 지금도 그러는 중이다.

여섯 번째 머리인 로마, 일곱 번째 머리인 신성 로마, 여덟 번째 머리인 르네상스 국가들, 이 모든 세계는 모두 같은 '바벨론'이었던 것이다!

여섯 번째는 세속 로마이기 때문에 바벨론이고, 일곱 번째 머리는 신성 로마 제국, 다시 말해 교회 시대이기 때문에 하나님 나라이고, 여덟 번째는 바벨론의 부활이며 앞으로 기독교를 박해할 수 있는 여지가 있기 때문에 바벨론이 되는 것이 아니다.

모두 바벨론이며, 모든 바벨론 안에 약속의 이스라엘이 있었고, 있어 왔고, 있는 중이고, 있을 것이다!

나라 없는 이스라엘이 오히려 복된 민족이며, 이 시대에도 그 이스라엘(자칭 교회 말고, 진정한 교회)이 구원을 얻을 것이고, 그날에 물리적 이스라엘이 그리스도의 첫 열매의 몸과 같은 가시적이며 신령한 존재로 드러나게 될 것이다.

역사적 이스라엘은 나라가 없어져야 했고, 그들이 복의 근원이고 모델이었다!

하나님은 짐승을 사랑하셨고, 짐승을 위해 예수는 십자가를 지셨으며, 짐승이 칭의로 인해 백성이 되게 하셨다. 하지만 짐승으로만 남는 모든 것들은 그날에 최후 심판의 대상이 될 것이다.

다시 요한계시록 17장에 기록된 일곱 머리 열 뿔 짐승의 이야기로 잠시 돌아가 보자!

요한은 천사가 보여 준 일곱 머리 열 뿔 짐승을 탄 여인을 보았는데, 그녀의 이마에 이름이 기록되어 있었다. 그런데 그 이름을 보고 차마 직설로 표현할 수 없었다. 그 이름은 모두가 알고 있는 '큰 바벨론'이었다. 모두가 알고 있는 바벨론인데 그 이름을 '비밀'이라 기록한다.

모두가 알고 있는 '바벨론' 실제로 바벨론이라 칭하면서도 왜 비밀이라 했을까?

단서가 원어 문장에서 찾을 수 있는데, 원문 문장은 비밀 그 자체를 말하려는 것이 아니다. 그 이름이 '비밀스럽다'는 표현이다. 누구나 아는 바벨론인데 그것을 보았더니 '비밀스러웠다'는 말이다. 바벨론은 세속 국가 상징이기 때문에 극명한 의미를 이미 내포하고 있다. 비밀스러울 수 없다. 바벨론이 비밀스럽다면 본 의미, 즉 바벨론처럼 보이지 않았다는 말이다.

성속 일원론으로 역사가 전개되었다는 것을 기억하시기를 바란다. 바벨론은 동쪽에, 교회는 서쪽에 진을 치고 대치하는 역사가 아니었다. 바벨론 안에 교회가, 교회 안에 바벨론이 성속 일원론으로 공존했다. 비밀스러웠던 이유는 소위 말해 기독교 정신으로 세워진 가시적 교회와 국가들 또한 바벨론에 포함될 수 있기 때문이다.

교회는 B.C. 586년 무너지기 전의 이스라엘과 전혀 다르지 않은 것이다. 신성 로마가 바벨론이듯 교회도 바벨론이고, 그날이 오기 전까지 이 바벨론이 에클레시아(교회)가 되어 우주적 교회와 가시적 교회, 심지어 교회 아닌 공동체까지 공존하는 것이다. 진정한 이스라엘로 본다면 하나님 나라고, 솔로몬 성전으로 본다면 바벨론인 것이다.

일곱 머리 열 뿔 짐승에서 교회가 배제되지 않는 것을 보았을 때 요한은 얼마나 놀랐겠는가!

바벨론은 애증의 존재로서 교회이기도 한 것이다!
요한은 그 여인을 보고는 자신의 감정을 이렇게 표현하였다.

> 내가 그 여자를 보고 놀랍게 여기고 크게 놀랍게 여기니(계 17:6).

바벨론을 상징하는 그 음녀의 모습에 교회가 교차되어 그려지니 요한이 얼마나 놀랐을지 상상이 된다.
이스라엘은 복의 근원으로서 세상의 복이 되기 위해 나라가 없어져야 했고, 나라를 얻은 교회들은 복을 받기 위해 겸손히 이스라엘이 되어야 했다.
하나님은 짐승을 사랑하셨다!
일곱 머리 열 뿔 짐승은 바로 여러분과 필자 본인이며 교회들이다!
그리스도 안에서 성전이 되어 교회의 구성원들이 된 이스라엘은 구원을 얻을 것이고, 오로지 나라를 세우려는 바벨론은 이렇게 된다.

> … 무너졌도다 무너졌도다 큰 성 바벨론이여 …(계 18:2).

치유의 대상이든지 아니면 심판의 대상이 될 것이다!
무너지는 것이 어떤 누군가에게는 치유가 될 것이고, 어떤 누군가에게는 심판이 될 것이다. 그러므로 나라를 얻은 1948년 이후의 이스라엘과, 제국으로서의 교회를 세우려는 교회들은 신성 로마 제국이 되어서는 안 된다. 교회를 세운 것이 아니라 큰 성 바벨론, 음녀가 될 수 있기 때문이다. 칭의에 의해 그리스도의 은혜와 사랑이 흐르지 않는 제국은 요한을 놀라게 만든 비밀스러운 바벨론과 다를 바 없을 것이다.
이 땅에 얼마나 많은 바벨론들이 세워지고 있는가!

성경 전체에서 매우 중요한 덕목으로 그 중심을 차지하고 있는 겸손과 낮아짐은 교회의 기둥이었던 것이다. 교회는 이스라엘처럼 없는 존재여야 하고 반드시 그리스도가 그 중심이 되어야 한다.

신성 로마 제국 시대에 세워진 교회들을 보면 하나같이 제국에 걸맞는 위용을 자랑한다.

얼마나 화려한가!

제국을 세우는 정치 일번지로 그 역할을 잘 감당했다!

그리고는 그것이 교회의 본질인 양 오해하여 바벨론을 공고히 했다. 그러나 요한이 그 실체를 보았을 때 놀라지 않을 수 없었던 것이다. 하나님은 그 바벨론을 사랑하셔서 그리스도의 십자가로 교회를 세우셨다. 교회와 바벨론은 이 곳에 같이 있다.

샤를마뉴였을까?

페핀이었을까?

루터였을까?

칼빈이었을까?

이름도 모르는 어떤 신자였을까?

자녀에게 한 끼 남은 식사를 차려주고 다음 끼니로 인해 눈물을 흘렸을 엄마였을까?

국운을 눈물로 신께 의탁하며 밤을 지새운 국가 지도자였을까?

자녀와 가족을 위해 무거운 몸을 이끌고 계단을 청소하던 노년의 여인이었을까?

회사의 부도를 막으려 눈코 뜰 새 없이 바쁘게 사람들을 만나며 자존심을 바닥에 던져 버린 사장이었을까?

나라를 지키려 이른 나이에 죽은 수많은 젊은이였을까?

한국을 구하겠다고 전장에 뛰어든 맥아더 장군이었을까?

이들 모두 교회와 이스라엘이 될 수 있고 그리고 이들 중에 바벨론이 있을 수 있다!

7) 네 바람과 입김

역사는 우연이 아니었다. 그렇다고 '1+1=2' 식의 절대적 필연, 다시 말해 자유가 말살된 숙명론도 아니었다. 역설 그 자체였다. 우연도 절대로서의 필연도 아닌, 마치 불확정성의 원리를 원인과 결과의 절대성으로는 설명할 수 없지만 거시적 안목으로 볼 때 확률로는 설명할 수 있었던 것처럼, 역사는 그런 식으로 우연과 필연이 붓이 되어 그려왔다.

신의 시공 초월적 입장에서 보면 필연이라 말할 수도 있고, 30만 킬로미터의 속도에 갇혀 있는 인류의 입장에서 보면 우연들로 산재해 있는 역사였다. 굳이 큰 그림으로 그려 본다면 우연이 필연이 되는, 윤곽이 정확하지 않은 수채화였다. 하지만 하나님이 의도한 대로 그려졌다. 우리의 자유가 살아 있으면서, 실제로 우리는 자유대로 살아왔고 살아갈 것이지만, 우리의 자유가 신의 뜻을 그려내는 협력자들이 되었다.

이 자유와 필연을 어떤 단어로 표현하고 서술할 수 있을까!

우리는 섭리의 구체적 원리는 모르지만, 정신과 영으로 그 접점을 찾을 수는 있다.

다시 스가랴서를 언급해 보자!

스가랴 6장에 보면 "네 바람"(슥 6:5)이 언급되는데 존재론, 다시 말해 성전을 세우기 위해 세상을 움직이는 정신(רוח,루아흐: 바람, 영, 정신)을 말한다.

사실 세상만사가 정신에 의해 움직이지 않았던가!

인생의 계획도 정신에 의해 설계되고, 사업, 회사 운영, 국가의 운영, 삶의 모든 영역은 정신과 정신들 상호작용에 의해 움직인다. 즉물적 판단 또한 당연히 정신 활동의 결과다. 지정의의 활동은 지식, 지혜, 정보, 감정, 느낌, 개념, 무개념 등 이 모든 활동들의 종합이다.

"네 바람"에서 바람은 바로 이러한 정신을 말한다. 이 정신에 의해 누군가는 군사를 일으킬 것이고, 누군가는 국가를 세우려 할 것이며, 어떤 이는 학교를 세우려 할 것이다. 이 정신에 의해 음악인들은 작곡할 것이고, 시인은 시를 쓸 것이며, 문인은 글을 쓸 것이다. 이 정신들이 스토아학파를 만들었고, 스콜라 철학을 일으켰으며, 르네상스를 재생시켰다. 이 정신에 의해 사람들은 저마다의 삶을 살아냈고, 내고 있으며 낼 것이다.

이 정신이 내 안에서 스스로 불어낸 것인지, 불어온 것인지, 자유와 필연만큼이나 다루기 힘든 부분이지만, 분명한 사실은 우리는 자유를 사랑했고 자유로이 정신을 향유하였다는 것이다.

잠시 '시간과 의식의 관계'에서 다루었던 코른후버의 신경 외과적 실험을 다시 소환해 보자!

자극이 먼저인지 의식이 먼저인지 혼란스럽게 되었다. 의식에 가까울 수 있는 뇌를 자극한 신호보다 손끝을 자극한 신호가 먼저 감각되었다. 의식과 외부의 관계는 깊은 관련성이 있음을 알 수 있었고, 인간의 자유와 외부는 추상적이기는 하나 어떤 관계성이 있는 것이 분명하다. 자유는 필연성과 함께하는 '어떤 것'이다.

하늘에서 불어오는 스가랴서의 '네 바람'은 외부이면서 나의 내부일 수 있는 정신이다. 우리는 개별 정신이면서 우주적 정신과 공명하는 삶을 살아가는 존재다. 바벨론도 정신이며 본질로서의 이스라엘도 정신이다. 세속도 정신이며 교회도 정신이다. 물질 또한 정신과 깊은 관계가 있다. 이 "네 바람" 다시 말해 정신이 성전을 세우는 역사로 이끈다는 것이 스가랴서의 내용이다. 그리고 필자는 그러한 내용을 지금까지 많은 페이지를 할애하여 서술하였다. 정신에 의해 세워졌고, 정신에 의해 무너졌다.

구약과 신약 성경은 이 정신이 한시적으로 기독교를 매우 적대시한다고 기록하고 있다. 그 기간에 많은 기독교인이 죽을 수 있는 것으로 기록한다. 여덟 번째 머리, 즉 전에 있던 존재인 헬라가 온전히 부활(르네상스)한 이 시대는 그러한 기간이 될 수 있는 여지가 아주 많다. 기독교 국가라 일컫는 곳들도 예외는 아닐 것이다. 오히려 더 그러한 공간이 될 수 있는 여지가 많은데, 그 이유는 교회가 바벨론이 될 때는 정말 비밀스러운 존재가 되기 때문이다. 그 실체를 보면 놀라게 될 것이다.

이것은 필자의 견해인데, 만일 교회가 바벨론이 된다면 바벨론 세력이 바벨론화 된 교회를 미워하여 무너뜨릴 것인데, 어쩌면 심판의 시작이 교회에서부터 시작될 것이다. 교회가 무너질 때 교회가 무너진 것이 아니라, 바벨론화 된 이스라엘이 무너졌던 것처럼 바벨론화 된 교회가 무너진 것이다. 오히려 참 교회인 우주적 교회는 살아서 도처에 존재할 것이다. 여기에는 혈육으로서의 이스라엘과 영적 이스라엘의 구분이 없을 것이다. 남유다와 북이스라엘의 구분도 없을 것이다. 모두가 그리스도 안에서 하나가 된 우주적 교회가 될 것이다.

성경은 또 다른 바람인, 입김을 그 시내와 연계하여 언급한다. 데살로니가후서 2장 8절에 보면 이 시기에 바벨론을 무너뜨리는 동인이 언급된다.

> 그 때에 불법한 자가 나타나리니 주 예수께서 그 입의 기운으로 그를 죽이고 강림하여 나타나심으로 폐하시리라(살후 2:8).

여기 입의 "기운"이 히브리어 "네 바람"에서 사용된 단어와 같은 의미의 헬라어다. 히브리어로는 루아흐(רוח, 바람, 영, 정신)이고 헬라어로는 프뉴마(πνεῦμα, 바람, 영, 정신)이다. 결국, 이 정신이 바벨론을 무너뜨리는데, 예수의 정신을 말한다.

곧 말씀이다!

예수와 헬라와의 만남의 종지부를 찍는 과정이며 순간이다. 비슷한 표현이 요한계시록 19장 15절에도 나온다.

> 그의 입에서 예리한 검이 나오니 그것으로 만국을 치겠고 친히 그들을 철장으로 다스리며 또 친히 하나님 곧 전능하신 이의 맹렬한 진노의 포도주 틀을 밟겠고(계 19:15).

입에서 나온다는 예리한 검은 예수의 말씀을 상징한다. 에베소서는 이것을 "성령의 검"으로 비슷한 비유를 사용한다. 그러므로 예수의 입에서 나오는 예리한 검은 관절과 골수를 찔러 쪼개기까지 하며 사람의 생각과 마음을 감찰하는 말씀이 된다. 이 말씀이 만국을 친다는 것이다.

그런데 매우 중요한 단서가 나오는데 '친다'는 동사의 시제가 부정 과거(Aorist)다. 부정 과거 시제는 앞서 말씀드렸듯이 영원의 시제로 보면 이해하기 쉽다. 이 시제의 시작과 끝은 직선적 시간 개념에서는 그 기준을 찾기 어렵다. 일정한 기간이 될 수도 있고, 전체 시간을 포함할 수도 있다. 따라서 이 시제가 사용되었다는 것은 이미 마지막 때 있을 입의 기운이 역사 내에 있어 왔다는 의미가 된다.

이런 관점에서 헬라와 예수와의 만남은 시사하는 바가 큰데, 이미 그리스도의 지상 출현 때부터 이 일이 일어나고 있었던 셈이다. 콘스탄티누스가 기독교를 공인한 사건, 12월 25일이 그리스도 탄생일이 된 사건, 스콜라 철학이 발흥한 사건, 르네상스가 일어난 사건, 이 모든 사건은 기독교 신학과 별개로 일어난 적이 결코 단 한 번도 없다.

헬라는 11세기 아리스토텔레스 사상을 부활시키려 했지만 신학과 만나 스콜라 철학이 되어 종교 철학적 특색을 띠게 되었다. 헬라는 16세기 플라톤을 세계의 중심에 불러와 르네상스, 즉 아리스토텔레스, 신플라톤, 스토아 철학을 융합 발전시켜 과거의 헬라를 완벽하게 불러오려 했지만, 르네상스는 성경도 함께 재생시키는 역설을 만들어 내고 말았다. 르네상스는 실제 헬라를 불러왔지만 동시에 보다 온전한 예수의 말씀도 불러왔다.

하지만 16세기의 헬라는 더욱 원류에 가까운 헬라였다. 그런데 그 농도 짙은 헬라에 의해 기독교는 왜곡된 외형과 형식을 탈피하여 보다 우주적인 교회로서 본질적인 의미를 살려내었고, 개인화, 개별화되었다. 법이 군주가 되고 국민이 권리자가 되는 국가가 되어 과거의 로마와 헬라를 보다 온전하게 부활시켜서 여덟 번째가 되었다.

이제 온전한 바벨론과 온전한 기독교가 서로 마주 보게 되는 국면이 되었다. 언제가 될지 모르겠으나 한시적으로 온전한 바벨론이 바벨론화 된 기독교를 무너뜨리고 온전한 기독교를 박해하는 시기가 올 것이다. 그러나 부정 과거(Aorist)로서의 입김과 예리한 검은 전 역사에 이미 불어왔고, 오고 있으며, 불 것이다. 이미 성과 속은 일원론으로 진행되고 있기에 이 둘의 대면은 보다 실제적이며 피부에 와닿는 양태가 될 것이다.

그 한시적 기간에는 물론 바벨론이 훨씬 더 강렬하게 피부에 와닿겠지만 말이다!

그러나 성경은 궁극적으로 예수가 이긴다고 기록한다.

다윗과 골리앗은 여덟 번째 시대에 역사 무대에 오르게 될 것이다. 무늬만 군인들이었던 군사들은 바벨론(다윗 당시 블레셋)에 의해 이미 무너진 상태겠지만 다윗은 역사의 무대 정중앙에 자리하게 된다. 그 곳은 미국을 비롯한 영국, 프랑스, 독일, 한국, 네덜란드, 일본, 중국, 자유민주주의 진영, 공산주의 진영, 사회주의와 사민주의 진영 등 모든 곳이 될 것이다.

그곳에서 골리앗, 즉 바벨론이 무너지는데, 이번에 사용되는 돌은 바로 그리스도의 입김, 예리한 검, 정신 즉 말씀이다!

바벨론 안에 있는 성전들, 즉 개별 기독교인, 또는 그리스도의 우주적 공동체는 물맷돌 다섯과 같은 말씀을 붙들고 매일의 삶 속에서 바벨론과 마주하며 신앙으로 산다!

때로는 부딪칠 것이고, 때로는 손해 볼 것이며, 때로는 생존의 위협을 받기도 할 것이지만, 그런데도 먼저 그의 나라와 의를 구하는 자들은 바벨론을 무너뜨리는 말씀이 될 것이다. 그 구체적인 그림은 성경도 침묵하고 있으니, 필자는 소설을 쓸 수는 없다. 하지만 분명한 가르침은 그 말씀이, 그 입의 기운이, 그 입의 예리한 검이 여덟 번째 짐승을 무너뜨리는 치유와 심판이 성취된다고 가르친다.

역사는 외부와 내부의 동인이 있었다. 성경과 역사는 매우 밀접하게 공명한다. 그리스도와 헬라의 만남은 끝을 향해 달려가고 있다. 일곱 머리 열 뿔 짐승은 그 모습을 드러낸 듯하다. 이제 주안점을 두어야 할 것은 무너진 솔로몬 성전이 아니다. 그 성전을 재건하는 것은 더더욱 아니다. B.C. 586년 막을 내린 역사적 이스라엘도 아니다. 신성 로마 제국 시절 그 화려한 교회도 아니다. 이 시대의 웅장한 교회들도 아니다.

이 모든 것들은 B.C. 586년 역사에서 그 종적을 감추었던 이스라엘처럼 사라질 것들이다. 어쩌면 없는 듯 있는 편이 훨씬 낫다. 이제 진짜 성전, 바로 여러분이 말씀이 되어 세상 속으로 들어가야 하는 시대가 되었다.

시간과 역사는 성경 말씀대로 되었다!

여러분이 들고 들어가는 그 말씀이 여덟 번째 짐승을 무너뜨릴 것이다!

나가면서

　시간과 역사는 존재론이었다. 우리가 살아가는 시간은 우리 바깥에 있는 것이 아니라 우리가 곧 시간이었고, 시간과 공간 안에 있기도 하지만, 우리를 구성하는 몸은 시간과 공간 안에 있는 것이 아니라 시간이며 공간이었고, 이러한 시공에 결맞음 상태였다.
　이 결맞음은 뒤가 아니라 앞으로 끌고 간다!
　시공과 물질은 하나였다. 그 안에 무수한 시간이 춤추고 있었고, 거대한 단일체처럼 움직였다. 하지만 개별 역사와 나는 한 시대와 시공 안에서 살았다. 자유와 복종, 필연과 우연, 절대와 상대의 세상에서 역사는 거대한 그림을 그렸는데 한 폭의 예수와 헬라의 만남이라는 수채화였다. 시간과 역사는 하나의 거대한 장이 되어 다양한 역학을 일으키며 역사의 내부와 외부의 공명에 의해 설계대로 진행되고 있었다.
　시간과 역사는 하나의 커다란 존재론이었다. 헬라의 '이데아계'와 '현상계'의 통일에 대한 물음에 '1위 2성의 예수'께서 지상 출현해 성전 개념을 공명시키며 십자가 사건을 성취한 후, 물자체의 의를 확보하신 후 만물을 자기의 부활한 물리 구조로 통일시키는 역사였다. 성경이 이러한 그림을 그리고 있는데, 그 그림대로 역사는 진행되어 왔다.
　예수 그리스도의 출현과 십자가 사건이 없으면 헬라의 물음은 실상과 증거를 얻을 수 없게 된다.

'자연', '역사', '말씀'은 '따로'가 아니라 '함께' 거대한 '필연'의 바다에 '우연'이라는 배를 띄워 그 '우연의 배'에 모두 승선하고는, '문화'와 '정신'이라는 노를 저으며 미와 추의 파도를 가르며 항해하는데 편도 항해였지만, 어느 순간 불어온 '영원'의 바람으로 인해 돛을 올렸고 '문화'와 '정신'의 노가 그 바람을 항거하기도 하고 순응하기도 하며 고군분투하였는데, 시종을 알 수 없는 해역으로 잠시 항해하고는, 어리둥절해 뒤를 돌아보니 여전히 편도였고, 이 셋이 어느 순간 실상의 영역에 자리하고 있었다. 이것이 '시간과 역사'다.

이제 조금은 길었던 여행을 마칠 때가 되었다. 시간과 역사는 거대한 존재론으로서, 신의 뜻이 이루어지는 섭리의 영역이다. 그 시간에 나는 소중한 한 명의 사람으로서 존재론 완성의 전체와 같은 하나이다. 그 한 사람을 존재론의 완성으로 만드는 것이 신을 위한 것이고, 그 영광을 위한 것이다. 시간과 역사는 하나님의 것이다.

대한민국 국민 여러분!
위정자 여러분!
사회, 정치, 경제, 문화인 여러분!
하나님과 그분의 말씀을 그 중심에 두시기 바랍니다!
역사의 중심에서 여러분과 필자가 그리고 대한민국이 바로 서는 유일한 길입니다!
그리고 세계사는 그렇게 종결될 것입니다!